U0452246

显性语言与潜性语言

王希杰 著

商务印书馆
The Commercial Press
2013年·北京

图书在版编目(CIP)数据

显性语言与潜性语言/王希杰著.—北京:商务印书馆,2013
ISBN 978 - 7 - 100 - 09509 - 9

Ⅰ.①显… Ⅱ.①王… Ⅲ.①语言学-文集 Ⅳ.①H0-53

中国版本图书馆 CIP 数据核字(2013)第 029880 号

所有权利保留。
未经许可,不得以任何方式使用。

显性语言与潜性语言
王希杰 著

商 务 印 书 馆 出 版
(北京王府井大街36号 邮政编码 100710)
商 务 印 书 馆 发 行
北京市松源印刷有限公司印刷
ISBN 978 - 7 - 100 - 09509 - 9

2013年10月第1版　　开本 880×1230　1/32
2013年10月北京第1次印刷　印张 11$\frac{3}{8}$
定价:30.00元

目 录

前言 …………………………………………………………… Ⅰ
语言中的空符号(1989年) ……………………………………… 1
潜义和修辞(1989年) …………………………………………… 7
潜词和修辞(1989年) …………………………………………… 14
返源格(1989年) ………………………………………………… 21
潜意识和修辞(1989年) ………………………………………… 26
病句生成学(1989年) …………………………………………… 32
病句转化学(1989年) …………………………………………… 45
论潜词和潜义(1990年) ………………………………………… 60
论潜量词的显量词化(1990年) ………………………………… 72
论潜语法现象(1991年) ………………………………………… 81
义素组合论(1991年) …………………………………………… 92
概念生成论(1991年) …………………………………………… 105
抽象的词和句与具体的词和句(1993年) ……………………… 113
论归纳的辞格和演绎的辞格(1993年) ………………………… 128
语言本质的再认识(1994年) …………………………………… 145
论显句和潜句(1996年) ………………………………………… 164
略说潜句和演绎法(1996年) …………………………………… 182
略论语言预测学(1996年) ……………………………………… 193

显性和潜性(1996年) …………………………………… 203
复合词的深层结构和表层结构及其理据性(2002年) ………… 254
显性语言和潜性语言(2003年) …………………………… 267
显性和潜性对立的普遍性和相对性(2003年) …………… 287
诗歌章法(句法)的显和潜(2004年) ……………………… 295
作为方法论原则的显潜理论(2004年) …………………… 310
语言和文化的深层结构和表层结构(2005年) …………… 320
潜词和空符号的再认识与空符号学(2011年) …………… 331
关于显性和潜性的对话(2002—2012年) ………………… 346

前　　言

显性和潜性问题,早在20世纪60年代初,我就注意了。周末在南京大学大礼堂看电影《回民支队》,从"回奸"一词开始了潜词的思考。80年代末注意力比较地集中了。成熟的表达是在《修辞学通论》(南京大学出版社1996年)中,是学者们评论的主要依据和引用的主要来源。

对我的显性和潜性理论评论也比较多,我看到的有:

① 于根元:《语言的潜、显及其他》

② 朱峰:《显性和潜性——语言学中的新概念》

③ 夏中华:《语言显潜理论价值初探》

④ 雷斌:《王希杰先生的显潜理论》

⑤ 陈谨:《王希杰先生的显、潜理论》

⑥ 向琼:《显潜语言理论与语言预测观》

⑦ 钟玖英:《潜显理论研究述评》

⑧ 孟建安:《语言理论的新贡献——王希杰"潜性"和"显性"语言理论评价》

⑨ 宋晖:《试论语言学中潜显理论——以兄弟姐妹类谓语、指示词、数词为主》

值得高兴的是,有些学者用来研究不同语言中的具体问题,如:

① [韩]姜庆姬:《汉语和韩语词汇的潜性和显性》

② 邱凌:《"程度副词+名词"与潜语言的显性化》

莫斯科大学副博士研究生张俊翔在俄罗斯科学院语言研究所主办的学术研讨会上以显性语言现象和潜性语言现象为题做学术报告，引起到会学者的兴趣。

于根元教授在国家语委语用所时，就引导社会语言学研究室积极运用显性潜性理论于新词语的研究。于根元主编的《应用语言学概论》（商务印书馆，2004年）第四章《应用语言学的基本理论》第五节为《潜显理论》，执笔人是夏中华教授。于根元主编的《应用语言学理论纲要》（华语教学出版社，1999年）有《语言潜、显理论》部分，执笔人是郭龙生博士。于根元教授参与了显性潜性理论的创造，是显性潜性理论的积极宣传者。

赵蓉晖教授说："其中对语言的显性和潜性特质的阐释，已经在国内特别是汉语学者中产生了相当的影响，引起了一定范围内的共鸣。"[1]对《修辞学通论》的评论当然都把显性和潜性当作重点之一。中国海洋大学孟华教授一开始就把《修辞学通论》当作理论语言学著作，认为书中的三组概念——显性和潜性、零度和偏离、四个世界——不仅是修辞学的概念，也不仅是语言学的概念，而是哲学概念。在《建设具有中国特色的语言学理论》[2]中定位为"中国特色的后结构主义语言理论"。周洪波博士认为，去掉修辞格、语体和风格部分，就是一部"语言论"。

季永兴教授的《汉语与语言学理论》第一部分《三、语言科学观》中，其"语言科学观的核心"有四个，"一是语言的符号性"，"二是语言是发展的"，"三是语言的内部关系"，"四是显语言与潜语言。如老子的'阴阳观'、西方的'潜显论'、现代的'潜显论'。"[3]可惜并没有进一

---

[1] 赵蓉晖主编：《普通语言学》139—140页，上海外语教育出版社，2005年。
[2] 见《日本中国语研究》1997年9月第39期。
[3] 季永兴：《汉语与语言学理论》11页，黄山书社，2011年。

步论述。

周洪波博士很早就运用显性潜性理论来研究新词语了。他到商务印书馆之后不久，就提出编辑出版我这个题目的相关论文。选题早通过了，部分论文在我退休之前也已重新录入。但是我很迟疑，信心不足，一拖再拖。2009年5月在北京，乔永博士建议我重新写作，写成一部小书，因为读者对论文集没有多大兴趣。长子王为民认为，还是按照时间顺序编辑成论文集，反映出自己的探索过程为好。

这部论文集，是按照时间编排的。基本保持原样。时间跨度大，行文格式不统一，现在也不强求一律。内容上前后有矛盾和重复现象，也不做大改动。我在每篇文章的前面，加了按语，适当交代，随手写点现在的想法，仅供读者参考。因为科学乃是一种运动，并不存在最后的结论与体系。

这事情是越做越不满意。就这样拖着。最早是周博士年年催促，后来乔博士也来催，这回是责任编辑吕博士在催促。朋友和学生都劝我速战速决，不可拖延。今晚我下狠心了，去吧，显性和潜性，随它了，不必再多想了，好坏就那么回事情。

2012年4月28日
五一小长假前夕
于南京大学港龙园公寓

语言中的空符号

（1989年）

按：常有人问："空符号"同"潜词"是一回事情吗？如果不是一回事情，那么"空符号"同"潜词"的区别何在？"潜词"有形式和内容，有词义和读音。"空符号"有内容，没有作为载体的语言形式，就是说有所指，无能指。伍铁平讨论模糊语言的时候，写道："罗素在前引《人类的知识》第99页上指出'我们通常不给闻到的气味和尝到的味道起名字'，如臭鼬的气味就没有一个特别的词来表示。即使任意取一个名称，'对于任何一个缺少这种必要经验的人来说，这个名称只能是一个缩简的描述'。""正因为'麻觉'的这种模糊性，在英、德、法、俄语等语言中都没有一个词与之相对。"①空符号不能等同于潜词。符号必须有能指和所指，缺一不可。既然没有能指，那么也就不是符号。或者说，我称之为"空符号"的，其实乃是"符号空"。空符号（符号空）问题，在翻译工作与跨文化的交际中尤为重要。

赵衡毅《新批评——一种独特的形式主义文论》："索绪尔把文本中词句间所形成的词与词关系称为'横组合'（Syntagmatigue），把整个语言体系形成过程中所赋予一个词的意义称为'纵组合'（Paradigmatigue），因此词义的确定，实际上是靠'空位'而形成的，也就是说，当我们从词的纵横关系网中抽掉这个词时，整个语言系统

---

① 伍铁平：《模糊语言学》300页、301页，上海外语教学与研究出版社，1999年。

就出现了空缺,这就是这个词的特殊必要性。"①这种"空缺"就是空符号。

多斯说,列维-斯特劳斯"在给零符号价值(la valeur symbolique zero)下定义时,他逐字逐句地采用了雅各布森给零音素所下的定义。依雅各布森之见,零音素类丝毫都不像其他音素,因为它不具备持久不变的语音价值,它的主要功能就是允许一个音素出场"。②雅各布森的零音素其实就是我们所说的零符号。

李幼蒸在《理论符号学导论》中区别了"潜性符号"和"实现符号",③"实现符号"就是"显性符号"。

本文原刊于《语文月刊》1989年第2期。编入:(1)《说话的情理法》(湖南师范大学出版社,1989年);(2)何伟棠编《语言随笔精品 王希杰特辑》(暨南大学出版社,1996年);(3)日文本《这就是汉语——王希杰语言文化随笔集》(加藤阿幸、许地山译,日本白帝社,2003年);(4)仇小屏、钟玖英主编《灵活的语言——王希杰语言随笔集》(台湾万卷楼出版社,2004年)。做进一步研究的有徐国珍和方武等。徐国珍《从空符号到新词——论词汇系统的特点及发展轨迹》刊《浙江师范大学》1995年第3期。对空符号进行长期研究的韦世林教授出版了《空符号论》(人民出版社,2012年)。

人们通常认为,万事万物都有自己的名字,没有自己名称的事物几乎是没有的,只不过我们无知,没学会这许多名称罢了。这其实是

---

① 赵衡毅:《新批评——一种独特的形式主义文论》126页,中国社会科学出版社,1996年。
② [法]弗朗索瓦·多斯:《从结构到解构——法国20世纪思想主潮》上卷41—42页,中央编译出版社,2004年。
③ 李幼蒸:《理论符号学导论》469页、412页,中国社会科学出版社,1993年。

一个误会,是不符合事实的。千真万确的事实是:有许多事物千真万确地存在着,但却的确没有相应的语言符号。

初学英语的人,被现代英语中的 Φ(鸡):[horse(马)——ox(牛)——sheep(羊)——Φ(鸡)——dog(狗)]惊呆了,现代英语中没有一个与现代汉语中的鸡等价,与现代英语中的 horse——ox——sheep——dog 可以并列的符号,所以只好写作 Φ——空符号。

任何一种语言中都有空符号,而且数量很大。

也许有人认为,这是因为交际活动中并不需要,所以才没有出现。这是不恰切的,有许多空符号所表示的事物是人们日常生活所不可缺少的,对于现代英美人,天天与鸡打交道的,然而就是没有表示鸡的语言符号。

大多数情况下,人们并不因为空符号的存在而感到交际的困难,不,从来就没感觉到——但是,这只是对使用本族语言的人而言。现代英美人从未因为 Φ(鸡)这个空符号的存在而感到交际的不方便。但对于惯于使用"鸡"这个语言符号来思维的中国人,Φ(鸡)真是大不便,许多情况下,甚至没办法说话了。如想用现代英语来说"我喜欢鸡",这就先要想清楚了:喜欢的是公鸡?母鸡?小鸡?就得先回答公鸡、母鸡、小鸡哪一种最可爱,能同您的性格、爱好挂上钩儿,这可真真太麻烦了呀!再如:

$$\text{sheep(羊)} \begin{cases} \text{A. ewe} & \text{(母羊)} \\ \text{B. ram} & \text{(公羊)} \\ \text{C. lamb} & \text{(小羊)} \end{cases}$$

$$\Phi(鸡) \begin{cases} \text{A. hen} & \text{(母鸡)} \\ \text{B. cock (rooster)} & \text{(公鸡)} \\ \text{C. chick} & \text{(小鸡)} \end{cases}$$

$$\text{ox(牛)} \begin{cases} \text{A. cow} & \text{(母牛)} \\ \text{B. bull} & \text{(公牛)} \\ \text{C. } \Phi & \text{(小牛)} \end{cases}$$

$$\text{dog(狗)} \begin{cases} \text{A. } \Phi & \text{(母狗)} \\ \text{B. } \Phi & \text{(公狗)} \\ \text{C. } \Phi & \text{(小狗)} \end{cases}$$

英美人是那么的喜欢狗,可偏偏在现代英语中,狗的空符号却又特别多,真是不可思议呀!

同另外一种语言相比,最容易发现一种语言中的空符号。如果同现代汉语做比较,您便会发现现代英语中有许多空符号:

Φ(哥哥)　　Φ(姐姐)

Φ(弟弟)　　Φ(妹妹)

Φ(伯伯)　　Φ(叔叔)

Φ(姑妈)　　Φ(舅妈)

古人有云,"各人自扫门前雪,休管他人瓦上霜",老说现代英语干什么呢?有精神还是来侃侃我们自己的现代汉语这座大山吧!

在现代汉语中,空符号也多得出奇,比我们想象的要多。如:

Φ(哥哥+妹妹)

Φ(哥哥+姐姐)

Φ(弟弟+姐姐)

Φ(父+母+子)

Φ(父+母+女)

Φ(夫+妻+公公)

Φ(夫+妻+婆婆)

Φ(东边+南边)

Φ（西边＋北边）

　　Φ（师母＋学生）

　　Φ（外公＋外孙女婿）

　　Φ（姐姐的丈夫＋儿子的妻子）

叫什么？怎么称呼呀？不知道，谁也不知道，因为我们的语言中本来就没有这一些符号！

通过现代汉语内部的对比，我们便可以把握现代汉语中的这些空符号。再如：

　　彩电——Φ（黑白电视）

　　彩照——Φ（黑白照相）

　　彩卷——Φ（黑白胶卷）

　　彩扩——Φ（黑白扩大）

　　彩印——Φ（黑白印刷）

人呀人，往往好走极端，好新奇，对异常、反常的东西，眼睛瞪得大大的，而对于平常的普通的东西却往往视而不见、听而不闻，于是乎便又出现一大批空符号。如：

　　长——Φ——短

　　大——Φ——小

　　美——Φ——丑

　　好——Φ——坏

　　厚——Φ——薄

不长又不短的，不大又不小的，不美又不丑的……如此平常普通的，反而没有一个相应的语言符号。

应当承认，许多空符号的存在给我们的思维活动、交际活动带来了麻烦。如：

Φ(大拇指之外的其他四个指头)

Φ(大拇指＋小指)

Φ(大拇指＋食指)

Φ(大拇指＋中指)

Φ(小便＋汗水)

Φ(痰＋口水)

Φ(痰＋鼻涕)

Φ(痰＋鼻涕＋口水)

Φ(脸＋脖子)

Φ(脚＋小腿)

如果这些空符号能够实符号化,被填补,即出现了相应的词语,那么便会减少不少麻烦。如："吐 Φ(痰＋口水＋鼻涕),罚款五毛!"便可以省去好多麻烦! 一方面写道:"吐痰、口水及鼻涕,罚款五毛!"太麻烦而且别扭;另一方面区分痰、口水和鼻涕的异同也挺费劲儿。一说"洗 Φ(脸＋脖子)"或"洗 Φ(脚＋小腿)",小孩子便不会忘了洗脖子和小腿,这是多么好的事情呀。

语言的研究,不但要研究实符号——实际存在的语言符号,实符号中包括假符号,如:仙女、观音菩萨、维纳斯,等等。同时,也应当研究空符号。

对空符号的研究也应当是语言学的一个任务。

应该研究有哪些空符号,为什么会出现空符号,空符号对于思维和交际有什么不便之处,人们是怎样绕过空符号来思维和交际的,空符号和实符号的相互转化,空符号在外语教学中的影响,等等。

我相信,空符号的研究既有理论意义,也有实用价值。

潜义和修辞

（1989年）

按：现在中国人学着西方人，经常说，某某遭遇了滑铁卢。其意义是此人彻底失败啦。这个显义是站在拿破仑的立场上说话的。其实，在惠灵顿的立场说，滑铁卢是最大的胜利、事业的辉煌顶点，大好事。这个意义是合理的，但是还没有人使用，是一个潜性意义。

有一个老故事说，有人给一个女老寿星祝寿，说："这个老太不是人。"全场哗然。祝寿者沉住气，然后接着说："王母娘娘下凡尘！""不是人"乃骂人话，意思是："是畜生！"这是显义。但是，不是人，并不一定就是动物——畜生，也可能是神仙！"是神仙"乃"不是人"的潜义，潜藏着的可能的意义。因为语言的使用者接触的总是词的显义，所以词的潜义就经常被忽视了。

事实是，词不但有显义，也有潜义。而且词的潜义是多种多样的，有的是曾经有过、已经消失了的意义；有的是构词要素和结构方式本身蕴藏着的意义；有的是心理联想出来的意义；有的是比附出来的意义。词的潜义远比显义复杂多样。对语言有天赋的人，如诗人、曲艺演员、善于说笑话的人、小丑和弄臣等，早就在开发利用潜义了。谜语就是在利用潜义制造解读的障碍。

这里说的只是词的潜义，其实句子和话语也都有潜义，同样是多种多样的，也是语言学研究不可忽视的。

本文原刊于《语文月刊》1989年第6期。

一 显义和潜义

潜义是对显义而言的。所谓显义,指的是一个词在言语中已经实现了的,已经成为人们的一个经验事实的意义。如在"每一个社会都有自己必须克服的困难。十全十美的社会是没有的。每一个人都生活在特定的社会之中。每一所大学都是一个社会"这样一些话语之中,"社会"一词的含义是:"指由于共同的物质条件而相互联系起来的人群。"这个意义正是从以上用例中归纳、抽象出来的,是在我们讨论之前就已经存在了的,在人们的言语中一再被运用的,这便是"显义"——明显的、已经显露出来的、早已客观存在的一种含义。所谓潜义,指的是一个词的可能的潜在的含义。请比较以下三组词:

A式:人山　脑海　心潮　碑林
B式:象鼻山　牛首山
C式:蛇岛　鸟岛

A式的语义结构模式是,两个名词性语素之间是比喻关系,本体在前,喻体在后。人山,像山一样的人群,形容、夸张人多。B式,两个名词性语素之间的关系也是比喻关系,但是喻体在前,本体在后。象鼻山,像大象鼻子一样的山。C式,两个名词性语素之间是借代关系,蛇岛以蛇多为特征而著名的岛屿。这三种语义结构是从这些词的显义中归纳出来的,但是这里的每一个词都可能具有不同于其显义的其他一些含义:

碑林——以具有某块碑而出名的森林。
蛇岛——形状像一条蛇一样的岛屿。
人山——人字形状的山。形状像人的一座山。

这些含义从未出现过,但是却并不是不可能出现的,只不过目前还只是潜藏不显露的,这就叫作"潜义"——潜藏的含义。

潜义和显义,从语言学角度而言,似乎是平等的,并不存在一个谁更合理的问题。当然,一再被使用的显义,显然比默默无闻的潜义在语义系统中占有更加重要的地位。对于语言的使用者来说,在学习和运用语言的时候,显然是显义比潜义更为重要,因此显义和潜义事实上是不平等的。

二 潜义的运用

长期以来,潜义被语言的使用者、被词汇语义学家们,大大忽略了。其实潜义是很重要的。潜义是语义发展的后备军。所谓语义发展,主要指的是潜义的不断开发和利用,指的是潜义和显义的相互转换。潜义也是语言艺术的宝库,巧妙地利用潜义是语言艺术的一个重要方面。因此说,词汇学家和修辞学家都应当重视潜义。

在吴承恩《西游记》第四回"官封弼马心何足",猴王同部下有这么一场对话:

猴王:我这"弼马温",是个甚么官衔?

众人:官名就是此了。

猴王:此官是个几品?

众人:没有品从。

猴王:没品,想是大之极也。

众人:不大,不大,只唤做"未入流"。

猴王:怎么叫做"未入流"?

众人:末等。这样官儿,最低最小,只可与他看马。

"没有品从","未入流",指最低最小的官儿,算不上一个什么官儿的官儿,这是它的显义。这猴王却理解为"大之极也"的大官,但不能说他一点儿道理也没有,得承认,没有品从,可能是太小,也可能是太大,玉皇大帝、秦始皇都是没有品从的呀。这猴王理解的是"没有品从、不入流"的潜义,既然用了,便暂时地有条件地转化为显义了,但却是偶然行为,一种修辞性用法,进入不了语言系统的。

在一定的语言环境中,巧妙地暂时地有条件地运用潜义,这是一种提高语言表达效果的有效手段。诗人柯原的《当归谣》:

> 当归,当归,当归呵,
> 人同此心,心同此理,
> 台湾一定要归到祖国的怀抱里。

什么是"当归"? 这首诗的第一句就是——

> 当归,这祖国常见的药材

《现代汉语词典》(第1版)上写道:"多年生草本植物,羽状复叶,花白色,伞形花序。……根入药;有镇静、补血、调经等作用。""当"者应当也;"归"者归来也。"当归"的确潜藏着"应当归来"的含义。不过在此之前,人们习焉不察而已。只有敏感的诗人敏锐地觉察到了这个潜义,并且巧妙地加以利用,就获得了审美上的大成功。这一潜义一旦离开了这个上下文就不再存在了,它只是一种修辞用法。

三 潜义的多样性

潜义是多种多样的。潜义同显义的关系也是多种多样的。人们利用潜义达到某种特殊的表达效果的方式也是多种多样的。潜义是许多修辞格赖以存在的基础。不少修辞格都充分利用了潜义,如:双关、曲说、顾名思义、镶嵌、闪避,等等。诗歌、荒诞小说、笑话、相声、谜语等,尤其离不开潜义的开发与利用。

清人石成金在《笑得好》中讲过一个笑话:"昔有一官,到任后,即贴对联于大门,曰:'若受暮夜钱财,天诛地灭;如听衙役说话,男盗女娼。'百姓以为清正。岂知后来贪污异常。凡有行贿,俱在白日,不许夜晚,俱要犯人自送,不许经衙役之手,恐违前誓也。""暮夜钱财",其显义为来路不正的不干不净的不义的钱财,即受贿的钱财。百姓根据对联以为此官是清正廉明之人,其根据是这个词的显义。此贪官却使用了这个词的本来的字面上的意义:"黄昏半夜里接受的钱财。"从社会伦理道德层面上说,此官是贪官坏官无耻之徒,卑鄙下流可恨可恶。但仅仅从语义角度来看,却不得不佩服他的鬼聪明,多少有那么点儿道理,不过是歪理。

有一个相声中有这样的对话:

乙:你对我是半信半疑呀!
甲:不不不,你可别误会了,我绝对不是半信半疑。
乙:那——
甲:完全怀疑。

"绝对不是半信半疑",通常的意思是没有一点儿怀疑,完全相信。这里却是故意利用其潜义:"绝对不相信,完全怀疑。"

十年前,神仙戏开禁了,可以演出了。但是鬼戏依然在严禁之中。在一个座谈会上,有人为鬼戏鸣不平,就脱口而出:"这就是神出鬼没。""神出鬼没"的意义本是:"比喻变化巧妙迅速,或一会儿出现,一会儿隐没,不容易捉摸(多指用兵出奇制胜,让敌人摸不着头脑)。"(《现代汉语词典》第1版)但说话人说的意思是:神仙出现了(在舞台上),鬼却没有出现(隐没了)。这是对"神出鬼没"的潜义的积极利用。1979年2月14日《文汇报》上有文章赞美这个"神出鬼没"的说法："妙语解颐,举座风生。"这"妙语解颐,举座风生"也是对潜义的修辞用法的赞美。

词有潜义,词组和句子也有。如果某人看到某处挂着"请勿动手"的牌子,就用脚去踢一下,还强词夺理地说："'请勿动手',禁止的是使用手,并不是不准动脚。用脚踢不在'请勿动手'的范围之内!"那就是在玩弄潜义的鬼把戏。西方有一个笑话:有一个小姑娘,穿着睡衣跑出房间,去会外面喊她的男孩子。她母亲惊恐万分,把她领回房间。母亲教训她说:"小姑娘不能让别人看见她穿睡衣!"几个月之后,又有一个小男孩在外面叫这个小姑娘出来,这个小姑娘就不穿衣服跑了出去,并且对她妈妈说:"这次我做对了,这次我脱掉了睡衣。"这个笑话是利用句子的潜义编造出来的。

潜义在语言表达中的积极作用和消极作用都是应当注意的。诗人徐志摩的母亲对徐志摩说:"我跟你爸,都是'孝子'。""孝子"的显义是孝顺的儿子,偏正结构。徐志摩的母亲使用的是动宾结构,表示"对儿子特好(孝顺)"。这是对潜义的积极开发利用。潜义对显义的干扰而导致歧义和误会则是消极的,不利于提高语言的表达效果,则是负面的。吕叔湘曾讲过一个"今晚舞会一律不许穿裤子"的公告,为了避免不必要的误会,可以改为:"今晚舞会请穿裙子。"

潜义和修辞,潜义和幽默,潜义和诗歌艺术,朦胧诗和潜义的开发……都是值得注意与研究的。有这样一个现代笑话:开会的时间到了,但是参加会议的人只到了一半。主持人说:"该来的人怎么还不来?"一些到会的人想:那么我们是不该到会的了? 就离开了会场。主持者就说:"怎么不该走的人走了?"没有走的人想:那么我们是该走的人了? 便离开了会场。这个笑话的笑料是话语的潜义所构造的。

潜义一旦被运用,就显性化了,成为显义了。虽然其中许多被显化的潜义,并没有再固定化,经常是昙花一现,偶然的,一次性的。潜义固定了,成为显义,这需要多种条件。

附:

《三国志·蜀书·姜维传》注引孙盛《杂记》:

> 初,姜维诣亮,与母相失,复得母书,令求当归。维曰:"良田百顷,不在一亩,但有远志,不在当归也。"

这里的"当归"、"远志"就是潜义的开发。(2012年10月13日)

潜词和修辞

（1989年）

按：修辞活动是一种运用语言的交际活动。词生存在语言的运用之中。生存在交际活动中的词，是显词。显词是人们使用着的词，我们已经把握了的词。修辞活动是运用显词的活动。

潜词是还没有出现的词，所以潜词经常被忽略。一个法国学者写道："世界上经验最丰富的人，也无法立即回答下列问题：'你怎样称呼你母亲的父亲的妹妹的女儿的女儿？你能跟她结婚吗？'"[①]母亲的父亲叫"外祖父、外公、姥爷"，这是显词。父亲的姐妹是"姑姑"，母亲的姐妹是"姨"。母亲的兄弟是"舅舅"。父亲的兄弟的子女是"堂兄弟姐妹"，父亲的妹妹的子女是"表兄弟姐妹"。都是显词。对母亲的父亲的妹妹的女儿的女儿的称呼则是一个潜词，在汉语和许多语言中都是一个潜词，还没有出现过的词。

修辞活动中有时也偶然地出现潜词。潜词的出现，有的是社会语用的需要，有的是说写者为了提高语言的表达效果而积极开发的。潜词常常是在运用中才被人们注意到的。喜欢、善于运用潜词的是：诗人，相声演员，说笑话的人。换句话说，诗歌、相声、笑话里常常会出现潜词。

修辞学不能只是关注显词，也需要研究潜词的修辞问题。因为

[①] ［法］弗朗索瓦·多斯：《从结构到解构——法国20世纪思想主潮》下卷544页，中央编译出版社，2004年。

潜词的开发与运用正是艺术语言的一个特点。

本文原刊于《语文月刊》1989年第9期。

一　鸡苗、鸭苗、鹅苗

1989年5月，在广西河池师专门口，我看到一张广告：

　　此处有鸡苗出售

"鸡苗"一词，对于已知天命的我，可还是大姑娘上花轿——头一次呀。因为在我的意识中，"苗"这玩意儿只能同植物发生关系，如：

　　豆苗　麦苗　秧苗　树苗　禾苗

至于动物，似乎同"苗"无缘。通常是加上一个"小"字。如：

　　小鸡　小狗　小羊　小马　小猪

但是，也有喜欢"苗"的动物，好像只限于：鱼——鱼苗、猪——猪苗。《现代汉语词典》承认"苗"可以运用于动物，但是加以限制说："苗，某些初生的饲养的动物。"如果《现代汉语词典》的这个释义是科学的，那么就可以类推出：

　　狗苗　猫苗　兔苗　羊苗　鸭苗　鹅苗　牛苗　鸽苗
　　蛇苗　鸟苗　鹿苗　熊苗　鹌鹑苗　骆驼苗

这张名单可以很长很长，因为人们饲养的动物是很多很多的。然而，我们没有听说过，《现代汉语词典》也并没有收录。不过，我们也不能因此指责《现代汉语词典》的释义是不科学的。

我就对研究生们说，"苗"用于动物，似乎还有一层限制，即可以当作商品出售的。我认为，应当有"鸭苗、鹅苗"。因为，也有卖小鸭小鹅的。一天后，有研究生说发现了出售鸭苗和鹅苗的招贴了。

如果说"鱼苗、猪苗"是显词，人们嘴巴上早就说过的，文人笔头上早写过的，耳朵里早听到过的，眼睛早就看到过的，词典中早就收录了的。它们是一个客观存在的事实，是语言使用者的经验的事实。那么，"驴苗、马苗、骡苗"则是潜词。潜词者，乃在此之前没有听到过的，没有看到过的，虽然没有存在过，但却是有可能存在的，甚至是有可能出现的，它具有词的合法的形式，具有词的明确的完整的意义，一旦出现，人们就当作一个词来接受，而且还会有"似曾相识燕归来"的感觉，犹如贾宝玉男士初见他的林妹妹林黛玉小姐那一瞬间的感觉，这就是潜性的词。

二　汽配、摩配

在柳州火车站附近，我看到一家商店：

第二代汽配商店——供应汽车配件

这时候，我想：既然"汽车配件"可以简称为"汽配"，那么——

火配——火车配件

飞配——飞机配件

拖配——拖拉机配件

摩配——摩托车配件

坦配——坦克配件

机配——机床配件

钟配——钟表配件

……

如果，我们还没有忘记：

车票——汽车票
船票——轮船票
机票——飞机票

都是运用后面一个音节来构成简称的。那么，推导出去，就——

A式：
车配——汽车配件
机配——飞机配件
船配——轮船配件
克配——坦克配件
表配——钟表配件

B式：
汽票——汽车票
飞票——飞机票
轮票——轮船票

这些潜词同样是可能的，而且合理合法的。任何一种语言中，潜词的数量就大得多，多到不知多少倍的多。既然有那么那么多的潜词，那么为什么不用来进行交际呢？

这首先是因为交际是一种社会行为，每一个语言符号的出现都需要有一定的社会语用条件。"鸡苗、汽配"等之所以能够出现，在交际市场上流通着，就是因为有社会需要。"马苗、蛇苗、骆驼苗、海豹苗、北极熊苗"和"导配（导弹配件）、核配（核武器配件）"等之所以还没有成为显词，是因为它们显性化的必要的和充分的条件还不具备。在柳州，我对研究生说，下一个出现可能是"摩配"，有社会需要。回到南京后不久，研究生告诉我，草场门那里就有"摩配商店"。

一旦潜词显化的条件具备了，潜词就会显性化显词化，例如：

国格　球籍　男士　路霸　电霸　教龄　车龄　房龄

烟龄　人学　隆胸　丰乳　老年学　老龄化　托老所
狗美容师　狗旅馆　宠物医院

潜词显性化，就是新词语。数量巨大无比的潜词就是词汇发展的后备军。正是因为有潜词这个巨大的仓库，新词语的产生才会如此轻松自如。例如：

① 中国应该建立"五四学"(《文史哲》1989年第3期。标题)
② 导购小姐在宜昌(《特区文摘报》1989年5月20日)
③ 在杭笪公路旁，有一处被人称为"托花所"的弄口花园。杭州市居民心爱的名贵花卉，就存放在这里过冬。(《报刊文摘》1983年1月29日)

"五四学"也许会同"文革学"一样成为一个学科的，"导购、托花所"也许会同"导游、托老所"一样流传开去的吧？也许会像"导演、托儿所"一样进入现代汉语的词汇系统的吧？开始时是一种修辞用法，演变成为词汇事实之后，修辞色彩就随之逐步淡化。

有些潜词不能显性化，其中有语言的词汇系统内部的压力在起作用。已经在词汇系统中站稳了脚跟的"车票、船票、机票"等，利用自己手中所拥有的系统压力排斥"汽票、轮票、飞票"等词在交际大市场上进行流通。这正如先登上拥挤的公交车的乘客拼命抵制汽车下面蠢蠢欲动一心想上的那些人一个样子。

使用语言的人们的心理惰性、守旧的习惯等也不利于潜词的显性化。人们总是认为"车票、船票、机票"合情合理，天经地义，而"车配、机配、轮配"则怪怪的，不伦不类，甚至荒谬绝伦。"汽配"，好样儿的，至于"火配、拖配、核配"，则滑稽可笑，不三不四，真不是一个玩意儿。

三 "X学"等等

潜词的修辞潜能是巨大的。

在社会语用条件并不具备的时候,为了提高语言的表达效果,可以暂时地有条件地虚拟以恶搞语言环境让潜词偶尔露露峥嵘。就是说,把潜词当作一种艺术手法,暂时地打破语言系统的平衡,冲破语言内部的系统压力,请潜词来露一手,出一次风头。例如:

> 他的成名主要是由于他是国内外罕见的一位"沐浴学"权威。……他费时十五年,写下了七卷《沐浴学发凡》,内容包括"人体与沐浴","沐浴与循环系统","沐浴与消化系统","沐浴与呼吸系统","沐浴与皮肤","沐浴与毛发","沐浴与骨骼","沐浴与水","沐浴与肥皂","浴盆学","浴衣学","搓背学","按摩学","沐浴方法论","水温学","浴巾学","沐浴的副作用","沐浴与政治","沐浴与历史观","沐浴与反沐浴","沐浴的量度","沐浴的成果检验","沐浴学拾遗","沐浴学拾遗续(一)——续(七)"等章。堪称洋洋大观,走在了世界的前列。(王蒙《冬天的话题》)

在这里,小说家王蒙暂时地有条件地使用了一些潜词,如:沐浴学、浴盆学、水温学、浴衣学、浴巾学、搓背学。这可同"协同学、突变学、时间学、信息学、文摘学、腾格尔学"等大不一样。在作家笔下不过是"姑妄言之姑妄听之"式的半真半假、嬉皮笑脸穷开心罢了,当然这是形成王蒙的独特的艺术风格的一种手段。再如:

> ① 已经有愈来愈多的人向我推荐,小张是个人才,而且是个"官"才。(王蒙《夏之波》)

② 可看上去,他不大像一类已有六年爹龄,胡子拉碴的男人。(许俐丽《呵,研究生》)

③ 小说中的丈夫是举世瞩目的天文学家,但"在精神生活上却一贫如洗",不仅原先是个"恋爱盲",婚后也从不关心妻子。(《光明日报》1989年5月9日)

④ 所以一到星期日或节假日,一栋栋爱的旅馆的大厅的电视屏幕上,常常显出"满员"的字样,只有"望爱兴叹"了。(陈彬彬《日本风情录》)

这里的"官才、爹龄、恋爱盲、望爱兴叹"等都是潜词,这些潜词的运用是冲破语言的系统压力和人们的心理惰性的结果。也正是因为它们违背了一般人的守旧的语言感情与习惯,就获得了怪诞奇特、别有情趣、"柳暗花明又一村"之感。潜词所遭受的系统压力越大,同人们的守旧心理矛盾越大,其修辞效果越是强烈。这一手法在诗歌、笑话、相声中运用得特别多。在语言技巧中,这一手法创新意味最浓。就修辞格而言,潜词的运用同仿拟、粘连、对照等修辞格的关系最密切,值得专门探讨。

附:

此文写成后,1989年7月见到《讽刺与幽默》画刊上就有"鸡苗"一词。10月到成都,看到一二十家商店的招牌上都有"汽配"二字。这再次证明语言复杂丰富,我们的所知是非常有限的。

返 源 格
(1989 年)

按：词的意义是多种多样的。词义通常指现在通用义。语言使用者所运用的是现在通用义，而不是词的起源义、构词义等。语言运用的原则是使用词的现在通行意义，不可用词的起源意义。返源修辞格是对语用常规的偏离。

返源格所返回的原先的、起源的意义，不是词的现在的通用意义，而是潜性意义。所谓返源格其实就是对词的潜性意义的开发与利用。例如：

①"火"车滑行 民警开车拦截(《现代快报》2009 年 9 月 15 日)

②常"吃醋"可治疗妇科疾病(《扬子晚报》2009 年 12 月 12 日)

③"好色之徒"盯上彩色翡翠(《现代快报》2010 年 12 月 10 日)

④救护车成"火"车 车上还有病人(《现代快报》2010 年 5 月 1 日)

⑤性欲太强还需"根治" 台拟将性罪犯去势(《羊城晚报》1998 年 7 月 28 日)

⑥场站口被挡,偏偏交警还管不了 "霸道"车让公交车没了出路(《现代快报》2012 年 3 月 1 日)

⑦每 3 个男人中就有 1 个"精"力不足(《现代快报》2011 年 4 月 18 日)

现在通用义,属于显性语言范畴。返源修辞格其实是潜义的语用显化的一种格式。这种用法其实很常见,别具一格,颇能吸引读者的眼球。

本文原刊于《修辞学习》1989年第3期。

一　鲁迅对梁实秋的反驳

无产阶级是只会生孩子的阶级么?

鲁迅在《"硬译"与"文学的阶级性"》一文中说过:

> 但这位批评家却道:"其实翻翻字典,这个字的涵义并不见得体面,据《韦白斯特大字典》,Proletary 的意思就是:A citizen of the lowest class who served the state not with property, but only by having children.……普罗列塔利亚是国家里只会生孩子的阶级!(至少在罗马时代是如此)"其实正无须来争这"体面",大约略有常识者,总不至于以现在为罗马时代,将现在的无产者都看作罗马人的。这正如将 Chemie 译为"舍密学",读者必不和埃及的"炼金术"混同,对于"梁"先生所作的文章,也决不会去考查语源,误解为"独木小桥"竟会动笔一样。①

梁实秋用 Proletary 的语源(无产阶级的本来意义是会生孩子的阶级)来作为论据,鲁迅用汉字"梁"的原始义("独木小桥"写文章)来加以反驳,都可以认为是一种返源手法。鲁迅在这里提出一条语用原则:不可以用语源意义代替现在的通行意义。如果有谁把"领袖"理解为领子和袖子,而说什么:"我的领袖脏了,请您帮我洗一洗。"那就会让人笑掉大牙的。同理,把"心腹"理解为心脏和腹部;把"爪牙"理

---

① 鲁迅:《鲁迅全集》第四卷 196—197 页,人民文学出版社,1982 年。

解为动物的爪子和牙齿;把"墨水"理解为黑色的水;把"海马"理解为海洋里的马……都是要使得人笑掉大牙的。

二　返源——语用规则的偏离

凡事都有例外。有一个成语叫作"顶天立地",通行的意义是形容形象高大、气概豪迈。如元代纪君祥《赵氏孤儿》:"我韩厥是一个顶天立地的男儿。"但是在一首讽刺诗中:

　　二楼三楼——厂长、书记,四楼五楼——亲属、"关系",工人阶级——顶天立地,知足常乐,咱不生气。(《中国青年报》1981年1月4日)

这里的"顶天立地"用的是其语源意义:头顶青天,脚踏实地。指住房的顶层和底层。这里的用法是违背了语用原则的。但是读者喜欢,评论家叫好。偏离了词语的通常用法,临时返回到它的语源意义上、字面意义上来,以求达到超常的表达效果,这可以叫作"返源格"。再如:

　　忽左忽右,航行万里全仗看风使舵;或红或白,作画只靠察言观色。

"看风使舵"通行意义是:观察形势,随机应变。朱自清在《闻一多全集后记》中写道:"他们就见风使舵,凡事一混了之。"这里所使用的是语源意义:观察风向,根据风向把握方向操纵船上的舵——方向盘。又如,马季的相声《烟》:

　　甲:我穿的是三合一。
　　乙:三合一的的确良是可以了。

甲:不! 三合一!

乙:怎么个三合一?

甲:蓝工作服,黑套袖,还补块绿补丁。三合一。

乙:噢,三色合一块。

"三合一"指一种纺织品,这里却指三种颜色合在一起。

三 《何典》中的用例

《何典》作者张南庄是运用返源格的高手。例如:

① 一日,因活鬼的散生日,雌鬼便端正几样小小菜,沽了一壶淡水白酒,要替老公庆阴寿。恰好形容鬼也到来拜寿,便大家团团一桌坐下,搬出菜来:一样是血灌猪头,一样是斗昏鸡,一样是腌㷀雌狗卵;还有无洞蹬蟹、笔管里煨鳅、挨弗杂鸭——大碗小盏,摆了一台,欢呼畅饮。(第一回)

② 从此雌鬼便怀了鬼胎,到十月满足,生下一个小鬼来。(第一回)

③ 臭花娘子走进房中,正见赶花娘子坐在床沿吃死鳖肉。(第七回)

④ 马鬼道:"可惜你们迟来脚短,马已买完了。"地里鬼见门槛底下露出了马脚来,便道:"这门里不是马蹄么? 怎么说买完了?"(第十回)

例①中,"血灌猪头"的通行意义是:嘲笑怕羞或者喝酒上脸喝红脸。"斗昏鸡"也说成"昏斗鸡",通行意义是:因为斗争胜利而得意忘形失去常态。"腌㷀雌狗"的通行意义是:受到挫折之后,灰心丧气,神色委顿。"无洞蹬蟹"的通行意义是:硬是找茬子,无孔不入。"笔管里煨鳅"本是歇后语,意义是直仔死。"掞弗杂鸭"的通行意义是:不爽气。这里却故意偏离了常规意义,而分别指:猪头、鸡、狗卵、蟹、泥鳅、鸭等。例②的"怀鬼胎"通行意义是:比喻心里藏着不可告人的事或念头。这里却是雌鬼怀胎——鬼胎。例③中的"死鳖肉"通行意义本是:失业之后在家里吃老本。这里就是吃鳖肉。例④中的"露马脚"就是露出了马的脚,真的是马的脚!而不是"隐蔽的事实或事实的真相显露出来了"的意义。这些别致的用法,可以看作是陌生化手法。

潜意识和修辞

(1989年)

按：弗洛伊德的潜意识学说是显性和潜性区别的理论来源之一。修辞活动是信息流通、感情交流的一种社会心理行为。它主要是一种自觉的有意识的行动。但是其中也有潜意识的因素在起作用。在信息的编码过程中，说写者的潜意识是不可忽视的。在解码的时候，听读者的潜意识也是不可忽视的。因此潜意识在修辞活动中的作用和地位是很值得注意的，应当加以研究。

我的《手误例谈》[①]讨论了潜意识常会干扰自觉的编码活动导致的口误或手误现象中的手误问题。一个教师走上讲台时对学生说："好，现在下课了！"一个人在上午十一时对他人说："走，吃晚饭去！"这些口误都应当到潜意识中去找原因。在《残缺的完形化》[②]中，我讨论的是意识活动在显性残缺到潜性完形的过程中的作用。

显性和潜性的对立与联系及转化，不仅仅是一个语言问题，同样存在于物理世界、心理世界、文化世界之中。

本文原刊于《语文月刊》1989年第6期。

《韩非子·外储说》："郢人有遗燕相国书者，夜书，火不明，因谓持烛者曰：'举烛。'而误书'举烛'。'举烛'非书意也。"这就是成语

---

① 《学语文》1987年第1期。
② 《语文月刊》1990年第8期。

"郢书燕说"的由来。这就是潜意识导致的书写错误。郢人的这一编码差错并不是自觉的有意识的行为,而是潜意识干扰编码的结果。

在茅盾小说《霜叶红似二月花》中:(原句)"但当这两点绿光照又往下一沈的当儿。"(63页)把"绿光"书写为或排版为"绿光照",即把"绿光"和"光照"混二为一,这是潜意识的作用,并不是有意为之。

在编码过程中,潜意识不仅表现为各种口误、手误,更多地表现为对某种语音、某些词语、某类句式的偏爱或者排斥的倾向,表现为对全民语言材料偏离的特定模式。

鲁迅在《父亲的病》中写道:

"叫呀,你父亲要断气了。快叫呀!"衍太太说。

"父亲!父亲!"我就叫起来。

"大声!他听不见。还不快叫?!"

"父亲!!!父亲!!"

他已经平静下去的脸,忽然紧张了,将眼微微一睁,仿佛有一些苦痛。

"叫呀!快叫呀!"她催促说。

"父亲!!!"

"什么呢?……不要嚷。……不……。"

他低低地说,又较急地喘着气,好一会,这才复了原状,平静下去了。

"父亲!!!"我还叫他,一直到他咽了气。

在现代汉语中,"父亲"是书面语词,不用于口头对称,"爸爸"是口语词,用于对称,任何说现代汉语的人在正常情况下都是不会搞错的。为什么鲁迅在这里却一再大叫"父亲",而不喊"爸爸"呢?甚至多少年后写在纸上依然如此呢?这其实是一种潜意识的活动,是受了衍太太的"你父亲"这一话头的暗示、诱导而产生的,此时此刻鲁迅的自觉的有意识的活动已经退居第二位了,在这一连串的编码活动中占据首要地位的是他的潜意识。

鲁迅小说《肥皂》中,四铭"拖长了声音"叫他的儿子:"学程!"四铭太太也帮着叫"学程!"这时她不用平时叫惯了的"程儿",是在顺着丈夫的语势,这也是她的一种潜意识,在平常的日子里,她只能充当一家之主的四铭先生的应声虫。

程乃珊的中篇小说《女儿经》中:"'他虽是单身一人,但结过婚,'蓓沁又来了个补充:'Wife 在美国,他正打算和她办离婚呢。'她也忌讳用'妻子'这个字眼,不知不觉也用了 Wife 来代替。"蓓沁的"不知不觉"就是一种潜意识行为。

《三国演义》第七十二回《曹阿瞒兵退斜谷》中写道:"操屯兵日久,欲要进攻,又被马超拒守;欲收兵回,又恐被蜀兵耻笑:心中犹豫不决。适庖官进鸡汤。操见碗中有鸡肋,因而有感于怀。正沈吟间,夏侯惇入之帐,禀请夜间口号。操随口曰:'鸡肋。鸡肋。'"聪明过人的杨修因此对夏侯惇说:"以今夜号令,便知魏王不日将退兵归也:鸡肋者,食之无肉,弃之有味。今进不能胜,退恐人笑,在此无益,不如早归:来日魏王必班师矣。"杨修的分析,当然不是没有根据的,但并不是曹操编码时自觉的有意识的活动,并不是曹操编码时所自觉传递的信息,乃是曹操潜在的意识流。把三军统帅的潜在意识当作自觉的意识来传布、宣扬,这就是杨修丢了脑袋瓜子的原因。

每一个人都有自己的口头语,大作家们也有。大家都会对某些语言材料、某些修辞手段表现出一种强烈的偏爱倾向,而对另一些则十分顽固地抗拒、排斥、回避、厌恶,而这一切又往往是不知不觉的,甚至从未意识到,甚至别人一旦指出,或大吃一惊,或拒不承认,因为这虽然有自觉意识的成分,更多地却是属于潜意识范畴的。

美国语言学家莱曼在他的《描写语言学引论》中说过:"个人的风格则是在他们自己的语言所允许的变体中显示他爱好的特征。一位诗人可能爱用前元音,另一位则可能爱用辅音丛,等等。这种选择可能是经过精心考虑的,但是许多个人的特征是下意识地进行选择的。由于这种个人的风格特征,个人的作品经常可以从某种模式的选择上加以识别。"①

言语风格的问题之所以如此复杂,难以把握,就是因为它同潜意识的关系十分密切。因此,我们应当把潜意识同言语之间的关系问题当作一个重大课题,认真地对付。

编码过程中出现潜意识问题,译码过程中同样存在着。译码过程中,听读者的潜意识也是不可忽视的,应当专门研究的。

《红楼梦》第三十三回《不肖种种大承笞挞》中:(贾宝玉)"正盼望时,只见一个老妈妈出来,宝玉如得了珍宝,便赶上来拉他,说道:'快进去告诉:老爷要打我呢!快去!快去!要紧!要紧!'宝玉一则急了,说话不明白;二则老婆子偏偏又耳聋,不曾听见是什么话,把'要紧'二字,只听做'跳井'二字,便笑道:'跳井让他跳去,二爷怕什么?'"把"要紧"解码为"跳井",这是老妈妈的潜意识在起作用。

《红楼梦》第九回《训劣子李贵承申饬》中李贵说:"哥儿已经念到第三本《诗经》,什么'攸攸鹿鸣,荷叶浮萍',小的不敢撒谎。"李贵把"呦呦鹿鸣,食野之苹"解码为"攸攸鹿鸣,荷叶浮萍",这也是一种潜意识行为,而非有意为之,决不是为了博得、逗得贾政一笑,并且一笑而把此事了之。

《红楼梦》第五十七回中写道:"贾母道:'既这么着,请外头坐,开了方儿。吃好了呢,我另外预备谢礼,叫他亲自捧了,送去磕头;要耽

---

① [美]莱曼:《描写语言学引论》356页,上海外语教育出版社,1986年。

误了,我打发人去拆了太医院的大堂。'王太医只管躬身笑说:'不敢,不敢。'他原听说'另具上等谢礼命宝玉磕头',故满口说'不敢',竟未听见贾母后来说'拆太医院'之戏语,犹说'不敢',贾母与众人倒反笑了。"王太医解码时竟然不解"拆太医院"这些代码,这是他的潜意识在起作用。我们的潜意识帮助我们只接受投合我们胃口的代码,而拒绝接受不合口味的代码。正如莱曼所说:"我们甚至可能对跟我们最接近的人的语言上的错误和附加声音不加注意;例如我们跟着一位老师学习一个时期,我们就完全不理会他的犹豫停顿。"[①]而这一切都是在潜意识层次上悄悄儿地进行的。

在曹禺的《北京人》中:

屋内文清的声音　恭喜你啊。

陈　（大声）可不是,胖着哪!

思　他说恭喜您。

陈　嗨,恭什么喜,一个丫头子!

屋内文清声音　你这次得多住几天。

陈　（伸长颈子,大声）嗯,快满月了。

思　他请你多住几天。

陈　（摇头）不,我就走。

陈奶奶的译码错误,表面上看是因为她的耳朵有点聋,其实真正的最重要的原因还在于她的潜意识:刚得了个孙女儿的巨大的内心喜悦。

耳误同口误、手误一样是值得修辞学者研究的,因为这将导致信息的损耗、转移、增值等。

潜意识在解码过程中的作用,并不局限于耳误,更多地表现为语

[①]　[美]莱曼:《描写语言学引论》299—300页,上海外语教育出版社,1986年。

音和语义的联想方向、联想模式。同样一个词"老虎",对于山中猎人,对于生物学家,对于在动物园中游玩的孩子,潜意识的联想是大不相同的。

在译码过程中,在解释修辞学中,潜意识的作用和地位,同在编码过程中,在表达修辞学中,是同等重要的。其实编码和译码之间具有逆向同构关系,这一点对于研究潜意识同修辞的关系是十分重要的。

关于潜意识和修辞的关系的研究,我们首先应当从收集大量的第一手的事实开始,但不应停留于事实的罗列和汇编上,我们的目标应当是考察在信息流通、感情交流过程中潜意识的地位和作用,对于信息的损耗和增值的影响。我们最终目的是建立潜意识同编码、译码之间的各种关系模式。

病句生成学
（1989年）

按：这里的病句指的是语法病句，学习说话是说合乎语法规则的话，模仿、重复已经出现过的句子。所谓病句是不符合语法规则的话，不符合语法规则也就是人们不说的话。如果把已经存在的、人们公认的、不知不觉地遵守着的语法规则看作是显性，那么病句所运用的造句规则则是潜性。

语法病句是狭义病句，是广义病句中的一种。广义病句可分为：

1. 语音病句。语音讹误或不规范，如口齿不清读错别字。

2. 语法病句。不符合语法规律规则的句子。如：他们说，鸡我三只有，猪你四匹有，山这五座有，人那六个有。（徐军《迷失在母系王国》）

3. 语义病句。语义荒谬的句子。如民间流行的颠倒歌：颠倒歌，说颠倒，石榴树上结红桃，杨柳树上结辣椒，吹着鼓，打着号，木头沉到底，石头水上漂，小鸡叼了秃老鹰，老鼠抓了大花猫，你说好笑不好笑？

4. 语用病句。不得体的句子。如棺材铺老板对客人说："欢迎常来常往，一回生二回熟。"

写作本文时，我还不知道法国学者多斯早在《从结构到解构——法国20世纪思想主潮》中写道：

> 这项研究指的是科里斯蒂娃在纲要性文本"保卫病句记号学"（"Pourune sémiologie des paragrmmes"）中探讨的无意识结

构的另一个动力机制。

在"保卫病句记号学"中,她勾勒出一门新科学,那时它一直在增生扩散:在1965年是文字学,在1966年是病句学。……病句成了破坏他人书写的一种形式,成了消融冰冻意义的一种形式。"在消灭了人之后,病句消灭了称谓。"这个新的研究方向的轮廓预示这个时期的科学主义。立足于语义学和数学的坚实联盟,科里斯蒂娃评估了病句空间的回想的价值。"以抽象的方式理解病句的逻辑,这一努力是超越庸俗心理学主义或社会学主义的唯一手段。"

对病句的探寻,符合无意识所遵循的逻辑。①

当然科里斯蒂娃所倡导的病句学同我的主张不是同一回事情。

在本文的影响下,接着进行较深入探索的是孟建安教授。他先后发表了《论汉语病句学的构建》(《平顶山师专学报》1996年第3期)、《略论汉语病句的生成》(《平顶山师专学报》1995年第4期)、《汉语病句生成的语言外因素》(《语文教学与研究》1998年第10期)、《再论汉语病句的生成》(《语文教学与研究》1999年第12期)、《病句生成的倒次之法》(《平顶山师专学报》1995年第2期)等。

本文原刊于《汉语学习》1989年第3期。

一 构造不符合语法的句子更加难

构造合乎语法的句子难。构造不符合语法的句子更难。

我曾给我的大学生和研究生们布置过一次课外作业:请以《我:

---

① [法]弗朗索瓦·多斯:《从结构到解构——法国20世纪思想主潮》下册85—86页,中央编译出版社,2004年。

过去、现在、未来》为题写两篇作文,每篇100个单句,可以彼此没有联系。第一篇,每句都必须符合语法。一个句子不符合语法,就扣1分。100句都符合语法,给100分。第二篇,每一个句子都必须不符合语法,符合语法就扣分。100个句子全部不符合语法,给100分。

我相信,作为中文系的大学生、研究生,第一篇得到100分是不费吹灰之力的。第二篇,想得100分,可要绞尽脑汁啦!

于是,我得到一个结论:要构造出一个、一百个、一千个、一万个符合语法的句子,容易着呢,舌头打个滚,不费吹灰之力。但是要构造出一个、十个、一百个不符合语法的句子,很麻烦,可就难矣哉。三思而行,再开尊口,动尊手,也未必就真的不符合语法。

作为我的这个结论的一个证据,就是:如今那些个新潮派的诗人、小说家、文艺理论家们大喊大叫:反语言!反语法!反逻辑!掐断语法的脖子!然而仔细检查他们的作品,几乎是99%都合乎语法。很难找到真正不符合语法的句子。他们的"掐断语法的脖子"的口号是符合语法的,真正掐断语法的脖子,他们就根本喊不出这个口号了。想从他们的作品中收集几千个不符合语法的句子来撰写论文、著书立说,很难不失望的。

脱口而出就是符合语法的句子,一心违背语法来构造句子却可能还是符合语法的句子,就说明"构造不符合语法的病句比构造符合语法的句子更难"的怪事儿是一个值得注意的事实。

二 构造不符合语法的病句是创造性活动

生成不符合语法的病句之难,难就难在:这本是一种创造性活动,并无先例可言,并无规则可循。

生成合乎语法的句子的时候,"说话人可以说出他以前从未说过的一些话来,这种话语对听话人同样是新的,却能懂得。的确,这是每天都发生的事。它产生的方式相当简单:这新的话语是一个临时形式,它是用熟悉的材料填入熟悉模式构成"。① 这就是说,这个时候,我们有先例可言,有规则可循,我们是按照多年养成的习惯行事——而习惯是一种惰性,习惯势力是最可怕的势力,要改变一种已经养成的习惯是非常困难的——因此,这就是非常容易的事情了。

至于构造不符合语法的句子,违背语法的种种病句,情况就大不一样了。我们并没有先例可言,没有现成的规则可循,没有习惯可以作为依据。相反,我们得丢开一切先例,冲破一切规则,改变早已形成的习惯,要同先例、规则、习惯"对着干"。这当然就困难重重苦不堪言了。

我们必须承认,无论是自觉地还是不自觉地生成一个不符合语法的病句来,从本质上说都是一种创造性活动。

三　语法学也要研究不符合语法的句子

语法学不但要研究符合语法的句子,还要研究不符合语法的句子。

语法的对象应当是符合语法的句子,常规的句子。不符合语法的句子一般不是语法学的研究对象。一个语法学家如果也研究不符合语法的句子,把不符合语法的句子同符合语法的句子混合在一起,甚至混为一谈,就不能建立句法系统,其句法系统就会成为沙滩上的大厦。但是完全丢弃不符合语法的句子,只研究合乎语法的常规的句子,所构建的语法系统可能缺乏解释力和实用性,理论上也会有些

---

① ［美］霍凯特:《现代语言学教程》4页,北京大学出版社,1987年。

欠缺。

看来，不符合语法的病句也是语法学的研究对象。语法学也要考察不符合语法的句子，符合语法的句子和不符合语法的句子之间的对立、联系和区别，两者之间的过渡地带，两者的相互转化。语法学家不但要建立一套生成符合语法的句子的规则系统，也可以抽象概括出生成不符合语法的句子的规则系统，阐述两种规则系统之间的联系与转化条件。

这样，语法学的对象便包括：（一）一切已经出现的句子，数量是巨大的，任何语法学家只能从中抽取一部分来进行研究。（二）潜在的可能出现的句子，只要外部的社会语用条件充分满足了，就可以出现而且同现有规则并不矛盾。（三）同现有语法规则相矛盾的、不符合现有语法规则的病句。其中有的已经出现过，有的以后可能会出现，有的永远不能出现，有的甚至将作为新的语法规则而进入语法系统。

能说，还是不能说？这似乎是评价符合不符合语法的重要标准。许多时候，"能说，已说的，便是合乎语法的；不说的，决不说的，便是不符合语法的"。因此研究符合语法的句子，可以运用归纳法。不符合语法的句子，大多数是没有人说过，所以不能依靠归纳法，需要运用演绎法。

四　病句艺术化

欣赏绝妙的不符合语法的病句是一种享受。

不符合语法规则的病句，跟三种人关系最密切：小孩子、语言艺术家、语法学家。

语法学家为了阐述符合语法的句子，构建生成符合语法的句子的规则系统,首先要区分符合语法的句子和不符合语法的句子,为了阐述符合语法的句子,就经常制造出一些不符合语法的句子来同符合语法的句子进行对比。语法学家生成不符合语法的句子是自觉的,是一种推导活动。语法学家所制造的不符合语法的病句,往往病得太简单,太明显,太生硬,好像是无病装病,病给人家看的。这样的病句可以帮助人们学习语法规则,但是却不能给人以艺术享受。

小孩子常常会造出不符合语法的病句,这是不自觉的,并非有意为之,其中不少是妙趣横生富于诗情画意的,有的有点像警句格言,也有许多是荒谬可笑的。小孩子的不符合语法的病句,能够给其亲人和大人们以种种乐趣,给语言艺术家以一些启示,也能给语法学家以新的思路。

语言艺术家往往自觉地去创造不符合语法的病句。语言艺术家努力把语法病句转化为艺术性的佳句。曹禺《日出》顾八奶奶的台词:"所以我顶悲剧,顶痛苦,顶热烈,顶没有法子办。""这顶悲剧"就是不符合语法的病句,但是在戏剧舞台上,这是个性化的人物语言,是艺术佳句、名句。这一类不符合语法的病句经过语言艺术家的辛勤劳动已经转化为艺术语言了,是观众审美的对象。如:

① 你的笑声点燃了我,
   我也笑了。(许德民《旅途》)
② 让阳光的瀑布
   洗黑我的皮肤(顾城《生命幻想曲》)
③ 一头青牛走来闲卧
   慢慢咀嚼碧绿的岁月(李纲《山中》)
④ 风过早地清扫天空
   夜还在沿街拾取碎片(舒婷《小窗之歌》)

欣赏这样的病句难道不是最好的享受吗？

动词"读"，《现代汉语词典》说：①看着文字念出声音；②阅读；看（文章）。可是：

① 啊！可恶的孟炳善，你凭什么天天强迫我读你的牙缝！
（谌容《啼笑皆非》）

② 读您，读您的苦闷
您的冤屈，您的热情与理想（郑炯明《墙》）

③ 在鼓声中，你读着
云去云来（丁平《云说》）

④ 你读月光似的读我的嘴唇（冯青《铃兰之歌》）

⑤ 读你的黄衬衣
似一垛无法跨越的墙
读你的长发
如一条难以泅渡的河
读你的天真
好像切开一只柠檬……（唐韬《读你》）

这些违反语法规则的病句，都是诗人刻意构造的诗句。

多少年来，我一直十分注意病句，也要求大学生、研究生们注意病句。就是因这玩意儿并不是你想造就能造出来的，一心一意地去造往往造出来的十分别扭、无滋味。平常人无意间造出来的往往达到绝妙的程度。除了语言艺术家和少年儿童，我以为最应该注意的是报纸杂志书本上、街头巷尾广告招贴上的无意间造出来的不合乎语法的病句，其间的确不乏精品。一个经得住分析的高质量的不合乎语法的病句是非常难得的，欣赏一句有艺术性的不合乎语法的病句就如同欣赏一首抒情诗一样的有趣。剖析一个复杂的病句比起解析一道复杂的数学习题也并不容易到哪儿去。养成收集和剖析病句的习惯,这应当是语言学家的基本功。但是鉴赏语病容易,寻求生成语病的规则,那可就难矣哉!

五 颠倒词序之后未必就不符合语法

把正确的句子的次序倒过来就是病句吗?不见得。

生成不合乎语法的病句固然难,但我也不必知难而退,而应当"露一手",在这一切都好花样翻新的时代里。

"文革"期间有句流行用语,叫作"对着干",现在有个时髦术语叫作"逆反"。那么,汉语的词序是极其重要的语法手段,如果,"对着干"、"逆反"一下,把合乎语法的句子从尾巴上再倒过说到头,写到头,哈,岂不是病句么?试一试看:

① 她忽然感到一阵恐怖。
② 人生并不都是灰色的。
③ 你穿什么都好看。

"逆反"一下之后:

④ 怖恐阵一到感然忽她。
⑤ 的色灰是都不并生人。
⑥ 看好都么什穿你。

统统是地地道道的不合语法的病句,真的。合乎语法的常规句"逆反"过来便都是病句吗?不见得的。有的时候,也合乎语法,也是常规句,如:

客中愁损摧塞夕,

> 夕塞摧损愁中客。
>
> 门掩月黄昏,
>
> 昏黄月掩门。
>
> 翠衾孤拥醉,
>
> 醉拥孤衾翠。
>
> 醒莫更多情,
>
> 情多更莫醒。(纳兰性德《菩萨蛮》)

这首诗的一、三、五、七句是符合语法的常规句,二、四、六、八句是与一、三、五、七句"对着干"的,但"逆反"的结果,也还是符合语法的常规句。这就是大家熟悉的喜欢的回环。

那么,"合乎语法的常规句逆序倒转之后便是不合乎语法的句子"这一条生成病句的规则还能够成立吗?能。因为回环只是偶然重合现象,不足以推翻这一规则。

六　规则和例外

生成病句的规则也是有一定的局限性的,也常常会遇到种种例外。

有一些生成病句的规则的确是十分过得硬的,几乎没有例外的。再如,汉语中的语法规则是:介词+名词,如果逆反为:名词+介词,则造出来的句子都是病句。如:

> ① 我刚才他同说了半天话。
>
> ② 他早就这句话把忘得一干二净。
>
> ③ 我的书早就他被拿走了。

这可以说是绝无例外的。

但更多的生成病句的规则,总会有例外,如对于连动式,V_1+N_1+

V_2+N_2,如果省略为:V_1+N_2,则是病句:

① 歪着头看书 ⟶ *歪书
② 骑着马上山 ⟶ *骑山
③ 伸出手拿糖 ⟶ *伸出糖

可是近年来的新的用法,如:

① 排队买香肠 ⟶ 排香肠
② 排队买火车票 ⟶ 排火车票

甚至还可用 N_2 的修饰语来代替 N_2,如:

③ 排队买到北京的火车票 ⟶ 排北京

这都不是不合乎语法的病句,不过都不是可以任意类推的,受到很大限制,是习惯用法。再如对于"主—谓—宾"的句子,如果省去了谓语动词,则是不合乎语法的病句。如:

④ 大学生买书。⟶ *大学生书。
⑤ 小孩子吃冰棒。⟶ *小孩子冰棒。

然而对于下列句子:

① 二十个人吃一锅饭。⟶ 二十个人一锅饭。
② 两个人骑一辆自行车。⟶ 两个人一辆自行车。
③ 我感觉到十分痛苦。⟶ 我十分痛苦。
④ (原句)你们想,连禽兽在中国都这样感受着痛苦,又何况是人!(曹禺《日出》)

(改句)你们想,连禽兽在中国,都这样痛苦,呆不下去,又何况乎人!

却又并不是病句呀,又都是符合语法的。

如果把汉语的"主—谓—宾"倒为"宾—谓—主"如何？则可能是病句。如：

① 他喜欢画画唱歌——*画画唱歌喜欢他。
② 小孩子淌了口水——*口水淌了小孩子。

不通，不合语法。但有时候，却合语法，如：

③ 老师批评学生。——学生批评老师。
④ 妈妈想女儿。——女儿想妈妈。

不过具体的含义却不同了，不一样了。

也有的时候，还合语法，基本含义也未变，如：

① 汽车盖着油布。——油布盖着汽车。
② 一床被盖两个人。——两个人盖一床被。

这时候，就要求我们研究者，不仅仅注意生成合乎语法的句子的制约条件，也要注意到生成不合乎语法的句子的制约条件了。如对于双向动词，只有施事和受事都带有数量修辞时，"受事—动词—施事"才能造出合乎语法的句子。如：

① 两根冰棒吃三个小孩。
=三个小孩吃两根冰棒。
=两根冰棒三个小孩。
=三个小孩两根冰棒。

如果，没有数量词修饰语，则是不合语法的病句：

② 冰棒吃小孩。

只有一个数量词修饰语的也是不合语法的病句：

③ 两根冰棒吃小孩。

④ 冰棒吃三个小孩。

有了更大的语用环境,许多原先不合语法的句子在语用上是合格的。如:

① 他却偏偏说"学位论文写研究生"。

② 可是他实在已经用完了他的体力,与其说他在摇橹,还不如说橹在财喜手里变成一条龙,在摇他。(茅盾《水藻行》)

③ "左顾孺人,右弄稚子",他不喜欢汉口的热闹,而汉口的热闹也从来不干涉他。(茅盾《烟云》)

④ 李比喜感慨万分地说:"不是巴拉德发现了澳,而是澳发现了巴拉德。"(杜国正《在科学的入口处》)

把不合语法的句子转变为语用上合格的句子的方式方法条件是多种多样的,很值得研究的。

如果能够把生成合乎语法的句子的制约条件同生成不合语法的句子的制约条件联系起来看,在更高的层次统一起来,这样的语法系统岂不是更有魅力,更有实用价值吗?

七 可建立病句生成学

建立病句生成学很有必要,作为语法学内部的一个小小的分支学科。传统的病句评改,可以看作病句生成学中的内容,但还远远不是病句生成学。病句评改,严格说,到目前为止,还算不上一门学问,从未有人对它进行科学上的思考:对象、任务、方法、确定病句的标准、修改病句的原则……这些重大问题从未有人认真讨论过。病句生成学在发展过程中,首先要对传统的病句评改进行再认识,进行改造。

病句生成学的建立,可以从两个方面入手。

一方面是从外部入手,研究非语言的因素,如说话人的心理状态,潜意识,文化教养,说写时的环境,交际的目的,外界的干扰等同生成病句之间的关系。如心不在焉时容易生成病句,追求奇巧时容易生成病句,心情太紧张时容易生成病句,不负责任的写作态度容易生成病句,等等。

另一方面,也是更重要的一个方面是在语法的范围内,生成一个病句有哪些规则,这些规则同生成合法的句子的规则之间的关系及其相互转化的条件。这一部分的内容应当说是广义语法学的一个不可缺少的内容。

正因为生成合乎语法的句子的规则同生成不合乎语法的病句之间的规则并不是一回事儿,也不可能简单地一一对应,因此病句生成的问题可以也应当研究,病句生成学可以建立,也应当建立,也能够建立。我们等待着。

病句转化学

(1989年)

按:句子分为语法句、语义句、语音句、语用句;病句也分为语法病句、语义病句、语音病句、语用病句。病句和非病句(合格的句子,常规的句子)间存在一种相互转化的关系。如江苏淮安民歌颠倒歌:说我流,我就流,捎带驮着驴子走,蠓虫从眼前过,我拿耕绳套它头。这是语义病句,因为其语义是荒谬的。但在语用上,却是人们喜闻乐见的,是语用佳句。这个语用佳句是由语义病句转化而来的。研究它们之间的相互转化关系的学问,就是病句转化学。

病句转化其实包括两个问题:1.语法句、语义句、语音句、语用句之间的转换;2.语法句内部、语义句内部、语音句内部、语用句内部的转换问题。本文讨论的是前一个问题,即四种句子和病句之间的转换问题。

1971年,巴特在对斯蒂芬·希思所做的评论中说:"在任何情形下,对我而言最大的问题是哄骗所指,哄骗法律、父亲和被压抑者……无论在哪里,只要能够做出病句方面的努力,或对我本人的文本进行某种病句学的追踪,我就会感到无忧无虑。如果我真的有过批判我自己的著作的机会,我也会把一切置于'病句主义'之上。"多斯引用之后写道:"巴特体现了他那个时期的先锋派的感受和野心。他沿着新方向,走向了文本间性和病句,这在一定程度上是因为科里斯蒂娃1966年著作的重新定向。"[①]

---

① [法]弗朗索瓦·多斯:《从结构到解构——法国20世纪思想主潮》下卷87页,中央编译出版社,2004年。

20世纪90年代,孟建安教授坚持研究病句,最终出版了《汉语病句修辞》(中国文联出版社,2000年)。

本文原刊于《云梦学刊》1989年第1期。编入何伟棠主编的《王希杰修辞学论集》(广东高等教育出版社,2000年)。

一 语音句、语义句、语法句和语用句

在讨论病句之前,我们先必须区别四种类型的句子,即:语音句、语义句、语法句和语用句。

所谓语音句,指的是从语音角度上划分出来的句子。它是前后有较大语音停顿的一个言语片断,即一串语言符号的组合。对于语音句,不必考虑意义是否完整,语法结构是否独立,只求说话人这样说方便,听话人这样听比较自然。如毛泽东的名句:

> 看万山红遍,层林尽染,漫江碧透,百舸争流,鹰击长空,鱼翔浅底,万类霜天竞自由。

从语法上看,这是一个句子:省略了主语"我"的句子——抒情诗中的主语大都是抒情诗人的那个"我",谓语动词是"看","万山红遍,层林尽染,漫江碧透,百舸争流,鹰击长空,鱼翔浅底,万类霜天竞自由"都只是这个"看"的宾语。从语义上看,这也只是一个句子,分开来意义就不完整了。但是,就语音而言,的确是七个句子,这七个句子就只是语音句。

所谓语义句,指的是从语义角度上划分出来的句子。它是语义上完整独立的一个单位,而不必考虑语音上的停顿和语法结构的完整。只是说写的人作为一个意义整体发出的,而听说的人又作为一个整体接受的。如:遥想公瑾当年,小乔初嫁了,雄姿英发。羽扇纶巾,谈笑间,樯橹灰飞烟灭。(苏轼《念奴娇·赤壁怀古》)从语音角度看,这里有六个语音句。从语法角度看,这里只有一个语法句,省略了主语"我",谓语动词是"遥想",从"公瑾当年",一直到"樯橹灰飞烟灭",都是动词"遥想"的宾语,虽然它本身是一个句群,但句群已经短语化了,句子成分化了。但从语义上看,这里有两个句子,一个是"遥想公瑾当年,小乔初嫁了,雄姿英发",另一个是"羽扇纶巾,谈笑间,樯橹灰飞烟灭"。

一般情况下,语义句大都等于或大于语法句,如:枯藤老树昏鸦,小桥流水人家,古道西风瘦马。夕阳西下,断肠人在天涯!(马致远《天净沙·秋思》)从语法上看,这里有十一个语法句;从语音上看,只有五个语音句;从语义看,有四个语义句。前三个语义句各包括了三个语法句。"枯藤—老树—昏鸦"三个语法句才构成一个语义句,单独一个"枯藤"还算不上一个语义句。

所谓语法句,即在语法结构上完整独立的句子,它不是别的句子的某一个结构成分。如:

　　山就是山,水就是水。

这是两个语法句。

在英语教科书上,我们一开始往往遇到这样的句子:

　　This is a rat.
　　This is a cap.

这是语法句,当然也是语音句,也是语义句,但是它没有同任何上下文、交际环境发生这样那样的关系,它所潜藏着的交际价值并没有实现出来。这就是说,语音句、语义句和语法句都是语言的句子,语言的句子因为没有同上下文、交际情景相联系,是没有交际价值的。

同一定的交际目的、特定语言环境相配合的句子可就不同了。例如：

"凤娇,你哑巴啦?"还是那个姑娘。

"谁哑巴啦！谁像你们,专看人家脸黑脸白。你们喜欢,你们可跟上人家走啊！"凤娇的嘴很硬。

"我们不配！"

"你担保人家没有相好的?"(铁凝《啊,香雪》)

这些存在于交际活动中的句子,是完成了说写者的一个指令的语言单位,是实现了交际功能、具有一定的表达效果的句子,这就是语用句。语用句区别于语音句、语义句和语法句的地方就在于,语音句、语义句和语法句中的交际功能是潜藏着的,并未实现的,而且是不定的、含混的;语用句实现了语言的交际功能,它的交际价值是现实的、确定的。

二 常规句和超常句

在讨论病句之前,我们先要区别清楚常规句和超常句。例如：

常规句:你买票。

超常句:你票买。

票你买。

买票你。

买你票。

票买你。

当然,什么是常规句？什么是超常句？这又是一个大难题,谁也说不清。想找到一个严格的标准把常规句和超常句绝对地区分开来,这又几乎是不可能的。其实,在常规句和超常句之间并没有什么楚河汉界,客观地存在着一个过渡地带,它们本是一个不可分割的连续体。一般情况下,常根据使用频率来判断常规句和超常句,其实这并不十分可靠,使用频率是语用问题,受非语言的、语言之外的因素影响和制约,而常规句和超常句并不只是一个语用问题,用非语言的因素来判断语法、语义、语音句,显然就不是那么妥当的了。

对于超常句,我们又可以区分三种类型:

a. 正超常句
b. 中性超常句
c. 负超常句

正超常句是积极的,好的,受到肯定和赞扬的。负超常句是消极的,坏的,受到指责的,人们不予承认的。中性超常句是无所谓的事儿,既不好也不坏。正超常句就是"佳句"。负超常句就是病句。当然,在"负超常句—中性超常句—正超常句"之间也并没有什么绝对的界线可言! 所以,古今中外常有这样的事情,同一诗文的句子,一些人大声叫好,赞不绝口,另一些人严加斥责,嗤之以鼻,双方又都是名人,且又争得面红耳赤,如对宋玉的《登徒子好色赋》中的"增一分太长,减一分太短",对杜甫的"霜皮溜雨四十围,黛色参天二千尺",对元稹的"谢公最小偏怜女",对杜牧的"千里莺啼绿映红"等。

用说的人多与少来区分正超常句、中性超常句和负超常句,困难重重。用听得懂听不懂来区分这三种句子,也是困难重重。说不说,有多种情况,自觉地说和无意识地说,无条件地说和有条件地说。听得懂听不懂,也有多种情况,有一听就懂,有想半天才懂,有从语句中得来的懂,有从表情、手势等中得来的懂,有真正的懂,有自以为懂、其实不懂的懂。负超常句,即病句,有时很好懂,谁都懂;正超常句,有时谁也不敢说是真正的弄懂了,如对朦胧诗中的那些正超常句。

其实,我们本不必在它们之间划那么清楚的界线,它们之间也有过渡地带,也是连续体——"剪不断,理还乱"!

但是为了研究和学习的方便,我们不妨强调它们之间的区别,并且把它们的区别加以形式化。

这样一来,它们之间有了明确的界线,我们便可以开始讨论病句了。在这里,我们对病句只研究两个问题。一个是各种类型的病句:语音病句,语义病句,语法病句和语用病句;另一个是病句向佳句转化的可能性及其规律性。

三　四种句子和四种病句

语病评改是语文刊物的传统内容,为了评改得令人心服,就应当区分清四种句子和四种病句及四种佳句,而且看到它们之间的非对应关系。为了简便,中性超常句我们暂且不管。

因此,我们在评改病句时,首先应当指出是哪一种病句。如:

　　酒面扑春风,泪眼零秋雨。(姚宽《生查子》)

这是一个语法病句,也是一个语义病句。正确的常规句应当是:

　　春风扑酒面,秋雨零泪眼。

这是为了适合词律的要求才这样反常、超常的。因此这在语音上不是病句,而是佳句。同时也是为了审美需要才如此超常的,为的是突出强调审美主体"酒面"和"泪眼"的地位和作用,所以这也是语用的佳句。笼而统之地一律说是佳句或简单地斥之为病句,都是不可取的!

所谓语音病句,指拗口、别扭、难发音、难分辨、听说都吃力的句子,绕口令及类绕口令、准绕口令式的句子都是。如:"石室诗士施氏,嗜狮,誓食十狮。氏时时适市视狮。十时,适十狮适市。是时,适施氏适市。氏视是十狮,恃矢势,使是十狮逝世。氏拾是十狮尸,适石室。石室湿,氏使侍拭石室。石室拭,氏始试食是十狮尸。始识是十狮尸,实十石狮尸。试释是事。"[①]但是,在语用上,绕口令讨人喜欢,是语用佳句。

再如:

① 脑老化防治(报纸标题)
② 此番上上海后,当戒烟酒,努力奋斗一番。(郁达夫《病余日记》)

都可以是看作语音病句或准病句的。

从语音角度讲,朱自清的散文佳句多,上口入耳,和谐动听;而鲁迅的杂文则语音佳句少,并且不时出现一些语音病句,上口难,入耳不易。王蒙小说中常出现语音病句,可那却是有意为之,当作语用佳句来追求的,如那些绕口令式的长句子。

所谓语义病句,指事理不通,内容不合逻辑,现实生活中不可能发生这类事情。例如:

① 我们坐在正方形的圆桌上吃饭。
② 洁白的乌鸦满天飞翔。
③ 水井掉到水桶中来了。

这都是语义上的病句。对于语义上的病句,我们的反驳是:哪有这样的事?怎么可能有这样的事?笑话!荒唐!疯子,神经病。

对于语义病句,我们必须看到,这常规语义句和超常语义句是在一定文化背景中存在的,离开了一定的文化背景便毫无价值,而且随

---

① 赵元任:《语言问题》149页,商务印书馆,1980年。

着人类的进步，常规语义句和非常规语义句的界线又在不断地变化。我们知道，这个世界上是有白色乌鸦的，虽然我们说惯了"天下乌鸦一般黑"，也有吃肉的植物……但是一般情况下，我们是在现有的文化背景常识内预设常规语义句和超常语义句、语义佳句和语义病句的区别的。在现代派小说、荒诞文学、黑色幽默的作品中，语义病句极多，但又都是当作语用佳句来追求的。

所谓语法病句，指不符合、违背了语法规则的句子。如：

① 她绣出的花布既快又好，从未退过货。（《人民日报》1985年10月9日）

② 张贤亮以他的小说改编的电影《黑炮事件》抨击了社会弊病为例，说："没有人说我为党抹黑。"（《人民日报》1987年4月7日）

例①，主语是"她绣出的花布"，谓语是"既快又好"，花布可以好，不可以快，这就叫主谓不配。例②无意间漏掉了一个介词，本该是："张贤亮以根据他的小说改编的电影《黑炮事件》抨击了社会弊病为例"，少了一个介词"根据"，句子便不可理解了。

传统的病句评改，主要评改的是语法病句。

所谓语用病句，指的是不能适应题旨、情境、上下文等，交际对象不能接受或损害了表达效果的句子。吕叔湘先生讲过两个故事：

有这么一个故事：有一个单位请人来做报告，经办人给报告人去信，信里说："请您来讲一次，想来您也会觉得荣幸的。"这位同志又在他的上级的办公桌上留个条子，说："请某某来做报告，定在某日上午九时，限你九点前到会场。"报告完了之后又写信给报告人道谢："您的报告对我们有一定帮助，特此致谢。"另一个故事：一个大学生把他的作品送给老师看，拿回来之后给老师去了封感谢信，说："顷奉大函,对拙作所提意见非常好,十分感谢,我一定照改。"[1]吕先生所批评的句子,在语法上并无毛病,不过不适合于交际的对象,这类病句是语用病句。

传统的语病评改,多从语法病句开刀,而大都放过了语用病句。其实抓住语用病句,病句评改才能更多地获得读者,才能有更大的更多的社会效益。对病句的观念应当改变,病句评改也应当转向转轨。这是值得注意的。

四 四种病句学

现在我们可以来讨论病句的研究。对于病句的研究可以分为四个部门:(1)语音病句学——研究语音病句的学问。(2)语义病句学——研究语义病句的学问。(3)语法病句学——研究语法病句的学问。(4)语用病句学——研究语用病句的学问。

也可以分为这样四个部门:(1)病句生成学——研究产生病句的原因、方式和规则的学问。(2)病句形态学——研究病句的各种形式和类型的学问。(3)病句矫正学——研究变病句为常规句的学问。(4)病句转化学——研究病句转化为佳句的学问,也涉及一部分病句转化为常规句的问题。

病句矫正学是研究在同一平面上由病句转变为常规句的学问,主要包括三个内容:(1)语音病句转化为语音常规句。(2)语义病句转化为语义常规句。(3)语法病句转化为语法常规句。

病句转化学研究的是在不同平面之间病句向佳句转化的学问,包括三个内容:(1)语音病句转化为语用佳句。(2)语义病句转化为

---

[1] 吕叔湘:《语文札记》99页,上海教育出版社,1986年。

语用佳句。(3)语法病句转化为语用佳句。也包括了一部分语音病句、语义病句、语法病句变为语用常规句的事儿。

在著名的文学作品中,有时候也有语音病句、语义病句和语法病句,这又有两种:一种是作家的失误,这些语音、语义、语法病句同时也是语用病句。另一种是作家有意为之。如:"所以我顶悲剧,顶痛苦,顶热烈,顶没有法子办。"(曹禺《雷雨》)"顶悲剧"是一个典型的语法病句,因为它违背了现代汉语中的一个规律:副词不能修饰名词。但却是一个语用佳句,是戏剧语言个性化的佳例,剧作家在利用这个语法病句刻画剧中人顾八奶奶的形象上是大大成功了。如果说语法病句是腐朽,那么在这里曹禺是化腐朽为神奇了。化语音、语义、语法中的腐朽为语用中的神奇,这是一切语言大师们所毕生追求的,杜甫说"语不惊人死不休"主要指的就是这件事情。

诗词中的佳句大都是化语音病句、语义病句和语法病句的腐朽而成的神奇。如:

① 自拨床头一瓮云,幽人已先醉浓芬。(苏轼《庚辰岁正月十二日天门冬酒熟,予自漉之,且漉且尝,遂以大醉》)

② 青眼想风流,画出西楼一帧秋。(黄庭坚《南乡子》)

"一瓮云"和"一帧秋"都是语法病句。但只是就表层的角度而言的。在其深层,这"云"是"酒"的借代,这"秋"是"图"的借代:

一瓮云 ⟶ 一瓮酒

一帧秋 ⟶ 一帧图

只有能够有这样的借代联想的人,才能体会到这些都是神奇的、优美的语用佳句。再如:

① 当背篓装满一捆捆阳光

当青牛横卧于荫凉处

　　我坐在绿色的云朵上小憩了

　　任心儿把那一串音符追逐……（黄宏《斑鸠》）

② 一无所获的猎手

　　没有闲情去歌去舞

　　他沮丧地躺在草地上

　　喷出一口口蓝色的沉思……（王新第《白桦林里》）

③ 我多想

　　是春天那柔柔的小雨

　　迈着轻盈的步子

　　涂一片绿色的企望

　　给种子一叶脉脉含情的诗（孟凡艳《多想》）

这些由病句转化而来的佳句是能够给人们以丰富的艺术享受的。但是要想享受这样的艺术佳句，就得具有一定的语言学知识和丰富的心理联想能力。

　　在相声、笑话和人民群众的口语中，也常有不少由病句转化来的艺术佳句。如：

　　北京画家曹今奇新作《寒猫》一幅，状家猫畏寒慵懒之态，娇憨可喜，怪而有"漫"味。因作为漫画发表于此。初夏玩赏寒猫，仿佛沪语"眼睛吃冰淇淋"也。（《漫画世界》1988年10期）

　　所以建立病句转化学是有丰富广泛的研究素材的。

五　建立病句转化学

建立病句转化学是很有必要的。

病句转化学是文艺创作学的一个分支,是消极修辞学和积极修辞学的交接口,是作文教学的一个部分。

病句转化学的研究有理论价值,可以进一步揭示人类语言交际活动的多层次之间复杂多变的关系;又有实用价值,对青少年的语言表达能力的培养和提高有益有用,对诗人小说家创造艺术的言语可以提供多种多样的启示。

病句转化学虽然今天才提出,但是它的研究早就开始了,古代的文论、诗话、词话中就有许多这方面的研究成果!

病句转化学的重点应当在:各类病句中哪些病句可以转化为语用佳句——恐怕并不是所有的病句都可以转化为语用佳句的吧?由病句转化为佳句所必须具备的条件,包括特定的上下文、情境、语体等方面的条件。

病句转化学当然以病句生成学为其基础。因此也要研究可以转化为艺术佳句的各种病句的生成方式。

换位就是生成病句以及病句转化为佳句的一种常见的方式。所谓换位,就是让词语出现在不应该出现的地方,即用不同质的词语来替代本该出现的词语。这样的话,通常便会生成病句。如"我吃巧克力"。"巧克力"是可以吃的食品,假如换上不可以吃的东西,如:"青春、快乐、痛苦、懒惰、语言学、宇宙、时间、空间、情绪、永恒、红通通、绿油油、笑嘻嘻、三七二十一"等,则生成了许多可笑的荒谬的病句:我吃青春、我吃快乐、我吃时间、我吃红通通……

再如对"一朵红通通的花儿"进行省略,省去"花儿",保留前面的部分,便成了:一朵红通通。这也就成了病句。但只要具有一定的条件,换位便又成为创造艺术佳句的重要手段。如:

　　也许我该
　　给你寄一片枫叶

但那一掌耀眼的鲜红
　　只衬出秋的贫血　（杨贾郎《寄》）

对"那一掌耀眼的鲜红的枫叶"进行省略，把形容词"鲜红"换到"枫叶"的位置上，在一般情况下，这是病句。但这里用在诗歌之中，蕴含着丰富的审美价值，便是艺术佳句，含蓄而意味深长。又如：

　　路灯明了
　　黎明骄傲的使者
　　举起一盏盏
　　闪亮的希望
　　去安抚路人
　　匆匆的急促　（白庆峰《路灯》）

本该是"举起一盏盏闪亮的路灯"，由于路灯象征着"希望"，便用"希望"来替换在"路灯"的位置上，这可以叫作"比喻性换位"。"比喻性换位"是诗词中常用的一种手法。再如：

　　① 无声地飘落了
　　　 一叶金黄的历史　（吴天海《落叶》）

例①中，通过比喻，用"历史"替换了"落叶"，便使得一个平平常常的句子"无声地飘落了／一叶金黄的落叶"——突然间变成了艺术的佳句——"无声地飘落了／一叶金黄的历史"，是把黄叶比喻成历史了——历史一般的黄叶，历史的黄叶！

　　② 夏天的轰轰烈烈被一穗一穗、一串一串、一枝一枝、黄灿灿地晾在土地上，成熟了，也就不喧嚷了。（王建平《土地之声》）

例②中，把夏天比喻成为谷子——

　　③ 夏天的谷子轰轰烈烈被一穗一穗、一串一串、一枝一枝、

> 黄灿灿地晾在土地上,成熟了,也就不喧嚷了。

而且"黄灿灿"又本是"谷子"的修饰语——

> ④ 夏天的黄灿灿的谷子轰轰烈烈被一穗一穗、一串一串、一枝一枝地晾在土地上,成熟了,也就不喧嚷了。

例④是常规句,例②、例③是超常句。例②通过省略换位,用"夏天"替换了"谷子",又把"黄灿灿"从主语"谷子"的修饰语的位置上换到动词"晾"的修饰语的位置上,这可以叫作"差错换位"——"错位",这一来例②便显得格外的新奇别致,便是艺术佳句。

语音句、语义句和语法句通常是孤立的,而语用句总是组织在上下文之中,同交际情境相结合的,因此,上下文、交际情境、语体都是变语音病句、语义病句和语法病句为语用佳句的重要条件。如:

> 我在学徒人生的路
> 我和人生交谈
> 我爱人生
> 人生爱我
> 我的人生充满欢乐(斯库拉《逆境顺转》)

"人生爱我"这个语义病句同"我爱人生"这个语义常规句相互映照,一同出现在这首诗歌之中,便转化为语用佳句了。

在语法学同修辞学、文艺学以及文章学的中间地带建立病句转化学,这是语法学走出狭窄小圈子、获取生命活力、获得更多的群众的一种有益的尝试。因此,我们希望这样的病句转化学早日诞生。

1988.12-1989.1.7

附：

1982年春天,在北京,吕叔湘先生单独同我谈话时要我注意语音句,认为语音句非常重要,建议我深入地研究。我原计划写一专题论文,至今未写成,很惭愧。

同"病句转化学"相对的是"佳句转化学",它研究:语音佳句——→语用病句,语义佳句——→语用病句,语法佳句——→语用病句。也是一门很有趣的学问,值得提倡。

论潜词和潜义

(1990年)

按:这是我第一次正式提出"潜词、潜义"的概念。虽然潜词和潜义我是早就关注了。在此之前,我先后在广州《语文月刊》上发表了《潜词和修辞》(1989年第9期)、《潜义和修辞》(1989年第6期)等,是与本文同时写作的,甚至是在本文之后写作的。

本文最初投稿给《中国语文》。编者要求修改,一是削减其理论色彩;二是尽量多举例。我转给河南大学校长陈信春教授。《河南大学学报》1990年第2期发表时,删去最后一个部分,那个部分讨论的是词汇学的对象,主张潜词潜义也是词汇学的对象。后来饶长溶先生对我说,还是应当修改之后发表在《中国语文》上。原文中关于词汇学的研究对象问题,本想单独成篇的,后来时过境迁,提不起兴趣了。于根元提倡语言文字应用研究所社会语言学研究室运用潜词理论来研究新词语,应当是从这篇论文开始的。

潜词虽然还没有出现,但是人们可以感知到它的存在。例如《人脑也有年轮》的文摘中说:"日本东京科学家们最近发现,和树木相似,人脑也有'年轮现象',即对于和人的年龄相一致的频率音也会起反应。"(《报刊文摘》1984年11月27日)人脑的这种现象叫什么?当然可以是"脑轮"了。《现代快报》2011年9月7日有文章名为《微博上有一种警察叫"萌警察"》,似乎也有"萌商"、"萌师"、"萌官"等的吧?

潜义有的似乎很荒唐,例如老舍小说《二马》中写道:"'好极了!

好极了！温都姑娘！'……其实,马老先生把话说了半截:他写的是个'美'字,温都太太绣好之后,给钉倒了,看着——美——可像'大王八'三个字,'大'字拿着顶。他笑开了,从到英国来还没这么样痛快地笑一回！'啊！真可笑,外国妇女们！脑袋上顶着个"大王八","大"字还拿着顶！哎哟,可笑！可笑！'"英语 beautiful 再怎么颠倒也绝对不可能产生出"大王八"的意思来的。只有汉字"美"倒过来出现了"大王八"的意义,只有熟悉汉字的人才能够体会到这个潜义。

一　潜词

我们通常所说的词,指的都是已经出现了的,听得见、看得见的。

现在,如果我随便挑出两个大学生的名字来,并随手组成下列单位:

乐欢弟	戴水灵
乐欢弟式——乐式	戴水灵式——戴式
乐欢弟型——乐型	戴水灵型——戴型
乐欢弟化——乐化	戴水灵化——戴化
乐欢弟主义	戴水灵主义
乐欢弟主义者	戴水灵主义者
非乐欢弟化——非乐化	非戴水灵化——非戴化
反乐欢弟主义者	反戴水灵主义者
反乐派	反戴派
拥乐派	拥戴派
保乐派	保戴派

如果我们打开中国地图册,任意从湖南省地图中挑出几个地名

来,同样可以写出许许多多的组合来:

三角坪	斗姆湖	牛鼻滩
三角坪式	斗姆湖式	牛鼻滩式
准三角坪式	准斗姆湖式	准牛鼻滩式
三角坪化	斗姆湖化	牛鼻滩化
超三角坪化	超斗姆湖化	超牛鼻滩化
三角坪型	斗姆湖型	牛鼻滩型
非三角坪化	非斗姆湖化	非牛鼻滩化
反三角坪式	反斗姆湖式	反牛鼻滩式
三角坪热	斗姆湖热	牛鼻滩热
三角坪风	斗姆湖风	牛鼻滩风

这些单位,在此之前,你和我都没有听到过,看到过,但是你一眼就断定它们是词。而且一旦出现在上下文之中,并不一定就会被斥责为"生造词",往往人们也并不感到陌生,常有似曾相识感,并且无师自通,一下子便把握住了它们的大体含义了。

这些词,可以称之为"潜词"——潜在的词。

所谓潜词,指的是符合一种语言的构词规律,潜藏在语言词汇的底层,尚未变成言语事实的词。它之所以没有成为一个言语的事实,是因为缺乏它们走上舞台的社会文化语用条件,或者有时受到语言系统内部的某种压力阻挡。如果模仿弗洛伊德的说法,那么某一种语言的词汇就犹如一座冰山,其暴露在水面上的部分,就是显词,而在水下的那更加广大深沉不可测的一部分就是潜词。

潜词可能有三种情况。

首先,有许多潜词,其实可能早就出现过了,不过你和我见闻不广,没下苦功夫,没有收集到实例罢了。如用两个大学生的名字构成那些词,也许在这两个大学生的同学们之中曾经出现过,但谁也没有注意过;用那三个地名所构成的词也许在那里的知识青年的口中出现过,不过并未流传开去。也许说的人、听的人,也早就忘得一干二净了,但的确出现过。

如果我举出下面的这个词:门卫学。您一定会说这是我生造的。但其实早已有过的。《光明日报》上曾经有人写文章挖苦英国有人写了一本《门卫学》的专著的事儿,文章说:"如果硬要称为'门卫学',自然还可以无穷无尽分出许多学来,如'军队门卫学'、'商业门卫学'等等,但那样又有多大意思呢?"且不管有没有多大意思吧,反正反对者又创造了"军队门卫学、商业门卫学",尽管很可能只是一次性的玩意儿,但毕竟是显词——实际存在的词了。

几年前在一个宾馆中,我亲耳听到一个幼儿园的小朋友说:"学,学,学,牙齿学,鼻子学,耳朵学,大腿学,屁股学,肚脐眼学,门学,窗子学,台灯学,地毯学,席梦思床学,浴缸学,马桶学,镜子学,写字台学,电视机学,爷爷学,奶奶学,爸爸学,妈妈学,巧克力学……"①当时一愣,惊讶了一番,事后曾一再在课堂上举例。尽管大都是一次性的(当时也可能多次重复,但本质上却是一次性的),但突然说了出口——一言既出,驷马难追;既然已经写在纸上——白纸黑字,经过编者、排印者之手,又被人阅读,那么便是实实在在的显词了。但是在你听到、看到之前,你很难相信这是显词,一定以为是别人在同你开玩笑。如果你在你的词汇学论文中举出这样的词,并附出例子,编辑们会认为孤证,说不规范、偶然、生造,应排斥在词汇系统之外。

这一部分体现了显词同潜词界线的模糊性,因此保守的办法是,

---

① 这个小孩肯定没有读过王蒙的小说《冬天的话题》。王蒙在这部小说中创造了许多种"学",参看本书19页。

在你无法向别人证明是显词的时候,就笼统称之为潜词吧!这一部分也可以看作显词和潜词的过渡地带,似乎出现过,但又没有什么绝对把握。

第二,绝大多数的潜词,可能是的的确确没有出现过的。但是它们早就梳洗打扮好了,呼之即出,招之即来,随时随地准备登上舞台,只要它们出现的社会语用条件一旦得到满足,它们便出现了,从潜词变为显词了。

任何一种语言里,潜词的数量比显词的数量不知要多多少倍。例如说中国11亿人,全世界50亿人,每一个人的名字都可以出现在如下的构词框架中构成新词:

N 式	N 型	N 化
N 主义	N 主义者	反 N 主义
反 N 式	非 N 型	非 N 化
反 N 化	N 主义化	非 N 主义化
反 N 主义化	假 N 主义者	非 N 主义者

就语言学而言,在这个问题上,11亿人,50亿人,是一律平等的,机会均等的。但就社会文化语用条件而言,他们却绝对是不平等的。绝大多数人的名字是不可能与"主义"结合而构成一个新词的。

在语言的发展演变过程中,有时候一个新词的出现,就意味着一大批的潜词的存在。如:

> 蔡女士可是菲华社会一位很有名望的慈善家,极有爱国心,为人也极好!(《文艺报》1988年12月31日)

"菲华"是一个新词,意为"菲律宾籍华人"。"菲华"一旦出现,并且进入现代汉语的词汇系统,便告诉我们如下潜词也就出现了:

美华——美籍华人

法华——法籍华人

德华——德籍华人

还存在着如下潜词：

美俄——美籍俄罗斯人

法匈——法籍匈牙利人

希阿——希腊籍阿拉伯人

土伊——土耳其籍伊拉克人

随着语言的发展演变，潜词的数量，是越来越多。如果说，显词成算术级增长的话，那么，潜词是按几何级数增长的。

就这方面而言，语言是个无穷无尽的宝库，到目前为止，我们所利用、开发的，只不过是其中很少很少的一部分，也许还不到百分之一吧？因此，我们应当研究潜词，总结它过去被利用、开发的方式，即潜词转化为显词的途径，研究今后进一步开发潜词资源的可能性、方法和途径，①为此，我们首先就要搞清楚这些潜词是如何构成的，同显词有什么关系。

第三，事实上，也自然有一些潜词，可能永远也不会出现，一万年也不会出现。这或者是因为永远也不会出现这些潜词转化为显词所需要的社会文化语用条件，或者是它们同另一条更重要的语言规律相矛盾，有一个更强大的因素压迫着永远不允许它们出现。

值得一提的是潜词同空符号的关系。

语言存在着多种多样的空符号。所谓空符号，指的是在客观世界中存在着这样的指称对象，但是却没有指称它们的语言形式，在交

---

① 参看王希杰《潜词和修辞》，《语文月刊》1989年第9期。

际活动中您只能用其他方式转弯抹角地谈论它,如现代英语中并没有一个相当于现代汉语中的"鸡"的语言符号,但是英美人的日常生活却离不开鸡,鸡这种动物客观存在着,这时候我们说现代英语中有一个空符号"Φ(鸡)"。①

但是潜词却是首先潜在地存在着这样一个语言形式,您能感觉到它的存在,您能推导出它的实际形式,但是目前您不需要它,主要是因为没有它所需要的社会文化语用条件,本质上不在于是否有可以指称的对象,换句话说,有的潜词并没有它所指称的对象存在,有的明明有它指称的对象存在,但目前人们并不使用这一语言符号。

二 潜义

我们通常所说的词义,包括词典上所标出来的词义,都是从个人有的实际用例中抽象、概括、归纳出来的,是属于经验事实这一范畴的。语言理论家在区分开语言和言语之后,说语言存在于言语之中,语言中的词和词义存在于言语的事实之中,是从言语中归纳、抽象出来的,而言语中的词和词义是语言中的词和词义的具体运用,体现和存在的形式。因此,如果没有实际用例,就无法确定词义。有人因此便说,词义存在于上下文之中,词义的本质就在于运用。这当然是对的。

这时候,这种词义都是实际存在过的,存在着的,呈现在我们面前的一种经验的事实,这种意义可以称之为"显义"——实际显现的含义。我们过去所说的词义都是指的这一种显义。如:

　　炭化　古代的植物埋藏在沉积物里,在一定的压力、温度等所

---

① 参看王希杰《语言中的空符号》,《语文月刊》1989年第2期。

起的作用下逐渐变成煤的过程。(《现代汉语词典》第1版,1105页)

  风化　由于长期的风吹日晒、雨水冲刷和生物的破坏等作用,地壳表面和组成地壳的各种岩石受到破坏或发生变化。(同上,322页)

  大众化　变得跟广大群众一致;适合广大群众需要。(同上,200页)

  人格化　童话、寓言等文艺作品中常用的一种创作手法,对动物、植物以及非生物赋于人的特征,使它们具有人的思想、感情和行为。(同上,950页)

  ……

这些显义是从运用语言的经验事实中抽象概括出来的,既然运用语言的具体事实是无穷无尽的,谁也不可能穷尽的,而且每时每刻还会出现新的用例,那么这种显义的科学性及其解释能力就十分值得怀疑了。在过去的词典和专书注释中,最常出现的毛病便是释义太狭,包含不了许多实际用例,释义者没有收集到某些用例,或者忘记了、忽视了某些用例。可从另一面看,这也反映了归纳法的局限性,只靠归纳法来研究显义,词汇学的科学性、实用性是很有限的。

拿"N化"一类词来说吧,一方面,理论上任何一个名词都可以进入这一构词框架,如:

钢笔化	海王星化	研究生化
朋友化	刺五加化	曹操化
青春化	爱情化	迪斯科化

这是潜词,潜词的含义当然你找不到用例,只是一个潜在的可能的玩意儿,那么潜词的意义就只能叫作"潜义"了——潜在的可能的含义。

另一方面,对"N化"的显词显义来说意义类型可能有如下几种:

A. 某物(x)转化为N。如"炭化"。

B. 某物(x)在N的影响作用下发生了变化。如"风化"。

C. 使某物(x)变得适合于N的要求。如"大众化"。

D. 赋予某物(x)以N的特征。如"人格化"。

……

当然,"N化"类显词不会只有这么四种类型,我们不过是姑且以这四种为例罢了。从理论上看,任何一个"N化"派生词,都可能具有ABCD(姑且说只有四种吧)四种类型的意义。但事实上,"炭化"只有A型含义,而没有B、C、D三种含义;"风化"只有B型含义,而没有A、C、D三种含义;"人格化"只有D型含义,而没有A、B、C三种含义。这纯属是偶然的,主要取决于非语言的、社会语用因素,而不是由语言内部因素决定的。就语言而说,"风化"完全可以具有A、C、D三种含义:

风化A:使某物(x)转化为风。

风化C:使某物(x)变得适合风的需要。

风化D:赋予某物(x)以风的特征。

这些意义从未被人用过,不是经验的事实,是我们类推、假设出来的,然而它是可能的、合理的,能否被广大听读者所接受,这主要取决于社会文化语用条件,如果在神魔小说中写道:

A. 这老妖乃化为一阵风而去矣。

B. 这老妖乃风化而去矣。

对于B句,在这上下文中,是不会理解为在风的影响、作用下发生什么变化的。自然明白B是老妖变化为一阵清风而逃去了。但是B

例是我们故意造出来的,在我们的过去的经验中可从未见到过这样的句子,所以"某物(x)转化为风"乃是"风化"一词的潜义。①

在一种语言的语义系统中绝大部分乃是潜义,同显义相比,语言潜义数量更大,更复杂多变,更丰富多彩。就每一个词而言,已经实现了的,被人们反复使用的,不过是其中很少的一部分,大部分则是潜义,静悄悄地存在着,等待人们去发现、发掘,利用,转化为显义。

任何一个显词,潜义永远多于显义。如"中山陵"一词吧:

A. 孙中山发明的一种陵墓。

(语义结构类似于"孔明灯")

B. 孙中山所提倡的一种陵墓。

(语义结构类似于"中山装")

C. 孙中山所亲手建造的一种陵墓。

(语义结构类似于"杜诗"——杜甫所创作的诗歌)

D. 位于广东中山的一座陵墓。

(语义结构类似于"龙井茶")

E. 纪念孙中山,以孙中山的名字命名一座陵墓。

(语义结构类似于"中山路")

F. 作为孙中山的私有财产的一部分的一座陵墓。

(语义结构类似于"吴宅")

在通常情况下,一个词的众多的潜义中的某一个意义一旦变成了显义,多次被使用,这在人们意识定型之后,对于其他潜义来说,便成为一种强大的压力,阻止它们从潜义转化而为显义。因此,一个词的显义一旦形成之后,某个人假如把其他潜义作为这个词的显义来

---

① 参看王希杰《"癌变"的语义结构》,《学语文》1989 年第 5 期。

使用,如:

> 幸子衫——幸子所发明的一种衬衫。
> 毛著——作为毛泽东的私有财产的一部分的著作。
> 杜诗——杜甫所倡导的一种诗歌。
> 东坡巾——苏东坡亲手缝制的一种头巾。

人们便会笑掉大牙,笑破肚皮,太荒唐。

这就是词汇—语义系统的稳定性、保守性。正是因为词汇—语义系统具有这种稳定性和保守性,语言才可能充当人类的交际工具。也正因为这稳定性和保守性的存在,语言艺术家才有了创新的余地,打破相对稳定的状态,冲破显义对潜义的压力,创造潜义变为显义的新途径、新方式。笑话、相声、灯谜、诗歌的语言创造的奥秘也就在于此——有条件地冲破这一压力,把一般情况下不能实现的潜义的能量发挥出来,于是便产生了不可思议的表达效果。

潜义同潜词一样,也有三种情况。

一种是这种意义其实是别人早就用过了的,不过是你我见闻不广,下的功夫不够,还没有找到用例罢了。既然还未证明它是一个经验的事实,那么,为了保险起见,就算是一种可能的事实吧,归入潜义这一范畴吧。

同潜词一样,潜义同显义之间的界线也有模糊性,它们之间也有一个连续的不可分割的过渡地带。

但是,最大多数的潜义,乃是在我们讨论的这个时刻之前,人们从未使用过的,但却是呼之即出、招之而来的,随时准备登台表演的,而且如果它出现在你的面前,或者是那么的自然,仿佛本该如此,或者又会叫你大吃一惊,可又觉得颇有道理,如在一些笑话、相声、谜语、诗歌中。这是第二种。

就一个人而言，不断地根据社会语用条件随时随地把潜词变为显词，把潜义变为显义，这是一个人语言能力的最重要的标志。对于母语，我们可以轻松自如地实现这一转换，而对于刚刚学习的外语，要实现这一转换是困难重重的。

　　就一种语言而言，其词汇—语义系统的发展演变，主要是指不断地把潜词变为显词，把潜义变为显义；同时一部分显词变成了潜词，一部分显义变成了潜义了。

　　第三种情况是，有些潜义可能永远、一万年也不可能转化为显义的，阻碍这一转化的原因或者是来自语言系统内部，或者是来自非语言的社会文化语用因素。这一部分的数量也一定是很大的。[1]

---

[1] 参看王希杰《潜义和修辞》，《语文月刊》1989年第6期。

论潜量词的显量词化

（1990年）

按：量词是汉语的特色，是母语中缺乏量词的汉语学习者学习的难点。汉语中的量词是从无到有从少到多的过程。换个角度，就是潜量词的显性化。潜量词的显性化是当代汉语中的一个值得注意的现象，特别是复合量词。量词有显性和潜性之分，也有潜词的显词化问题。

潜量词的显量词化，其实有两个方面，第一，语法上的潜量词显量词化，第二，修辞上的潜量词显量词化。

量词分显潜，潜量词可以显量词化。同样的，名词、动词、形容词、数词、代词、连词、介词、象声词也可分为显潜两种，同样有潜词显化现象。

潜词的显化，可从历时和共时两个角度来观察。共时态的显化，是修辞语用问题；历时态即语言的发展，现代汉语中"她"就是一个个案。[①]

本文原刊于《语言教学与研究》1990年第1期。

一 潜量词

所谓显词，指的是已经出现了的、在交际市场作为商品流通的词，它是人们的一个经验的事实。显量词是显词中的一分子。如在

---

① 参看黄兴涛《"她"字的文化史》，福建教育出版社，2009年。

古代文献中,我们看到过:

① 计得……牛、马、驴、骡、驼十万头匹。(《世说新语·雅量篇》引《续晋阳秋》)

② 细匙、筯五十张双,粗匙、筯五十张双。(济渎庙北海坛祭器碑)

这里的"头匹"、"张双"都是显量词,是在中国历史文献中存在过的一个客观的事实。但是,如果我写出了如下的量词:头条、匹条、头只、条只、匹只、张条、张根、张道、双条、双根,等等,在古文献中,我们从未见过,在此之前,我们也从未见到过,但你却无法否认它的词的资格。在构词法上,它们与"头匹"、"张双"一律平等,并无高下美丑好坏之分,至于它们没有在交际的市场上大显神通,那主要是社会语用条件没有得到满足的缘故。这些从未出现过的,但可能出现的潜在的量词,就是潜量词。潜量词是潜词中的一分子。

潜词的数量要比显词多得多,多到不知多少倍。潜量词也比显量词多到不知多少倍。潜量词是多种多样的。我们知道,汉语的量词本是从名词、动词、形容词转化而来的,汉人又喜欢临时借用名词、动词、形容词作为量词。如借用名词的:"春空梦寂,又一帘翠雨。"(蒋敦复《绿意》)借用动词的:"更凄然,万绿西泠一抹荒烟。"(张炎《高阳台·西湖春感》)"有一湾莲沼,数间茅宇。"(黄升《酹江月·题玉林》)这当然都是修辞用法,但修辞用法用得多了久了,修辞色彩淡化了,便可以语法化,成为语法的事实,成为真正的量词。就这个意义上讲,一切现在还未变为量词的名词、动词、形容词,都是潜量词。而名词、动词、形容词临时借用为量词,正是潜量词向显量词转化的一个尝试、一个开始。而我们知道,名词、动词、形容词的数量是极其巨大的,因此潜量词的数量便是大得惊人的。

二 显量词化

潜词是显词的后备军。潜词是语言发展的大仓库。潜词的显词化是语言的词汇发展的最重要最基本的形式之一。语言的词汇发展的最基本的方式就是,根据社会语用的要求,从潜词的大仓库中挑选出一些合适的项目,投放到交际的市场上作为商品去流通。换句话说,潜词的显词化,主要取决于、受制于社会语用条件,一旦社会语用条件成熟了,潜词便显词化了。

如果说,在古代,社会语用条件只能满足"头匹"、"张双"这样一些少量的复合量词,那么,在现代,在近十年中,社会的进步——从政治时代向经济时代转变,改革、开放,科学技术的进步,知识的爆炸,精密化、公式化的趋势——使得一大批复合式潜量词逐步显词化了。如:

① 全区共植树 48 株(丛),铺草近 21 万平方米,育花 60 万盆(株)。(《光明日报》1987 年 2 月 12 日)

② 这次检查,共查出……伪、劣、变质酒一千一百八十三瓶,夏令饮料三百六十二瓶(管),变质猪肉三百斤。(《人民日报》1986 年 8 月 25 日)

这里的"株(丛)、盆(株)、瓶(管)"已经实现潜量词的显量词化。这就形成了现代汉语中一个引人注目的特点:复合量词的迅速发展。在我的观点上,这些复合量词过去是潜词,因为缺乏社会语用条件,现在社会语用条件出现了,便雨后春笋般地显词化了。

近十年来的潜量词的显量词化,主要表现在复合量词上,它有四个特点：一、数量较大；二、灵活多变，多种多样，丰富多彩；三、迅速得到了社会的承认，迅速进入了词汇系统，取得了词籍；四、这种复合潜量词的显量词化运动方兴未艾，有增无减，大发展还将持续一个阶段。这是当前汉语量词发展、潜量词显词化的主流。

潜量词显量词化的另一种形式，是在诗歌、小说、散文中，为了追求语言艺术化，大量借用名词、动词、形容词，临时用作为量词，如：

① 再往前数步，就是一劈直立的山崖，小路便贴在山崖沿处。（巍岳《高原上，那曲无字的歌》）

② 沙发几上供着一插康乃馨，窗外盛开着满树芙蓉。（谷应《困惑》）

③ 刚洒过一泼"跑山雨"，虽嫌毛毛躁躁，却是把灼灼逼人的暑热给杀乖了点。（万国智《神泉》）

④ 又似一耸游移的火山
随时都在寻找沸点（任月兰《红色的迷幻》）

这里的"劈、插、泼、耸"，本来都只是潜在的可能的量词，在这里显量词化了，作为量词在交际的市场上流通了。这也是当前潜量词的显量词化中十分值得注意的一种现象。

这一现象的特点是：一、主要是一种修辞用法，大都具有一次性，不易于被一再重复，所以难以成为一种语法现象，难以取得真正的永久的量词的词籍，只能算是言语现象；二、但有一些借用量词可以被多次重复，而逐步成为语言事实，成为真正的量词，如"挂"：

① 一粒种子期冀一挂流苏般的雨丝，一方地毯似的土层。（高伐林《一分》）

②墙角有一挂挂漏雨的痕迹。(韩少功《谋杀》)

③巉岩上,一挂飞泉。(周同宾《天籁》)

④小城的南面,一串珍珠般的灯火,宛如一挂水晶项链,闪烁在韩江白皙的脖项上。(曾铸《小城多重奏》)

⑤突然垂下一挂斜阶……(万国智《神泉》)

"挂",似乎已不应再说是动词临时借用为量词了,应当看作为量词的成员之一了。

通过临时借用名词、动词、形容词作为量词使用的方式而形成新的量词,这种现象从古到今一直在进行中,缓慢而稳固,近年来比较活泼,颇值得注意。

三 复式量词

复式量词这十年间大大地发展起来。现在它的内部也是复杂多样的。我们可以概括为三种类型:

A式　选择式:台(套)　部(集)　台(盏)
B式　交错式:人次　架次　台次
C式　平均式:吨/日　元/台　斤/亩

这三种复式量词,目前成为显词的已经不少,但潜词的数量更大。这三种复式量词中的潜量词的显量词化的运动仍在进行中,这必然导致两个结果:一、复式量词的数量继续增加;二、复式量词的形式将进一步复杂化,就是说更复杂的复式潜量词正准备随时显量词化。

事实上,复式量词并不都是只由两个成分构成。如:

①半年多来,全市共查出匿名工业品收录机1168台,收音机3235台……蜜饯167445斤(袋)以及其他食品90763袋(瓶、

盒、公斤)。(《解放日报》1987年8月26日)

②1985年,北京饭店经营取得了好成绩,全年接待来自世界各国以及港澳地区的客人共178500多人次(天),比1984年增加22%。(《人民日报》1986年1月4日)

显量词"袋(瓶、盒、公斤)"和"人次(天)"的存在和合法性就意味着多种多样的复杂的复式潜量词的存在。如:

件(台,套,组,双,条)
台(根,条,道,片,张,把)
首(篇,套,册,部)
人　次　本(天)
人　辆　次(年)

只要社会语用条件出现了,成熟了,这些复杂的复式潜量词,也就可能显量词化了,成为言语的事实,进而成为语言的事实。

值得注意的是,在汉人心理上,词的最佳形式是单音节和双音节,至多三音节,四个音节便叫成语了。因此超过四个音节的,如:"一见钟情和一触即发式的爱情,这些无法用理智理解、控制的事情,的确是我们生活中的一部分。"(《男人的感情世界》)类似于"一见钟情和一触即发式"的还有:1.张大千和刘海粟式,2.好医生、好妻子和好母亲型,3.失落和绝望感,等等。似乎应当叫作词,但又挺别扭,汉人心理上很难当作词来接受。不妨叫作"超词结合体"。可能还会多起来的复式量词"袋(瓶、盆、公斤)"也是如此,称之为词,人们心理上很难接受,但它的确与"头匹"和"台(套)"性质相同,所以也算作"超词结合体"吧。超词结合体长度越大,其内凝力越弱,越松散,越具有一次性、偶发性,想定型化并巩固在词汇仓库中就越难。

其次,成分的复杂化决不限于选择式复合量词,随着社会发展和

科技进步,交错式和平均式复式量词也势必会复杂起来,应当承认,如下的复式潜量词是大量存在的:

　　B式　交错式:
　　人、架、次　　人、册、次　　人、册、小时
　　吨、公里、小时　　台、人、次　　吨、公里、辆
　　C式　平均式:
　　元/人、架、次　　元/人、册、小时
　　人、架、次/天　　人、册、小时/周

一旦社会语用条件出现了、成熟了,这些更为复杂的复式潜量词的显词化是会迅速成为现实的。

四　演绎法

在量词的发展过程中,单纯量词的复式量词化和复式量词的单纯量词化,这两者是相辅相成的,即复杂化和简单化在语言的发展中是互为条件的。一方面通过组合许多单纯量词构成了更多的复式量词,另一方面常用复式量词又可以简化为单量词,如:

　　千瓦/小时──→度

现在是"千瓦/小时"和"度"作为同义手段同时并存,是否将由单纯量词"度"取代"千瓦/小时"呢?现在不敢多说什么,但必须承认,"度"比"千瓦/小时"简单经济,更便于流通。那么,如果更多的常用的复式量词也采取这个办法,都采用一个单纯量词作为同义手段,那么必将给我们的交际活动带来更多的方便之处。然而,可惜的是,其他复杂的复式量词。如:

立方米/秒　安培/千克　焦耳/米　库伦/伏特

至今并未单纯量词化,而且也并没有一个与它们同义的单纯式的潜量词存在。换句话与"度"同类的是一大批潜量词的空符号、空词、负词,把这些潜在的空符号实体化要比潜词的显词化困难得多。

量词是汉语和汉藏语系诸语言的特点。复式量词的大发展是当代汉语的一大特点。复式量词还在继续发展。1987年写作《数词,量词,代词》小册子的时候,我感到,复式量词的现状和未来的发展趋势是很值得研究的。为了描写汉语复式量词的产生和发展,为了预测它下一步的发展变化,引进潜词和显词、潜量词和显量词的概念,我以为是大有好处的。这是过去一年中对复式量词思考的一部分,在一些场合下讲过,现在写下来,目的是要引起专家和同行们对这一问题的关注。当然,我们的研究方法如能得到同志们的支持,我会很高兴的,在这个世界上,谁个喜欢处处事事时时受到反对呢?

附:

在《论潜量词的显量词化》一文中,我曾经设想过复合量词的进一步发展方向。如果现在只有"元/人,元/吨,元/公里,元/小时",那么,只要社会文化语用条件出现了,便可能出现"元/人、公里,元/吨、小时"这类更加复杂的复合量词。

此话我在许多场合下讲过,但之前从未见到过一个实例,所以只是一个假设而已。感谢上帝,我终于发现了一个实例。这是天津轧钢五厂的一则广告:"自1986年起产量平均每年递增5%以上,1988年的产量已超过设计能力的11.67%,资金利税率实际达到139%,年人均实现利税4.17万元,劳动生产率15.81万元/人年。"(《小说月报》1989年第12期封三)这个"万元/人年"便是我预言的复式量词的新形式。在经济时代的高速度高节奏的发展的推动下,"万元/人年"这一类复杂的复式量词出现了,或者叫显量词化,因为它们本来是作为潜量词而存在的。虽然目前我们只发现了这么一个,但实际生活中所使用的可绝不止这么一个,而且它是具有强大的生命力的,代表了未来的发展方向的,因此它会多起来。这是因为,一方面它有社会文化语用的需要,另一方面又符合汉语构词法规则。在这个例子中,还有"年人均"一词,即"年均+人均",也侧面证明这一构词方式的生命力是强大的。

这个例子也告诉我们:在语法研究中演绎法是可行的。

论潜语法现象

（1991年）

按：显性和潜性的区别与联系，我们最初观察的是词汇，其实这一区分并不局限于词汇，语音有显性和潜性的区别，语法也有显性和潜性的区别，汉字也有显性和潜性的区别。句子有显句和潜句，结构有显结构和潜结构。语法学要研究显性语法现象，也应当研究潜性语法现象。现在流行的"语法化"，其实就是潜性语法现象的显性化问题。语法史的研究就是对显性语法现象的潜性化、潜性语法现象的显性化的考察。所谓语法史其实就是显性语法现象的潜性化与潜性有突发现象的显性化的关联和交错的相互制约的过程。

现代语法学中很重视隐性语法现象的研究。沃尔夫、朱德熙等都重视隐性语法现象。他们所说的"隐性"就是我们所说的"潜性"。潜性语法现象存在于语法世界的各个层面：词类的显性和潜性，句法的显性和潜性，显性语法意义和潜性语法意义，显性结构和潜性结构。乔姆斯基的生成转化语法学，可以看作是一种显性和潜性的关联语法学。

何家荣教授在《试论王希杰教授修辞学研究方法和修辞学体系》中说："'不能停留在一点上'，这确实是王希杰先生的一个优点，它使王先生不停地思考，不断地创新。我们注意到，20世纪80年代以来，有许多修辞学思想、修辞学理论，都是王希杰先生最先提出来的。但提出来之后，他就交给了别人，让别人去研究、去发挥，自己又去研究别的问题了。"①

事情的确是这样的。我提出了潜语法现象,却没有进行深入研究。我提出语言的语法分析和言语的语法分析。浙江省语言学会语法组组织讨论,新疆大学研究生专门到南京登门请教。他们说,你提出了这个问题,我们认真探讨,你自己却不管了。

何教授论文的最后一段是:"但是,'不能停留在一点上'确乎又是王希杰先生的一个缺点。因为只有不时地停下来,才能深入、细致和全面,才能集大成。在中国修辞学研究目前的状况下,我们希望王希杰先生能'停下来',树起一面大旗,集中一大批力量,把修辞学通论中架起的修辞学体系丰富起来,深入下去。是为后学者的一片诚心,不敬之处,请王先生雅谅。"②

有不少人曾当面对我这样说过。我很感激他们的好意,可惜我没有照着做,时至今日,七老八十了,悔之晚矣。

本文原刊于《汉语学习》1991年第4期。

一 "死"和"活"

现代汉语中的动词常加"了、着、过"表示时态。"活"和"死"是两个常见的动词。我们收集口语和书面语中的实际用例,一一做成卡片,可能有如下的卡片:

① 这条小金鱼又活了。
② 我们在这大千世界中生活着。
③ 我快快活活地生活过。

---

① 《池州师专学报》2001年第4期。
② 同上。

④ 王冕的父亲死了。

⑤ 这家伙早就死过一次了。

但我们找不到"死+着"的用例,我们不说:

⑥* 这人正在死着。

现在我们可以把我们的用例一一填写到如下表格中它们应该占有的格子中去,或者,在这格子中打上"+"号——假如有实际用例的话;对于找不到用例的,我们可以空着,继续观察;假如我们肯定这是绝对不说的,也可以在格子上打上"－"号。

动词＼助词	了	着	过
活	+	+	+
死	+	－	+

例①、②、③、④、⑤是我们从实际存在着的言语作品中收集来的,是人们的一个经验的事实,是已经呈现在我们面前的客观存在着的语法现象,可以称之为"显语法现象",它一直是语法学家们的研究对象。

而例⑥在此之前,没人说过,没人写过,是我们假设、虚构出的,因为并不存在,但并不是绝对不可能,可称之为"潜语法现象"。既然并不存在,所以过去的语法学并不以它为自己的研究对象,但在我们看来,它同样是我们语法学的研究对象。

从表格中,我们得到的启示是:作为反义动词,在语义上,它们——活和死——是对立的、对称的,但在语法系统中并不对称,语法系统并不是严密的、对称的,语法系统具有明显的不对称性、非系统性。这种不对称性、非系统性可能是语法系统内部的矛盾造成的,也可能是非语法的、非语言的社会文化、心理、语用因素造成的。拿

"活"和"死"来说吧,从生到死,一个人活几十年,这是一个漫长的过程,而死亡呢,在人们看来,似乎只是一个刹那间的骤变、突变,一口气没了,心脏停止了跳动,见阎王了,这不是一个过程。所以,可以说"活着",不能说"死着"。

10亿人说现代汉语,一年365天,1天24小时,说呀,写呀,唱呀,言语事实是一个茫茫的大海。任何一个语言学家的精力和时间都是有限的。你没有收集到的用例,这不等于就没有人说过、写过、唱过。有可能是:人们说过,写过,唱过,但我们见闻不广,用的功夫不够,没收集到罢了。说有易,说无难呀!但为了保险起见,在无法证明它们是显语法现象之前,暂且也算它是"潜语法现象"吧!潜语法现象中有一些情况是:人们之所以不这么说不这么写不这么唱,是因为缺乏必要的非语言的社会文化、心理、语用的条件,一旦这些必要的非语言的条件出现了,这种潜语法现象也就会变成显语法现象了。当然,也必然有一些潜语法现象是永远、一万年以后也不会出现的,这可能有语法系统内部的根源,同语法系统内部的某一强有力的规律矛盾对立,受到语法系统内部的压力系统的制约,或者永远不可能有它们出现所必要的非语言的社会文化、心理、语用条件。但不论是哪一种情况,都是很值得我们研究的。

拿"活"和"死"来说,其实,死也是一个过程呢!不管死亡的时间多么短暂,但毕竟也是有一个时段的,从某种意义上看,同放射性元素的突变来比,人和一切动物的死亡也是一个复杂而漫长的过程呢!因此,从理论上看,"死"是完全有可能同"着"组合的,阻碍只不过是人们的传统的习惯心理罢了。事实上,在特定的语言环境中,"死着"也是可以出现的,作为一种修辞用法,例如:"活着死着也不过是那么一回事儿嘛!"这话还是通得过的嘛!在儿歌、儿童的语言游戏中,在才子佳人的语言文字游戏中,在笑话相声中,在幽默作品中,在荒谬怪诞的作品中，许多我们所说的潜语法现象出现过、存在着，这是因为说写者在这里临时创造了一个非常规的特殊的社会文化心理语用环境。

潜语法现象同显语法现象一样值得我们研究，它同样是语法学的研究对象。

二 潜性语法现象和研究方法

传统的语法学只以显语法现象为研究的对象，主要运用归纳法。从口语和书面语中收集大量的用例，一一做成卡片，然后分类、排比，上升为规律规则。传统语法的成功是归纳法的胜利，传统语法的不足也是归纳法的不足。不管用例的数量是多么的大，但同语言事实的海洋相比，总是十分有限的可怜的！你见到一万只黑色的乌鸦，但不能保证第一万零一只乌鸦不是白色的。你见到过一万条蛇是没有足的，便说"画蛇添足"，有一天你见到了一条有足的蛇，就有几分为难了。所以只运用归纳法来研究显语法现象而建立起来的语法系统，它的解释能力总是有限的，而且也缺乏预测能力，而预测能力则是科学的最重要的品格。因此，我们主张新的现代化的语法学也应当研究潜语法现象，也应当运用演绎法来研究语法现象。

对于潜语法现象，如果你还是一味地只靠归纳法，那可就玩不转了，没治了。因为它从未出现过，根本不存在，没有用例，无法做卡片，那就是运用演绎法，根据有限的经验事实，运用理论思维，提出假设，摆出类似于门捷列夫的元素周期表那样的表格来，然后用经验的事实去验证它，再从理论上做出解释来。

例如，关于现代汉语的语义组合关系的研究，河南财经学院人工智能研究室的鲁川先生在他的新作《现代汉语的语义组合关系》（未发表）中提出核心谓词有七个小类，即：他动词、自动词、外动词、内动词、系属词、领属词、形容词；又把语义关系分为 24 个语义格，即：

施事　当事　领事　系事　分事　客事　受事　与事
伴随　排除　参照　结果　范围　工具　材料　方式
依据　原因　目的　频度　时间　处所　起源　趋向

那么我们便可以排列成如下一张表格：

核心词 语义格	1.他动词	2.自动词	3.外动词	4.内动词	5.系属词	6.领属词	7.形容词
1. 施事							
2. 当事							
3. 领事							
4. 系事							
5. 分事							
6. 客事							
7. 受事							
8. 与事							
9. 伴随							
10. 排除							
11. 参照							
12. 结果							
13. 范围							
14. 工具							
15. 材料							
16. 方式							
17. 依据							
18. 原因							
19. 目的							
20. 频度							
21. 时间							
22. 处所							
23. 起源							
24. 趋向							

这张表格便是我们研究现代汉语语义组合关系的一个出发点。然后收集大量的用例，一一填写到表内的空格中去。有用例的便是

显语法现象,无用例的便是潜语法现象。暂时还未收集到用例的,但我们凭语感判断它是会出现的,可能早已出现了的,便有目的地去寻找这些用例,这样寻找就能做到多快好省,避免无效劳动。有了表,我们才知道什么样的语言事实是最宝贵的,什么样的用例价值不大,不值得花费精力去做什么卡片。

然后便是解释,建立理论上的说明:阐明潜语法现象之所以不能成为显语法现象的语言内部的原因和非语言的社会文化、心理、语用原因;建立显语法系统和潜语法系统,寻求显语法系统和潜语法系统之间的相互关系模式,说明显语法和潜语法相互转化的条件。

这样的现代汉语语义组合关系模式应当是更有解释力,也更有预测能力的,因而也是更科学更实用也更简单的。我们相信。

三　名名组合的语义关系

现代汉语中的"名+名"组合的语义关系,人们已从归纳角度做了许多研究,但只限于显语法现象。如果我们把潜语法现象也作为语法学的研究对象,采用演绎法来研究"名+名"组合的语义关系。这时候,我们把名$_1$和名$_2$作为两个关系项,两个名词之间的语义关系可以暂且确定为以下 19 类吧:

1. 喻体　2. 施事　3. 受事　4. 领属　5. 类别　6. 时间　7. 处所
8. 特征　9. 对象　10. 工具　11. 原料　12. 产地　13. 功用
14. 方式　15. 原因　16. 结果　17. 起源　18. 同位　19. 同现

这样,我们便得到一张两个关系项和 19 个语义格的语义关系的表格,作为我们研究"名+名"组合的指南和大纲,然后广为收集用例,一一填写到这些空格之中去,于是乎:

关系项 语义格	N_1	N_2
喻体	杨柳腰　蝴蝶结	关系网　情天恨海
施事	女装　老头衫	
受事	儿童医院　机器制造厂	鱼虫　鱼饵
领属	中国南京　法国巴黎	
类别		玫瑰花　鲫鱼
时间	春秋衫　春兰秋菊	
处所	海军　空姐	
特征	山城　水乡	
对象	妇女商店　华侨商店	
工具	大锅饭　棒针衫	
原料	羊毛衫　羽绒服	
产地	茅台酒　藏红花	
功用	球鞋　舞池	
方式	大班课　楷书	
原因	职业病　火灾	
结果		青春痘　天灾人祸
起源	东坡肉　中山装	
同位	兰姐　吴叔　李大哥	
同现	工农兵　军干群　数理化	

如果我们的语义格的类别是完整的全面的,那么我们这张表就能覆盖现代汉语中一切"名+名"组合的语义关系,还能帮助我们去发现我们未注意到的各种语义关系。这张表格不整齐,这正体现了现代汉语的特点,例如,我们汉语中总是领属成分在前:

① 中国江苏南京渊声巷 50 号 3 幢 303 室
② 江苏南京新街口百货公司

即由大到小,所以只能 N_1 表示领属,而没有 N_2 表领属的。再如汉语的特点是修饰语在前,中心词在后,时间、处所、特征、工具、对象、原料、产地、功用、原因、方式等都起到了限制作用,因此,这些成分都是 N_1,在前;而 N_2,即在后边的一个名词就不可能具有这一类的语义格。而类别总是中心,所以表示类别的总是 N_2,即后一个名词,而没有 N_1 表示类别的用例。

这张表也帮助我们发现语言中更多的多义现象。既然 N_1 可以表示施事、受事和对象,那么"黑人商店"既可能是施事,由黑人开办的商店,类似于"三八理发店"、"女子相思客店";也可能是对象,即类似于"儿童商店"、"女子美发厅"、"华侨商店"、"外宾餐厅",即为黑人服务,以黑人为主要顾客的商店;也可能是受事,即出卖黑人的商店,类似于"奴隶市场"、"汽车修理场"等,这在奴隶制时是有可能的。

再如"美女蛇"吧。也有两种含义,A 式指装成美女的毒蛇,B 式指像毒蛇一样心狠手辣的美女(也不一定就美)。B 式只用于女性。A 式则男女老少都可用,这时整个"美女蛇"又只是一个喻体。而 B 式只有"蛇"才是喻体。

我们还只涉及 N_1 和 N_2 之间的语义关系,其实进一步还可以考察 N_1 和 N_2 与"$N_1 N_2$"这个组合体之间的关系,例如"鱼狗、熊猫"等。"$N_1 N_2$"这些组合体又是某一事物的喻体。还可以进一步扩展到三个以上名词之间的关系,如"兔羊毛",则是多义的:

A. 兔 羊 毛　　B. 兔 羊 毛

即 A 式是兔毛加羊毛,B 式是兔毛,类似于"红墨水"之类。

当然,我们这里的语义格并不全面,有许多"名+名"组合还不能包容其中,如"狼孩"、"猪人"是由狼、猪养大的孩子,但狼、猪也未必是有意识去抚养这些孩子的,那也许叫作"伴随格"为好吧。但这对我们并不重要,我们不过是为了谈论潜语法现象举这个例子罢了。

四 探索之路

这些年我在一些场合一再主张研究潜语法现象,有些同志认为这太玄虚,本文是为向这些同志做一些解释而作的。

我们认为,对许多语法课题都可以采用这一程序来研究它。例如,数年前一位研究生做"能愿动词+小句宾语句"的硕士论文,我建议他列一个大矩阵:一边是能愿动词的细目,一边是小句的种类。然后用语言事实来验证。最近一位朋友研究动词宾语句,我建议,也列这么一个矩阵:把动词分成若干小类,两边都是这些动词的小类,排成一个表;再为动词和小句宾语排一张表,再排列一张动词宾语和小句宾语的转换关系表——假设所有的动词宾语句和所有的小句宾语句之间都具有对应关系的话。然后用语言事实来验证这三张表,在空格上一一打上"+"或"−"。最后对经过验证的三张表做理论上的说明。这比单纯的排比卡片要更有说服力,更有实用价值,因为覆盖面广,也有预测功能。

人们已经说出来的话,写出来的话,可不一定都是合乎语法的。合乎语法的,听读者又不一定都能够接受,反之,被听读者所接受的话却不一定都合乎语法。合乎语法的句子不一定表达效果好,这便是语法学家同诗人、小说家们之间的矛盾,"义旗八一举南昌"这类诗句不合语法,却是好诗句。因此,切不可认为"凡存在的都是合理的"。

同理,似乎也不可以说凡不存在的都是不合理的。潜语法现象虽然人们还不这么说这么写,但你不能说它是不合理的、不合法的,对于一种语言的语法我们应该做出新的更高层次上的理解。当然也不能认为凡潜语法现象都是合乎语法的,正如显语法现象并不都合乎语法一样。

因此,我们把潜语法现象也列为语法研究对象的时候,要注意两点:

(一)不可混淆显语法现象和潜语法现象,这是两种不同质的东西,虽然两者有联系,可以相互转化,区别也是相对的,但不做出明确的区别,语法研究就无法科学化。

(二)不可把显语法现象和潜语法现象的关系,简单地说成是合语法和不合语法的关系,其实它们的关系是:

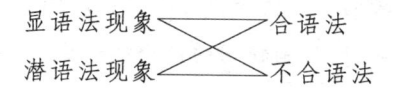

```
显语法现象 ————→ 合语法
潜语法现象 ————→ 不合语法
```
(交叉关系)

合语法是和不合语法对立的。合语法是从显语法现象研究中得出来的,但应当也能推广到潜语法现象上去,大语法系统应当建立在显语法和潜语法现象、合语法和不合语法两类不同现象之上,在更高的层次上把这些在低层次上对立矛盾、似乎不可调和的东西统一起来。

这种大语法系统也许在 90 年代会逐步为更多的人所追求吧!

我们的 90 年代的语法学应当进一步更新观念,认识研究对象,改进研究方法。重视潜语法现象,归纳和演绎法并重,交替使用,应当可以成为我国 90 年代语法大潮中的一个浪花吧。我们希望能引起同行们的注意和支持。

义素组合论
（1991年）

按：义素分析法是现代语言学的新发展。义素组合是义素分析的发展。

词是显性的，义素是潜性的。义素分析是在显性的词中寻找、构造潜性的义素，把义素作为分析词、阐释词的最小的语义单位。义素组合是对义素分析的反动与发展，逆由显而潜的运动方向，做从潜到显的运动。

义素组合就是在已经拥有的概念中寻找义素，然后重新排列、组合。这是完全可能的。英国学者罗姆·哈瑞在《科学哲学导论》中写道："在我们的世界中，创造不是从无中创造，而是对已经存在的东西的重新组织。一棵新植物的产生，是按照来源于它的亲本植物的计划，用从空气、土壤和水吸取的元素组成的一个结构。动物也是如此。一种新的化合物是以前存在的不变元素原子的新安排。一幢新房子是用砖和灰浆造成的，砖和灰浆不过是取自采石场和矿井的物质加工后的产物。在我们的世界中，创造的是新形式，不是新物质。我认为创造新物质不是不可设想的。其实，一些宇宙学者已经设法用假设从无恒定地不断地创造物质，来说明世界物质显然相当恒定的密度……新物质应该是在以前什么也没有的地方产生出来。"[①]

值得注意的是，"素"和"位"的对立，如"音节素"和"音位"，"素"

---

① ［英］罗姆·哈瑞：《科学哲学导论》131页，辽宁教育出版社、牛津大学出版社，1998年。

是具体的显现的,"位"是抽象的潜在的。因此,"义素"这个术语不是很妥帖的,实质上,是术语"位"的范畴的,是抽象的潜在的。

本文原刊于《浙江师大学报》1991年第2期。

一　义素分析

美国学者卡茨和福德等人首先提出了"语义成分分析"(componential analysis)的理论。他们把分析出来的语义单位的最小的语义元素叫作"语义原子"(semantic atom),简称"义子"。现在流行的说法叫作"义素"(seme 或 sememe)。正如英国学者乌尔曼所说,"义素是意义的基本要素,在职能上可和音位学中的区别特征相似"。(《语义和风格》)语义分析,就是如鲍林杰所说,"要确定一个词的某个意义(即义项)的构成成分,必须将这个词的意义、同一词义场的词或邻近的词、邻近的词的意义进行比较"。(《语言的面面观》)通过比较的方法寻找到构成词义的义素的这种方法,就是"义素分析法"(seme analysis)。

义素分析法的历史虽然不长,但是已经充分显示出了它的强大的生命力。尽管它还不十分完备,但已被广泛地用于世界各种语言的语义研究和词典的编纂之中了。但是义素分析法的巨大潜力还未被充分发掘出来。

进一步发掘义素分析法的潜力,可以从广度和深度方面着手。所谓从广度方面发掘义素分析法的潜力,我们以为是把义素分析法运用到语法学、修辞学等领域之中去;所谓向深度方面去发掘义素分析法的潜力,我们以为是改变义素分析法只局限于少数有限的语义单位如亲属称呼、颜色词语等的初级阶段,应立即全面地大面积地运用于一种语言的各种各样的语义单位,不要回避矛盾难点。

但是我们以为,发掘义素分析法更重要的一个方面是开展义素组合论的研究,正如语音分析同语音合成结合起来大有益处一样,如果把义素分析法同义素组合论联系起来,齐头并进,那么语义研究将会在科学化、精密化、现代化的大道上更加迅速地前进。

如果说,义素分析法是把语义单位(词)分解为义项,再分解为义素,词和义项也可叫作义位;那么义素组合论则反其道而行之,研究从义素到义位的运动,即研究义素组成义位的方式、类型,再用实际存在的语义组合单位来验证,并寻找推导出来的可能的义位组合模式同现实存在的义位组合模式之间的关系。义素分析和义素组合应当是语义运动的两个相互联系不可分割的方面,只有在两者之上建立起来的语义分析学说才是更科学、更有解释力、覆盖面更大的学说。所以开展义素组合论的研究是很有意义的。

二　亲属称呼

义素组合论同义素分析法是逆向同构的,即虽然运动方向不同,但有许多共同之处。如都必须寻找到一些最基本的语义区别性特征,即义素,而且义素也都带有假设的性质;基本方法也都是科学的比较,尤其是对同一语义场中邻近词语的比较,当然义素组合论比义素分析法具有更多的假设的色彩,更多地运用演绎法,主要依靠逻辑推理。

现在就以亲属称呼为例。为了研究亲属称呼,首先要抓住三个要素,即:

X——说话人。起点。
Y——指称对象。终点。
Z——关系人。中点。

一切称呼的起点都是说话人自己,即"我"。而指称对象则是称呼的终点。有些称呼又有一个关系人,即参考者,如:"姨妈——母亲的姐妹",这母亲便是使起点和终点联系起来的关系人、参考点,可以称之为"中点"。称呼语的区别性特征主要来自终点的性质,起点和终点之间的关系,起点和中点之间的关系,起点的性质等。

亲属称呼中最重要的区别性特征有如下几种:

A——男性还是女性?

A^+:父亲。儿子。爷爷。孙子。

A^-:母亲。女儿。奶奶。孙女。

B——上辈还是下辈?

B^+:父亲。母亲。叔叔。婶婶。

B^-:儿子。女儿。侄儿。侄女。

C——直系还是旁系?

C^+:父亲。母亲。儿子。女儿。

C^-:叔叔。婶婶。侄儿。侄女。

D——年长还是年幼?

D^+:伯伯。哥哥。姐姐。

D^-:叔叔。弟弟。妹妹。

当然还有其他的区别性特征,这里暂且不提。

要提的是:区别性特征并不是两项对立的,也有兼顾两者的,也有两者皆非的,等于 0 的。如:

A_1^+——黎语　　　gu:η(弟+妹)

　　　　纳西语　　　阿木(兄+姐)

　　　　壮语　　　　bei⁴(兄+弟)

　　　　　　　　　　hue η⁴(弟+妹)

B^0——哥哥。弟弟。姐姐。妹妹。

D_1^+——英语 brother(兄＋弟)

sister(姐＋妹)

C_-^+——纳西语 阿咪＝女之男阿注之母＋女之男阿注之母之姐妹＋男之女阿注之母＋男之女阿注之母之姐妹。

辈分如果为 B,那么同辈为 B^0,上一辈下一辈为 B^+ 或 B^-,上下两辈以上者都可加数字来表示。那便是：

B^+——父亲。母亲。伯伯。叔叔。

$B^{+(2)}$——祖父(爷爷)。祖母(奶奶)。

B^-——儿子。女儿。

$B^{-(2)}$——孙子。孙女。

那么在永宁纳西语中,如咪＝$B^{-(1/2)}$＝女之女/女之女之女。①

对长幼,其实又有两种,一种是对于起点而言的,如永宁纳西语中：

阿木——{ 母之姐妹之子(长于己)
母之姐妹之子(长于己) }

各咪——母之姐妹之女(幼于己)

格目——母之姐妹之子(幼于己)

另一种长幼则是对中点而言的：

$D^{+(2)}$——伯伯。大舅妈。

$D^{-(2)}$——叔叔。小姑妈。

现在我们取 A^+、A^-、$A^{\pm}$ 和 B^+、B^-、B^0 和 C^+、C^- 和 D^+、D^- 可以排列组合而成下列矩阵：

---

① 参阅詹承绪等著《永宁纳西族的阿注婚姻和母系家庭》,上海人民出版社,1980年。

C^- \ C^+	B^+	B^-	B^0	D^+ \ D^-
A^+				A^+
A^-				A^-
$A^\pm$				$A^\pm$

在理论上，上列矩阵中的每一个长方形，每一个三角形都是一个义位，都表示了一种亲属关系。即以左上方第一个长方形为例，包括了下列义位：

    1. $A^+ B^+$ 男性＋上一辈

    2. $A^+ B^+ C^+$ 男性＋上一辈＋直系

    3. $A^+ B^+ C^-$ 男性＋上一辈＋旁系

    4. $A^+ B^+ C^+ D^+$ 男性＋上一辈＋直系＋年长

    5. $A^+ B^+ C^+ D^-$ 男性＋上一辈＋直系＋年幼

    6. $A^+ B^+ C^- D^+$ 男性＋上一辈＋旁系＋年长

    7. $A^+ B^+ C^- D^-$ 男性＋上一辈＋旁系＋年幼

    8. $A^+ B^+ D^+$ 男性＋上一辈＋年长

    9. $A^+ B^+ D^-$ 男性＋上一辈＋年幼

如果只取同辈分的，即 B^0 为例，可以排列出如下矩阵：

C^- \ C^+	D^+	D^-	$D^\pm$
A^+	哥哥 / 堂哥	弟弟 / 堂弟	（英）brother
A^-	姐姐 / 堂姐	妹妹 / 堂妹	（英）sister
$A^\pm$	（纳西）阿木	（越）Em	（英）cousin

这些矩阵就相当于门捷列夫的元素周期表一样,它是我们根据对已知的有限的亲属称呼的分析所得到的有限的义素排列组合起来的,它有待于更多的语言事实来检验,也有待于语言事实来发展丰富完善化。

三 义素组合矩阵

义素组合论从基本义素开始,第一个成果便是建立各种各样的义素组合矩阵。

对矩阵的验证有两种路线,一种是以一种语言和方言来验证它,另一种是广泛调查世界上古今存在的各种语言,用来验证它。于是我们会发现,有些义位是世界上大多数语言中所常用的,如:

$A^+B^+C^+$——父亲

$A^-B^+C^+$——母亲

$A^+B^-C^+$——儿子

$A^-B^-C^+$——女儿

$A^+B^0C^{\pm}D^{\pm}$——兄弟

$A^-B^0C^+D^{\pm}$——姐妹

有些义位只是某一些语言所特有的,如:

$A^{\pm}B^0C^+D^{\pm}$——塔葛罗格语 kaka′tid

$A^{\pm}B^0C^+D^+$——壮语 beiɯ

$A^{\pm}B^0C^+D^-$——黎语 gu:ŋ′

也有许多义位是我们在所有的语言中都没有发现过的,这便是空档,虚义位,可简称"虚位"。对于某一种语言或方言,对整个人类的语言,显然虚位比实位要多得多,因为 X、Y、Z 之间的实际存在着的关系显然是多种多样的,但人类的社会生活所要区分的关系却是有限的。研究一种语言中的实位和虚位的关系,便可以了解一个民族的文明史,可以揭开一个社会的人际关系之谜。因为一个社会运用哪些区别性特征即义素来组合义位,是由他们的物质文明和精神文明的程度,由他们的价值观念、伦理系统所决定了的。

对亲属称呼来说,我们刚才运用的义素还是最常见的,实际语言中还要复杂得多,如在汉语和一些语言中,对旁系亲属还要区分:

  E——父亲还是母亲?
  F——夫系还是妻系?
  G——兄弟系还是姐妹系
  H——起点性别:是男性还是女性?

每多出一两个义素,我们的义素组合的矩阵便要成倍地扩大,虚位也就会成倍增加。但是为了描写实际存在着的称呼语,就应当不断发现亲属称呼中新的区别性特征即义素。

义素组合矩阵有利于我们研究义位,一方面它一目了然地让我们看清了一个义位的内部结构,它是由哪些义素构成的;另一方面它帮助我们确立一个义位在它所从属的那个语义场中的地位,与它对立的义位、与它对应的义位有哪些,它与其他义位的关系。这对于描写、辨认、学习、运用义位都是十分有益的。尤其是对于认识一种语言和方言的语义结构的本质特点是大有益处的。这一义素组合矩阵对于研究义位的演变也是有用的,如现代汉语中,"伯伯"在衰亡,"叔叔"在扩展,这就是长幼义素对立的中和。义素对立的中和将使一些义位消失,合并于一些概括性更强更抽象的义位。这是语义发展的一种重要方式,在上古汉语中表示马牛羊有许多义位,最后都消失了,即区别性语义特征中和了。反之,新的语义特征的导入必然引起义位的分化,相应对立的成套义位的产生,如红白分别增加了革命还是反革命这一区别性语义特征后,便导致一整套义位组合的出现。

义位组合矩阵,有利于语言类型学的研究。把所要对比的语文材料列入义素组合的矩阵,就很容易地显示出了各自的特点,然后划分各种类型。如以同辈亲属称呼为例,我们可以把语言分为如下几种:

1. AD 并重的,如汉语、匈牙利语。
2. AD 不分的,如马来语、塔葛罗格语。
3. 重 A 不重 D 的,如英语、法语等。
4. 重 D 不重 A 的,如壮语。
5. 年长不分性别的,如纳西语。
6. 年幼不分性别的,如黎语、越南语。

义素组合矩阵是显示世界语言的共性和语言的民族特点的最简便的方法。

义素组合论也是一种发现新语言事实的工具。科学家可以根据门捷列夫的元素周期表来发现新的元素。语言学家可以根据义素组合矩阵去发现新的义位。单纯靠归纳法发现一种语言中的义位,总带有偶然性,难免疏漏,永远不能做到详备。而如果借助于义素组合矩阵来发现并建立一种语言或方言的义位系统,则可能是比较完备的。义素组合矩阵可以帮助我们有目的地发现新的义位,避免无效劳动,浪费时间,也可以引导我们去做对建立义位学最有用最有价值的工作。从这方面看,义素组合论也是语义分析的有效手段。

义素组合矩阵也是我们创造新义位的有力的工具。义位可以无意识地被创造,也可以有意识地积极地被创造。有了义素组合矩阵,我们便可以自觉地创造新的义位。一旦语用条件具备了,我们创造的先前只是潜在的义位便可以成为现实的显性的义位,充当我们思维的工具、交际的工具,投放到交际的市场中去,为社会服务。

义素组合矩阵也是我们创造新思想新产品的工具。义素组合矩阵是我们激发创造性思维的有效手段。义素组合矩阵中的大量的虚位,似乎是荒唐的、不现实的,然而当它满足一定条件时,就又是合理的、可行的。随着科学技术的进步,过去荒唐的不合理不可行的虚位,是可以成为现实的,这便是科学的进步。

例如说,有以下四个区别性的义素:

A^+——有翼的
A^-——无翼的。
B^+——有轨道的。
B^-——无轨道的
C^+——核能的。
C^-——电动的。
D^+——有形的。
D^-——隐形的。

那么我们便可以把如下关于交通工具的义素,排列成组合矩阵:

C^+ / C^-	B^+	B^-	D^+ / D^-
A^+			A^+
A^-			A^-

于是便出现了许多现在还没有但将来可能有的交通工具。

四　义素组合研究

上面讲的是语言系统内的静态的义素组合。与语言系统内的静态组合同等重要的是动态的义素组合,言语世界中的义素组合,历时演变中的义素组合。

义位和义位之间的组合,归根到底乃是义素的组合,义的复杂的动态的组合。例如:

  A. 女研究生。女工人。女干部。
  B. 女丫头。女处女。女妈妈。
  C. 女老公。女老头。女爸爸。
  D. 女猪。女虫。女鱼。
  E. 女光棍。
  F. 女树。女草。
  G. 女石头。女木头。女露水。

F式和G式,植物和无生物没有性别之分,这些说法没有意思! A式是合情合理的。B式是不能的、荒谬的。C式同样是不能的、荒谬的。D式是可笑的,不过有"女猫、女牛"的说法。E式荒谬然而却是富有表现力的说法。为什么有这些差别呢? ABCDE的中心词不都是动物么?动物都分雌雄公母的呀!

仅在义位这一层次上是很难说清楚的。只有分析中心词的义素,才能更好地解释这一现象。原来是因为:

  A 式——$A^{\pm}$　　研究生。工人。干部。
  B 式——A^{-}　　丫头。处女。妈妈。
  C 式——A^{+}　　老公。老头。爸爸。

　　　　D 式——$A^{\pm}$　　猪。虫。鱼。
　　　　E 式——A^{+}　　光棍。
　　　　F 式——A^{0}　　树。花。草。
　　　　G 式——A^{0}　　石头。木头。露水。

"女"只有修饰含有 $A^{\pm}$ 义素的义位才是合情合理的。它同含有 A^{+} 或 A^{-} 义素的义位都是矛盾的，不能组合的。F 和 G 式中含有的是 A^{0}，即无性别这一义素，因此也不可以接受"女"的修饰。D 式中含有 $A^{\pm}$，但汉语中表示 $A^{\pm}$ 的标记有三对：

　　　　男/女　　公/母　　雌/雄

它们的用法是互补的，"男/女"用于人，"公/母"、"雌/雄"用于动物，"雌/雄"也用于一部分植物。所以 D 式只是习惯问题，修饰问题。

　　在这种动态的组合中，我们要研究的首先是常规的义素组合规则，如修饰关系中中心词和修饰语之间的义素联系规则，并列关系中各个并列义位之间共同义素的必要性，支配关系中支配义位和被支配义位之间的义素联系规则。同时要研究偏离常规的可能性，偏离的方式，偏离后的含义。如：活雷锋、20 世纪的陈世美、中国的保尔·柯察金、五个女子和一条绳、张飞审瓜、一个喷嚏和五条人命、五分钱修理美国、修地球、活死人、老顽童。

　　此外，还要建立偏离的模式。这些超常的义素组合，既有结构性的，受相邻近的义位影响、制约而产生；也有情景性的，受交际情景、社会文化背景的影响、制约而产生；有的是义素对立的中和、消失；也有的是义素对立的产生，等等。

　　如果说义素的静态的组合矩阵可以开阔我们的思路，帮助我们建立一种语言的详尽的语义系统，那么动态的义素组合规律可以帮助我们提高言语表达的能力，提高对话语的理解能力，也有利于揭示语义系统历史发展的规律,因这些共时的语义偏离,正是历时的语义演变的前奏。

只有把静态和动态的义素组合结合起来,只有把义素分析和义素组合结合起来,我们的语义分析学说才更有理解力,更有科学性,更有社会效益。

概念生成论

（1991年）

按：概念也分显性和潜性：现有的概念是显性概念，还没有出现的概念是潜性概念。如下列语言中：[①]

亲属关系 地区	夫妻	兄妹	父子	舅甥
美拉尼亚	＋	－	＋	－
波利尼亚	＋	－	－	＋
新几内亚	－	＋	－	＋
高加索	－	＋	－	＋
所罗门群岛	－	＋	－	＋

"＋"是显性概念，"－"是潜性概念。

概念可以逻辑地推导出来。逻辑地生成的新概念其实是潜性概念。潜性概念可以显性化，需要的是社会语用条件。潜性概念有所指，没有能指，就是我所说的空符号。给潜概念空符号以适当的能指是一个非常困难的事情。

如果说《义素组合论》的写作比较认真，《概念生成论》则写得比较随意。研究概念的生成，有其理论价值和使用价值。概念的生成也可以通过元素组合的方式产生，这是一门新兴的学科，是科学研究的工具。

本文原刊于《固原师专学报》1991年第4期。

---

① 赵敦华：《现代西方哲学新编》238页，北京大学出版社，2001年。

一 概念的生成途径

概念是人类抽象思维的元素,是人类文明的基石,是人类进步的脚印。一部人类的智能史,也就是概念的发展史:由无到有,由少到多,由简单到复杂。今天的概念已经形成一个庞大的系统,而且还正在扩大化、复杂化。那么,人类的概念是怎样产生的呢?

毛泽东在《实践论》中说:"社会实践的继续,使人们在实践中引起感觉和印象的东西反复了多次,于是在人们的脑子里生起了一个认识过程中的突变(即飞跃),产生了概念。概念这种东西已经不是事物的现象,不是事物的各个片面,不是它们的外部联系,而是抓着了事物的本质,事物的全体,事物的内部联系了。概念同感觉,不但是数量上的差别,而且有了性质上的差别。循此继进,使用判断和推理的方法,就可以产生出合乎论理的结论来。"这就是概念的最早的最基本的生成形式,但是,这不是概念生成的唯一形式。

在现代的信息时代里,研究概念生成的多种多样的形式和途径,是既有理论价值又有实用价值的。这有利于开发人们大脑里的潜能,培养创造性思维的能力,促进人类知识的革命。

二 概念的组合生成

概念也可以通过元素组合的方式产生。那些最基本的最简单的概念,可以称之为"元素",也就是复杂概念的区别性特征。如:

A^+——有声的　　A^-——无声的

B^+——有图像的　　B^-——无图像的

C^+ ——单向的 C^- ——双向的
D^+ ——全息的 D^- ——非全息的

这时,我们排列成下列矩阵:

C^- \ C^+	A^+	A^-	D^+ \ D^-
B^+	① ② ③ ④	⑤ ⑥ ⑦ ⑧	
B^-	⑨ ⑩ ⑪ ⑫	⑬ ⑭ ⑮ ⑯	

在我们的矩阵中,就出现了16个复合的概念,其中第3号概念的内涵是:

A^+ —— B^+ —— C^+ —— D^-
= 有声的+有图像的+单向的+非全息的

这就是电视。一个复合概念的构成元素的总和,即它的区别性特征的总和,便是它的内涵。

其中的第4号概念是:

A^+ —— B^+ —— C^- —— D^-
= 有声的+有图像的+双向的(交流式的)+非全息的

这便是电视电话,有图像的电话。第1、第2号概念是:

A^+ —— B^+ —— C^+ —— D^+
A^+ —— B^+ —— C^- —— D^+

第1号概念是:有声的+有图像的+单向的+全息的;第2号概念是:有声的+有图像的+双向的(交流的)+全息的。第1号概念可以叫作"全息电视",第2号概念是"全息电视电话"。

在我们的矩阵中,又有许多概念所反映的现象是过去所没有的。这又有两种情况:一种是,过去虽然没有,但是以后会有的,因为它是合理的可能的。另外一种是现在没有,以后也不可能有,因为其排列组合是不合理的。例如:

A^- —— B^- —— C^+ —— D^+

=无声的+无图像的+单向的+全息的

A^- —— B^- —— C^- —— D^+

=无声的+无图像的+双向的+全息的

因为,"无声的+无图像的"同"全息的"是矛盾的,这种对象是不能制造出来的。

再如以下的基本元素:

X^+ ——书写用的　　X^- ——非书写用的

Y^+ ——计时的　　　Y^- ——非计时的

Z^+ ——装饰性的　　Z^- ——非装饰性的

W^+ ——削水果的非攻击性武器

W^- ——非削水果的攻击性武器

可组成如下矩阵:

Z^+ / Z^-	X^+		X^-		W^+ / W^-
Y^+	① ② ④	③	⑨ ⑩ ⑫	⑪	
Y^-	⑤ ⑥ ⑧	⑦	⑬ ⑭ ⑯	⑮	

从这个矩阵中,也可以获得 16 种概念,例如:

① X^+——Y^+——Z^+——W^+

＝书写用的＋计时的＋装饰性的＋削水果的非攻击性武器

② X^+——Y^+——Z^-——W^+

＝书写用的＋计时的＋非装饰性的＋削水果的非攻击性武器

③ X^+——Y^+——Z^+——W^-

＝书写用的＋计时的＋装饰性的＋非削水果的攻击性武器

④ X^+——Y^+——Z^-——W^-

＝书写用的＋计时的＋非装饰性的＋非削水果的攻击性武器

……

这些概念表示的是某种多功能的产品。

通过元素排列组合，比起在感性认识的基础上逐步上升飞跃为概念，要多快好省得多。第一是"多"，可以成批量地生成新的概念；第二是"快"，可以非常快速地生成新概念；第三是"好"，让人们在一个概念场之中来检验概念，比较概念，选择最佳概念、自己所需要的概念；第四是"省"，这样产生的概念可以节省时间，避免无效劳动。所以这种元素组合式概念生成模式是值得、也应当提倡与推广的。当然，这种概念生成法需要有从感性到理性的概念生成为其基础，而且这种方式所生成的概念必须接受经验的事实的检验。在人类知识贫乏的时代，这种元素组合式概念生成法很难大显身手。在今天知识爆炸的信息时代里，这种概念生成模式不但有了英雄用武之地，而且也是时代的发展进步所需要的。

三 概念生成和潜学科

元素组合式概念生成模式可以作为科学研究的工具，也可以作为创建新学科的手段。在横向联系的科学向综合边缘方向发展的时

代里,通过学科排列组合,也可以得到许多潜在的科学部门,并使之转化为显科学部门。例如:

社会语言学——语言社会学
心理语言学——语言心理学
生物语言学——语言生物学
声学语言学——语言声学
逻辑语言学——语言逻辑学
语言符号学——符号语言学
地理语言学——语言地理学
地质语言学——语言地质学
数理语言学——语言数理学
医学语言学——语言医学
语言美学——美学语言学
语言信息学——信息语言学
法学语言学——语言法学
历史语言学——语言历史学
……

这些概念有的已经形成新学科,有的不久之后可能成为新学科,有的永远是一个虚假的概念。当我们以语言为一方,以所有非语言学科为另外一方,进行排列组合,这样就得到一张有许多新学科语言学的发展目录,这有点类似门捷列夫的元素周期表。这个清单能够帮助我们开阔视野,选择主攻方向,预测语言学未来的发展方向。当某个语言学新部门出现之后,也不至于目瞪口呆、不知所措,能够接受它、评论它。

在我们的语言学研究中,一些最基本的元素,一些初始的概念,

最基本的对立,最重要的区别性特征,如:

S^+——历时　　S^-——共时
O^+——形式　　O^-——实体
N^+——显性　　N^-——潜性
T^+——体词　　T^-——谓词
G^+——语言　　G^-——言语
H^+——常规　　H^-——超常
……

它们的排列组合可以生成许多复杂的新概念,其中可能有些是有用的概念,等待我们去开发利用。

元素组合式概念生成法在现代科学研究中是具有一定地位的。我们可以把它运用到基础教育中去,启发中小学生掌握元素生成产生新概念的方法,帮助他们把握丰富复杂的概念系统,让他们觉得许多新概念仿佛早就存在于他们的脑子里似的,老师不过是唤醒了他们脑子里的某些概念罢了,因此把握新概念就比较容易、轻松自如。

因此,我们绝不把元素组合式概念生成神秘化。它虽然似乎是新提出来的东西,其实早就存在了,早就被人们不知不觉地运用了。我们不过是把它自觉化模式化而已。这样做为的是适应提高全民族文化素质的需要,适应信息时代高科技快速发展的需要。

元素组合式概念生成法是以已经具有的概念的分解为前提为基础的。所谓概念的分解,就是把复杂的概念分解为简单的概念,把简单的基本概念分析出最基本的区别性特征来。

为了熟练地掌握元素组合式概念生成法,就必须具备一定的经验事实、一定数量的初始概念,而且能把这些概念分解为区别性特征。元素组合式概念生成法同概念分解法是逆向同构的。只有对概念进行过大量分解工作的人,才能够自如地进行概念的生成工作。

概念的分解和元素的组合产生新概念,这是人类抽象思维活动中的两种基本方式。两者都值得重视与研究。概念的分解,感性活动的反复产生概念,过去谈得比较多,所以我们在这里着重谈概念的元素组合式生成法,目的是引起大家的注意和重视。

抽象的词和句与具体的词和句
（1993年）

按：1982年，在北京香山召开的"语法学术讨论会"上，我提交了论文《语言的语法分析和言语的语法分析》。宣读之后，得到了吕叔湘先生的肯定，很是高兴。本文是对那篇论文的进一步阐释。

我坚持区分语言和言语。但是，语言和言语的讨论，"文革"之前就被指责为"两字颠倒"的无聊争执。语言和言语有时是很忌讳的。我就尽量少用语言和言语的术语，我就采用"词典里的词和运用中的话语里的词"、"抽象的词和具体的词"、"抽象的句子和具体的句子"等说法。具体的词，具体的句子，看得见，听得到，是显性的；抽象的词，抽象的句子，看不见，听不到，则是潜性的。抽象的句子，是句式、句类、句型。

在语法学，以及语音学、词汇学、语义学中，应当区别语言的词和句与言语的词和句。两者本质的区别在于，一种是抽象的，是一种模式；另一种是具体的，是模式的存在形式，从而建立"位—素/体"对立的概念，这样不但可以避免许多不必要的麻烦，更重要的是可以促进语法和整个语言研究的科学化、精密化。

语法学由于区分了抽象的句子和具体的句子，所以快速走上科学化的大道。相比较而言，词汇学研究由于没有严格区分具体的词和抽象的词，其科学化的道路就比较地艰难。

在语音方面，同样可以区分具体的语音——音素，抽象的语音——音位，正是音位概念的出现、音位学的诞生，促进了语言学的科学化现代化。

本文原刊于《广西师范大学学报》1993年第3期。

一 引言

在《三个平面:语法研究的多维视野——黄山语法修辞座谈会发言摘要》中有:"王希杰:今天是星期一,你说'今天星期一'是现实的句子。今天7月29日,你说'明天国庆节',就是抽象的句子。"①这不是我的意思,这话是不通的、不对的。

记得在黄山语法修辞座谈会上,大家争论到抽象的句子和具体的句子的时候,我是这样说的:"抽象的句子是指语言中的句子,它只是一种模式,有语义但没有内容,同客观事物之间没有对应性,即不具有表述性,或叫述谓性。具体的句子指的是言语中的句子,是在言语交际的市场上作为商品来流通的句子,它不再是抽象的模式,它的本质特点是表述性,即述谓性,即同客观事物之间具有某种对应关系。"那时候,我举了一个"今天是三八节"和"今天三八节"为例说:

> 如果我写语法论文,或在课堂上讲授语法学,说:汉语中有名词谓语句和动词谓语句。"今天三八节"是名词谓语句,而"今天是三八节"却是动词谓语句。这两个句子都是语言的句子,抽象的句子。因为它们没有表述性,不同具体的现实有对应关系,同具体的听说者、特定的语境没有联系,它的意义是相对稳定的,对说汉语的人都是共同的,它不具备任何会话含义。在特定的时空中,特定的说话人对特定的听话人说"今天三八节"或"今天是三八节",则是具体的句子,这时因为同客观现实取得了某

---

① 《语言教学与研究》1992年第1期。

种对应关系,便有了述谓性,便有特定的会话含义。一个丈夫在三月八日早上对妻子说:"今天是三八节!"一个单位的头头在三月八日早上对女职工说:"今天是三八节!"一个妻子在三八节的中午对丈夫说:"今天是三八节!"都是合适的得体的句子,有特定的含义。如果在7月29日我们座谈会的开始,我说"今天是三八节!"则是一个语用不合格的句子,你们会说我大脑出了毛病。但是在生活中,在12月9日,丈夫讨好妻子,多干了活,或送了小礼物,妻子说:"今天是三八节!"这又不是语用不合格的句子,它同样具有表述性,具有特定的会话含义。在相声、笑话中,我常会发现在非三月八日说"今天是三八节"的事儿,这里的具体的句子也是语用上合格的句子,并且取得了很好的表达效果。

读了《语言教学与研究》上的报道,我想,我的话一定会引起许多的误解,所以特此说明一下。

陆志韦区别"抽象的词"和"具体的词",朱德熙区分"概括词"和"个体词",许多语法学家区分"句型"和"句例",也有的区分"词型"和"词例"。我主张区分语言的词和句与言语的词和句。看来,谈一谈抽象的词和句与具体的词和句在目前还是很必要的。

二 抽象的句子与具体的句子

语言中的句子都是抽象的句子,它同特定交际者、特定的语言环境没有必然的内在联系,它独立于语境而存在,它具有交际功能,但却是潜在的,没有实现的,它不同客观现实发生这样那样的联系,不具有现实对应性,即没有述谓性,或叫表述性。

抽象的句子当然有形式、意义两个方面。语法学也并不研究抽象句子的全部的形式和内容。作为研究语言符号的结构关系的语法学,它只研究抽象句子的语法单位之间的结构关系和结构模式,它的目的是要建立一种语言的句型系统。一种语言的抽象句子的最高级的抽象物即"句型",次一级的抽象物就是"句式"。"句型"和"句式"都是抽象的,不过抽象的程度不同,所覆盖的面大小不一。

语法书主要对句型和句式举例说明。如:"主动宾"是汉语的一种基本句子格式。例如:"我读书","你饮茶","他看电视"等。

这里的"我读书""你饮茶""他看电视"等,都是句型或句式的用例,可以叫作"句例"——句型或句式的具体的用例。句型和句式的具体用例要比句型或句式具体得多,但它依然是语言,这是因为这些语法论著中句子依然没有表述性,并不同客观事物发生这样或那样的联系,同客观现实没有对应关系,同特定的听说者、特定的语境之间没有联系。所以它们还是语言的句子,抽象的句子。

如果我们把语言中抽象的句子叫作"句位",那么"句位"包括"句义"和"句形"两个部分。句义不是语法学的研究对象,是语义学和其他科学的研究对象。语法学只研究"句位"的形式即"句形"。"句形"又包括了句子的语音存在,句子的句法形式,句子的句法意义。句子的语音也不是语法学的首要的特有的研究对象,起码是同语音学所共同研究的对象。只有句子的句法形式和句法意义才是语法学真正的唯一的研究对象。语法学研究句位的句子形式和句法意义的类型和模式以及两者之间的对应关系。虽然我们研究的时候也可以有所偏重,也可以如某些学者所主张的那样,分别建立句法形式学和句法意义学,但是,句法意义只有在结合句法形式的时候才能被研究,因为不与句法形式相结合的句法意义是没有的、不存在的,而不表达句法意义的句法形式也是没有的、不存在的,因此,语法研究的最基本的方法论原则是:句法形式和句法意义相结合的原则。语法学要研究表达句法意义的句法形式和被句法形式所表达的句法意义,并在句法形式和句法意义之上寻找抽象出句法模式——句型或句式。由此我们也可以说,句型和句式乃是句法形式和句法意义相结合的关系模式。

目前,中国语法学中的新思潮是语法、语义、语用三个平面相结合。如果这个语义指的是句法意义,那么它本身就是语法的一个必不可少的组成部分,是语法之内的部分,从逻辑上说,似乎就不是语法(或句法)同语义相结合,而是语法(句法)内部的句法形式和句法意义的相互联系和相互结合的事儿。如果指的是句法之外的意义,整个句子的意义、逻辑事理意义,那么它就是语法之外的东西,就难以和语法(句法)结合,只能是我们描写语法(句法)现象、归纳句型的一个参考框架而已,难以纳入句法研究的视野之内;而在这种意义之上归纳句型和句式,似乎把问题复杂化了,实行起来将会困难重重。这就是我们支持三个平面的学说但又有保留的一个根本的原因。

我们的意思是这样的:

$$
句位\begin{cases}句义\\句形\begin{cases}语音形式\\句法意义\\句法形式\end{cases}\end{cases}句型\ 句式—句例
$$

我们认为语言的语言研究的路线是这样的:

$$
句位——句形——\begin{cases}句法意义\\句法形式\end{cases}句型\ 句式—句例
$$

言语中的句子,交际活动中实际使用的句子,都是具体的句子。具体的句子都是抽象的句子的投射物,存在的实体,它是个别的具体的特殊的不可重复的,本质上不同于抽象的句子。抽象的句子总是一般的,可以多次重复的。既然言语中的句子是抽象句子的具体体现、存在的形式,那么我们就叫它为"句体"——句子的体现、句子的实体。它已经是个别的具体的,对它就不存在什么另外的例子、代表的问题了,因此,不把"句例"这一术语同它联系起来,因为它根本就用不着再去举什么例子,也举不出什么例子,它是唯一的存在物。

具体的句子比抽象的句子多了一个重要的项目,即"内容":

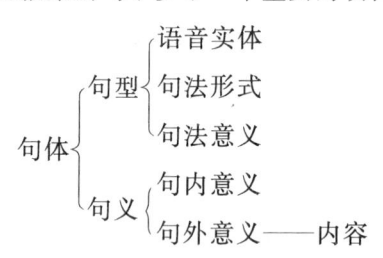

$$\text{句体}\begin{cases} \text{句型}\begin{cases} \text{语音实体} \\ \text{句法形式} \\ \text{句法意义} \end{cases} \\ \text{句义}\begin{cases} \text{句内意义} \\ \text{句外意义——内容} \end{cases} \end{cases}$$

如果在12月8日,一位丈夫对他的妻子大献殷勤,妻子说:"怎么啦?今天对我这样好,今天是三八节?"丈夫回答:"对呀,今天是三八节!"那么,这里的"今天是三八节!"不但具有句内意义,同时获得句外意义,有特定的会话含义。

句外意义——内容不是语法学的研究对象。它是语用学和修辞学所关心的所要研究的。

句体的句法形式和句法意义既然是句型和句式的句法形式和句法意义的一种投射物,那么它同原型原式就有着本质的区别,两者不能画上等号,任何一个句体在句法形式和句法意义方面都是对原型原式的一种偏离,只有偏离的程度的区别,却没有不偏离之说。以句体为研究对象的言语的语法分析,它的目的便是研究从句型和句式到句体这一投射过程的步骤、方式、类型、规则、偏离的原因和类型,研究它们同句内意义和句外意义——内容之间的联系和关系,研究非语言诸因素对投射、对偏离的影响和制约。句体的句法形式和句法意义才是言语语法学的真正的研究对象。句体的句内意义和内容以及说听双方的关系和时空等关系也并不是言语语法学的研究对象，它们仅仅只是言语语法研究的一种参照物而已。进行言语语法研究的时候，只是为了弄清楚投射过程中的句法形式和句法意义的偏离，才关心、注意并重视这些非语言的因素的。

于是我们便得到一个连续体：

句位——句型、句式——句例——句体

句例和句体都是句位、句型、句式的体现。但句例是抽象概括的体现，不是交际的单位，而句体才是真正的交际单位，是现实的个别的具体体现。

对于语言的语法分析，句体只是原始素材、语料，在语言的语法学体系中，没有句体的位置，这也是许多语法书所以对例句进行改造而不用原始素材的一个重要原因，而修辞学论著就十分强调用特定说写者的特定的用例。在言语的语法分析中，是以句体为研究对象，但它的目的并不是一一描写它们，而是寻找句体同句型、句式之间的联系，研究非语言因素影响和制约句体形成的方式和模式，所以也是科学的研究，而不是一种欣赏。一般说，语言的语法分析是一种静态的描写，而言语的语法分析已经进入动态的范围了。

其实，在语言的语法和言语的语法上，应当有一个统一的语法，一个大语法，把这两者统一起来，而不是对立起来，分裂开去。

三 抽象的词和具体的词

对于词，同样有抽象的和具体的、语言的和言语的区别。我们可以区别开语言的词汇和言语的词汇，语言的词和言语的词，语言的词义和言语的词义，语言的词形和言语的词形。

语言的词汇和言语的词汇是两个不同的概念。例如说："在英语中，monkey还指像猴子一样的人、淘气鬼、顽童、容易受欺侮的人。"（《语文月刊》1992年第2期第5页）

我们不能说"monkey"是现代汉语词汇体系中一个词汇单位，它是英语的词，不是汉语的词。但我们无法否认这里的"monkey"是这期杂志中的词汇单位，是一个言语中的词汇单位。对于一种语言来说，词汇体系只有一个，它是全民共有的，相对稳定的。但是每一个说这一语言的人都有自己的一个词汇体系，它们以全民语言的词汇体系为基础，但又不等于全民的词汇系统，一般来说总小于全民的词汇系统，但又多少总超出于全民的词汇系统。一次口头交际，一个书面作品，也都构成了一个小小的词汇系统；都以全民语言词汇系统为基础，但又有所超越。如果说这全民的语言词汇是一个大大的圆，那么这无数个小圆便是个人的实际言语作品中的言语词汇。语言词汇和言语词汇不但在数量上有所区别，而且在本质上也是不同的。一方面，语言的词汇相对稳定，而言语词汇则是不稳定的不断变化着的；另一方面，从根本上说，语言词汇是抽象的概括的一般的，而言语词汇则是个别的具体的。

语言词的本质是概括的、一般的，因此我们可以称之为"词位"。词典中的词目应当是词位，而不是言语中的词。言语中的具体的词，只是语言中词位的一种投射、一种体现，是词位存在的一种形式。从这个意义上来说，我们也可以称之为"词体"。词位同词体的区别在于：词位并不直接同客观世界发生关系，它是人类抽象思维的产物，它是人们对客观世界的认识的产物，是概念的符号，是用语言符号巩固在词汇系统中的人类对客观世界的一种认识的产物和单位。它潜藏着交际的功能，但却并没有实现。词位同客观世界之间的关系是相对稳定的，是全民所公认的共同的，任何一个说写个人都无法随意改变。而词体是直接同客观世界取得了某种对应关系，而且它同客观世界之间的关系是可变动的、有条件的。人们可以用"狗"在交际中去指一个人，用"花瓶"指代一个自己所喜爱之物，可以表达出词典上所根本没有的意义内容，词体具有强烈的个人色彩，词体具有一定的交际功能。

词位是一种抽象物。在词典和语法学论著中，可以举出许多例子来。现代汉语中能以 ABAB 式重叠的双音节动词，如：调查——调查调查，研究——研究研究，推广——推广推广，尝试——尝试尝试等。这里的"调查——调查调查，研究——研究研究，推广——推广推广，尝试——尝试尝试"等都是"词例"。词例比词位具体实在一些，但它本质上还是概括抽象的，它依然没有同客观世界发生直接的对应关系。

词位的内容可以叫作"义模"——意义模式。词位的形式可以叫作"形模"——形式模式。而词体的内容可以叫作"义体"，其形式可以叫作"形体"。词位的形式又有两个方面，一是语音形式，可叫作"音模"——语音模式；二是结构形式，可以叫作"构模"——结构模式。

词位是句位的构成单位，词位存在于句位之中，句位靠词位而形成。词位不同言语中具体的句子发生关系，句位（句型、句式）不同言语中具体的词发生关系。

词是词汇学和语法学都要研究的。词汇学研究也可以分为语言的和言语的两种。语言的词汇研究以语言词汇为对象，以词位为对象，它研究语言的形式模式和语音模式以及两者之间的关系。但这一切都不是语法学的研究对象，语法学顶多也只研究词位结构模式——构模而已。

过去我们说用词造句，现在我们应当说：

用词位构造句位或句型、句式。

用词体构造句体。

用词例构造句例。

对于词位来说,从句位的角度看,它具有语法功能。这一语法功能是在句位中实现了的。离开了句位的词位只潜藏着语法功能。在句位中实现了的是词位的组合功能,这组合功能主要表现为相连功能和相离功能。在词位系统中,词位是靠类聚功能相互联系相互对立而形成系统的。对于词汇学,它着眼于词位的义位系统。语法学却不把义位系统作为自己的研究目标。语法学以词位的语法功能为研究对象,它要根据词位的语法功能对词位进行分类,建立词类系统。过去我们强调,所谓词类,是词的语法分类,现在我们要说,词类乃是语言中词位的语法分类,是词位的语法功能分类。那么归类便是语言中的词例的事情了,把抽象概括的个别的词例归入到词位系统的某一个大类别中去。因此,划分词类和个别词例的归类都是语言的语法分析的事情。

作为言语作品中句体的组成部分的词体说,它的问题是一种投射、偏离的问题。任何一个词体都是词位的投射和偏离,都不能与词位画上等号。言语作品中具体的个别的词同语言体系中抽象的词有本质的不同,偏离是客观存在的,因此,有些言语中个别具体的词是无法归到语言体系中某一词类中去的。如:"我兴奋地用鄂温克语对乌热布喊了一声:'阿雅,瓦卡!'(好啊,打死了!)"(王平《凶猛的野兽》)。这"阿雅,瓦卡"根本不是汉语,你能把它归到汉语词类的哪一类中去呢?

在从词位到词体的投射中,词位的语法功能可能实现了一些,也可能丧失了一些,上下文和语境等不但可以改变词位固有的语法功能,也可能临时地赋予它一些语法功能。如果我们区分开词位和词体，承认词类区分是词位的语法功能上的分类，归类主要指词例，也指言语中具体的词——但并不是全部在内。对于言语中具体的词体，言语的语法分析指向它在句体中的地位与作用，它同语言体系中词位之间的关系。这有归类的问题，但决不仅仅是归类问题，比归类问题广泛得多。要承认词体大多数可以同词位对应，一一归入某一词类中，但也还有不少词体是无法同词位简单对应，简单地归入某一词类的。这样，我们就可以不把词体的某些偏离现象用来作为批评否定词类体系的一个理由，就不会对词类划分提出过高的不切实际的不必要的或者不合理的要求了。目前人们对词类是不是期望值过高了一些？当然现在人们对词类划分的困惑也有一些是词类划分本身的缺陷。我们放弃了对词类的不切实际的要求，就可以把主要精力集中于研究词类划分的内在标准和原则上去，并避免了修辞语用因素、非语言因素对词类划分的干扰，同时也就明确词体某些语法功能的偏离是受了修辞语用、社会文化因素制约的，主要不是语法问题，应由修辞语用等去研究。语法学在词的问题上，集中精力研究划分词类的原则和标准，建立简明而有解释力的词类系统，同时研究从词位到词体投射过程中影响和制约词的语法功能偏离的因素和偏离的类型、模式和规则。只有这样，语法学家才可能从对个别词例的归类的分歧中走出来，为建立汉语的词类大厦多做贡献。

总之，在语法研究中区分一般和个别、语言和言语是十分重要的。在词和句这两级上，就要区分词和词体、句位（句型句式）和句体，建立位（型和式）和体（素）的对应概念，而不要混淆语法现象中的两个不同的平面。

词类既然只是语言中词的语法功能的类型模式，那么它只是描述和解释言语中的具体的词的语法功能的一个工具，一个大大简化了的框架而已，同时它也能描述和解释言语中没有使用的词——过去有现在存在但某一个人或一个言语作品中并未使用，或者过去没有现在也没有但明天有可能在某一个人或一个言语作品中使用的词。一方面，它不能解释和描写现实言语作品中一切的词和词的一切语法功能，但这不是它的错误；另一方面它又能解释和描述目前现实言语作品中没有出现的词及其语法功能，把明天出现在言语作品中的词纳入它的理论框架，这充分显示出了它的巨大覆盖作用和解释描述能力。这两个方面是相互联系的相互补充的。

　　词类是依据语法功能的对立划分出来的。每一类词都有它所特有的而其他类所无的区别性特征，否则它就不能独立存在。但是每一个词类特征，都是历史形成的，又有相对性的一面。一方面，在静态的类聚系统中，词类的语法功能是全面的，而每一个句位中的每一个词位只能实现某一方面的语法功能，任何一个词位在句位中都不可能把它的词类功能全部实现出来，就是说，在句位组合中的一个词位的语法功能永远不能相等于在词类的聚合系统中的这一词位的语法功能。另一方面，言语中词体和语言中的词位不仅既联系又对立，而且也可以相互转化。这指的是：有时候，某些词位会因为种种语言或非语言因素的制约和影响，使用人数越来越少，逐步失去词位的身份，最后只能在某些言语作品中以词体的形式偶尔出现；而同时，在具体言语作品中，由于某种因素的作用，某个词位的词体可能会具有它原本没有的语法功能，虽然这开始是偶然的、个别的，但如果后来这种用法为全社会所公认所广泛使用，它就有可能成为词位的语法功能，就有可能改变词类的对立联系的系统。如现代汉语中，副词不能修饰名词，名词不接受副词的修饰，这是原先词类系统中的一条规则。但近些年，"副＋名"的现象多了，刚开始时是个别的修辞的用法，但逐渐扩大，现在港台作品中不少了，还有扩展的趋势，虽然现在还只局限于一部分名词，但是谁能保证多少年后就不会扩大到更多名词,扩大到一切使用汉语的地区呢? 当然,也有可能,这只是一时的现象、局部现象。

词类的活用,这是言语的现象、修辞的现象,这是修辞学所要研究的。语法学家不能被活用打破自己的词类体系,不能像修辞学家那样去描述词类活用,可也不能不理不睬。语法学家也要研究词类活用,他只是描述词类活用的语法功能上的制约,研究词类活用同词类本质特点之间的关系。一个明显的事实是,在形态丰富的语言中,词类活用就少就困难;而没有形态或形态不丰富的语言,如汉语、英语,词类活用就很容易,就比较多。一方面,通过对词类活用的考察,建立汉语词类活用的语法规则;另一方面,通过词类活用的研究,弄清楚汉语词类语法功能对立之中的某种联系,提示语义和语用对词类语法功能的实现和改变所产生的影响及控制作用。

四 语言现象层次观

对于语言的研究,在古时候,我们把词和句当作一个整体,从全局上来把握它。后来,我们进步了,分出许多层面,细密地考察其中的某一个方面。再后来,我们发觉,部分之和还不是整体,整体总是大于部分之和的。80年代,我们对句子分出了三个平面:语法、语义、语用,大大地前进了,推动了语法学的发展和繁荣。在这里我们再走半步,不仅对句子可以这样区分,对词也可以这样区分。当然,前面也有人如此尝试过,并非我们第一个发现这一点,不过我们强调这一点。这还不够。我们主张,这些层次或平面本身又是有层次之分的,并不是一个等级上的。

我们的想法是:

$$
\text{语言(模式)}\begin{cases}\text{形式}\begin{cases}\text{形式—语音}\begin{cases}\text{形式—语音结构—音位}\\\text{内容—语音实体—音素}\end{cases}\\\text{内容—语法}\begin{cases}\text{形式—语法形式}\\\text{内容—语法意义}\end{cases}\end{cases}\\\text{内容—语义}\begin{cases}\text{形式—语义结构}\\\text{内容—语义所指}\end{cases}\end{cases}
$$

$$
\text{言语(体现)(语用)}\begin{cases}\text{形式}\begin{cases}\text{形式—语音}\begin{cases}\text{形式—语音结构}\\\text{内容—语音实体}\end{cases}\\\text{内容—语法}\begin{cases}\text{形式—语法形式}\\\text{内容—语法意义}\end{cases}\end{cases}\\\text{内容—语义}\begin{cases}\text{形式—言内之义}\\\text{内容—言外之义—会话含义}\end{cases}\end{cases}
$$

我们认为,第一,这些不同的等级和层面不可以混淆,应当区别开来,尤其要区分开语言和言语、模式和体现、抽象和具体这一大层次。第二,这些不同层次不是不相干的,不可将它们割裂开来、对立起来。第三,去研究这些不同层面的联系的时候,要注意它们之间的对应关系,如:

$$
\text{语言(模式)—语法}\begin{cases}\text{语法形式}\quad\text{语法形式}\\\text{语法意义}\quad\text{语法意义}\end{cases}\text{语法—言语(体现)}
$$

我们要找到它们之间的相互联系的关系模式。再如:在语言模式中语法意义和语法形式之间的关系,在言语体现中语法意义和语法形式之间的关系,言语作品的内容同它的形式之间的关系。但是,不宜于去直接寻找言外之义——会话含义同语言模式中的语法意义之间的关系。第四,对每一个层次的研究,一方面要在这一层次之内,为了这一层次而研究这一层次,这样才有可能得到比较纯一的体系。但另一方面,如果完全丢开这一层次同其他层次的联系,那么这一层的问题也无法得到最终的解决,因此就必须不满足不局限于这一层次本身,而要参照联系与之有关的其他层次,但是这个时候要小心谨慎,不可过火,不要混淆,我们只是参照,目的和对象还是这一层次本身,我们只是追求这些彼此有关的层次之间的一种对应的关系。

因此,我们区分语言现象的层次,为的是更好地提示语言学和语言学各学科,如语义学、语法学、语用学的独特的研究对象,因为只有真正弄清了,把握住自己的真正的研究对象,才能选择最佳的研究方法,才能促进学科的发展和繁荣。

五　结语

黄山语法修辞学术讨论会的参加者都是学有专长的中年学者,还为抽象的句子和具体的句子争论不休,可见语言现象中的抽象和具体并不容易切分。《语言教学与研究》所发表的最后一段话是我的,但却是说不通的不可理解的,为了避免读者接受错误的观点,才再写上以上几句。也算是黄山会议发言的一个补充吧。

论归纳的辞格和演绎的辞格
（1993年）

按：显性和潜性的区别同样存在于修辞格上。已经有的是显性辞格，还没有的是潜性辞格。潜性辞格有两种，一是还没有出现的，无人使用过的；二是其实有人使用过了，修辞学家没有发现，或没有承认的，即无辞籍的辞格（黑户口）。对潜性辞格，单纯归纳法是无济于事的，需要运用演绎法。这就是说，显性和潜性理论运用到修辞格研究必将导致修辞学的研究方法的更新。

本文是在中国修辞学会华东分会第七届年会暨江苏省修辞学会1992年学术年会上所做的报告。参加这次会议的有台湾空中大学中文系主任沈谦教授和许应华教授。会后同台湾学者游黄山，旅途上多次讨论修辞学的研究方法。

本文原刊于《广西师院学报》1993年第3期。编入我编辑的《修辞学研究》第七辑（南京大学出版社，1997年）。

一　辞格的定义

归纳的辞格的狭义定义："修辞格是一种语言中为了提高语言表达效果而有意识地偏离语言和语用常规的并逐渐形成的固定格式、特定模式。"广义的定义是："修辞格是一种语言中偏离了语言和语用常规而逐步形成的固定格式、特定模式。"这里的辞格是显性辞格。

演绎的辞格的狭义定义是："一种语言中有助于提高语言表达

效果而偏离语言的和语用的常规的固定格式、特定模式。"广义的定义是："一种语言中偏离语言的和语用的常规的固定格式、特定模式。"

狭义的辞格可以叫作"正辞格"，广义的辞格中除了正辞格，还包括"负辞格"。因为偏离常规的固定格式、特定模式不一定都是有助于提高表达效果的，其中也一定会有损害、降低表达效果的固定格式、特定模式。凡是损害、降低表达效果的固定格式、特定模式都可以叫作"负辞格"。

演绎辞格系统中除了显性辞格，还包括"潜性辞格"。狭义的潜性辞格指："一种语言中允许出现，但是目前还未出现，将来可能出现的有助于提高语言表达效果的偏离语言的和语用的常规的固定格式、特定模式。"广义的潜性辞格指："一种语言中所允许出现的、目前还未出现的偏离语言的和语用的常规的固定格式、特定模式。"

二 零度和偏离

在修辞格的研究中，最重要的两个概念是：零度和偏离。

所谓零度，从理论上讲，是指语言和语用的规律、规则，它是使用这一语言的社会的一切成员所共同承认的，是客观存在的，相对稳定的，并不取决于具体使用语言的人，也不随着特殊的语言环境而时时处处在变化之中，使用语言的个人只能遵从它而不能任意改变它。换言之，它对使用语言的人是强制性的。

所谓偏离，从理论上讲，人们在交际市场上的一切言语行为、所有的话语都是对全社会所公认的客观存在着的语言和语用规律规则的偏离。话语既然是语言的投射物，它同语言本身就不能够画上等号，一切话语都绝不是语言本身，不是纯粹纯净的语言，似乎总多了点什么或少了点什么,改变了许多。话语总是个人的,存在于特定的语境之中,因此所有的偏离都同特定的个人、特定的语言环境相互联系着,紧紧地结合在一起。

偏离当然是个别的,偶然的,复杂多变的,千奇百怪的。可以把偏离分为两类。第一类是绝对个人的个别的偶然,几乎是完全不再也不可重复的。第二类是可以重复的,甚至经常重复出现的。修辞学关注的是可以、也经常重复的偏离,重视经常出现的偏离之中的共性与规律性。研究这些经常出现的偏离逐步稳定为特殊格式正是修辞学研究的重要课题。

在实际操作中,为了方便简明,我们可以假定:零度就是常规、规律、规则,即规范、标准,即典型的用例,即不带任何修辞色彩、具有常规效果的说法。如果说理论上的零度是一种科学的假设,看不见也摸不着,那么变通的操作的零度则是一个典型的用例,是具体的,看得见摸得着,容易把握,便于描写。

实际操作中的偏离,可以分为两种。一种是适度的小小不言的偏离,说写者和听读者经常意识不到,并不看作是偏离的偏离,它不引起表达效果的变动,可以称之为"可忽略的偏离"。另一种是,说写者和听读者双方中至少有一方明显觉察到的偏离,势必引起表达效果的变化——增值或贬值,这是"不可忽视的偏离"。修辞学研究中特重视这种偏离,修辞格其实是这类偏离的结果。

三　正偏离和负偏离

俄罗斯大诗人普希金写道:

犹如朱唇没有微笑

没有语法错误

我就不爱俄罗斯语言①

普希金把这类语法错误比喻为妙龄少女朱唇上的微笑,那么这种语法错误其实就是语言艺术之花,这显然完全不同于通常叫作语言垃圾的语法错误,两者是不可同日而语的。

如果说语法规律规则是零度,语法错误是偏离,那么,普希金所说的那种语法错误是正偏离。对于语音规律规则、语义规律规则、语用规律规则,都可以这样理解。

江苏省丹阳中学的校庆纪念册上写道:"中国著名语言学家吕叔湘。"江苏省《常州日报》上有一幅巨大广告上写道:"海豚是最聪明世界上一种受保护的珍贵动物……"两例都偏离了常规词序。这种偏离损害了表达效果,便是语言毛病。这种损害表达效果的偏离,我们称之为"负偏离"。与之相对的是毛泽东诗词中的"一唱雄鸡天下白"。其偏离常规词序为的是满足诗歌韵律的需要,是美的语言,艺术的语言,增强了表达效果,就是"正偏离"。再如动词"读",《现代汉语词典》说:①看着文字念出声音;②阅读,看(文章)。"读书、读报、读小说、读诗歌"等是零度。正偏离的如:

① 你读月光似的读我的嘴唇(冯青《铃兰之歌》)

② 因为我喜欢读春蚕和烛泪

---

① 转引自尤里·鲍列夫《美学——艺术批评的理论和方法论》。普希金《叶甫盖尼·奥涅金》(吕莹译):
我不爱没有文法错误的俄国话,
就像我不爱
没有微笑的脂红的嘴唇(89页,安徽文艺出版社,1996年)
《叶夫盖尼·奥尼金》(王士燮译):
老实说,我从来不喜欢
没有语法错误的俄语,
犹如不爱无笑意的芳唇(87页,浙江文艺出版社,1991年)

菖蒲花和明朝的枫树

和被许多人否定的真理(蓝菱《雨书》)

③ 从任一段木材可以阅读你底岁月,

你底耳朵有整座锯木厂的声音。

从屋后的青溪可以阅读你底岁月,

你底耳朵有整潭碧绿水的声音。(施善继《标示士》)

④ 黄昏

寻寻觅觅,在

释迦脚下,在

寺鼓声中,你读着

云去云来(丁平《云说》)

这些"读"的偏离是正偏离,是艺术化的语言。

零度和正负偏离,其实都是一种理论上的假设。如果把零度书写为:0,那么,正偏离为:+1,负偏离为:-1。+1和-1都是一种假设,实际交际活动中是绝对不会出现的。一切语言艺术家,所有的语言大师,其实花费毕生精力和心血,全身心地攀登+1这座高峰,然而直到死神来临之际依然只是一个"接近"而已。反之任何一个最蹩脚最白痴的言说者,其言语表达效果也不会是一个-1,同样只是一个"接近"而已。因此,在修辞学中,一切的规律规则都不是绝对的强制性的,而只是一个相对的选择规则系统,选择程序而已。

四 正偏离和正辞格

传统的修辞学把修辞学分为积极修辞和消极修辞两大部分。积极修辞现象分布在0到+1之间的正偏离区域之中,消极修辞现象分布在0到-1之间的负偏离区域之中。作为积极修辞的核心组成部分的修辞格是属于正偏离的修辞现象。而语言毛病是属于负偏离区域的。在传统修辞学的影响下,研究和学习修辞学的人都重视,甚至一定程度地迷信修辞格。修辞格被涂抹上一层光辉的色彩,说话写文章多运用几个修辞格,就漂亮、华丽、魅力四射,效果特佳。人们常常忽视了一个事实,修辞格本身是中性的。修辞格是提高表达效果的手段,但是并不能保证必定提高表达效果。修辞格运用不当同样可能导致极坏的表达效果。老舍修改小说《骆驼祥子》的时候,删去了一些比喻,因为小说家认为原著中的那些比喻不美,有损表达效果。

修辞格是在人们的语言运用实践中逐步形成的。修辞格潜藏着提高表达效果的可能性。这种潜性的功能的实现需要多种变量的配合,如题旨情景、交际渠道、文化背景、心理状态等。只有在使用者遵守了修辞格的运用规则时,修辞格才能够提高表达效果。使用者违背了修辞格的使用规则,就必将损害、降低表达效果。这就是说,作为正偏离的固定化的修辞格,固定化之后就中性化了。投放到交际活动的大市场上去,就出现了两种可能性:正偏离、负偏离。

修辞格的研究可以分为两个方面:辞格形态学和辞格运动学。辞格形态学研究修辞格的形成、结构与功能。辞格运动学研究交际活动中的修辞格,修辞格的运用方式及其表达效果。修辞格本身是第一次偏离的产物,修辞格运用效果是第二次偏离的结果。这两种类型的偏离不是一回事。

五　负偏离和负辞格

正偏离和负偏离之间的关系是逆向同构的。它们是对同一语言的语用的规律规则的偏离,其偏离的方向是相反相对的。两者之间是有联系的,甚至是可以相互转化的,当然这种转化需要条件。以词序为例,词序在汉语中很重要,比较固定,但又具有灵活性的一面。有时,词序比较自由。许多情况下,词序是很自由的,说写者和听读者都不以为意,不予考虑,可以归入可忽视偏离的范围中。引起表达效果重大变异的词序偏离,就对零度的偏离、超越、背叛而言都是相同的,可以看作是同构的、同形态的,其偏离的正与负的区别在于其表达效果的对立。表达效果的正与负往往决定于非语言的变量:社会的、心理的、文化的、审美的,等等。词序的偏离如果在社会、心理、文化、审美等各种层面上得到合理的解释,满足了人们的心理、文化、审美等方面的需要,提高了表达效果,就是正偏离。反之,则是负偏离。

再说质的原则,同样是偏离,传递了虚假信息,吹牛说谎,胡说八道,是负偏离;日常生活中的客套话,民间歌谣中的说谎歌颠倒歌,诗歌中违背情理的诗句,禅宗大师看似荒谬的对话,则是正偏离。在对合作原则的质的原则的违背上,两者是相同的。差别在于,一个是恶意的,一个是善良的;一个导致表达效果的损耗,一个提高了表达效果。相同点在于,可以归纳为一个格式:质离格。质离格的基本特征是:对质的原则的反动与偏离,即"失真"。如江苏淮安民歌:"说我流,我就流,捎带驮着驴子走,蠓虫子从眼前过,我拿耕绳套它头。"

这可以分为两类:正质离格,善意的假话,艺术的假话,满足人们心理上、审美上、社会文化方面的要求的假话,道德的假话;负质离格,恶意的、不道德的假话,导致严重恶果的假话。对真实、真理的违背和反动的诡辩同样有正负之分,分别归入正质离格和负质离格。区别在于动机和效果。如淮安民歌:"撒起谎来谎真多,三十晚上就立秋。二月初二种小麦,正月初一往家收。冬月又发大洪水,遍地漂的芦秋头。瓦屋檐边掏螃蟹,旗杆顶上摸田螺。"其动机和效果均好,是正偏离。

量的原则要求信息量适度,不可过多或过少。当然实际交际活动中,完全的适量,零度的适量,只是一个假设。信息量超过可容忍的范围之后,同样有正负两个方向的偏离:正偏离和负偏离。信息量过大,正偏离:反复,繁丰;负偏离:啰唆,重复,冗余。信息量过少,正偏离:简洁,委婉含蓄;负偏离:苟简,晦涩。

负偏离可分为:(1)个别的偶然的,不可或极少重复出现的负偏离;(2)可以重复的,经常出现的,出现频率较高的负偏离。修辞学家更关心第二种负偏离。既然经常出现,出现的频率很高,那就已经或终将形成一种相对固定的格式。这可以看作是"负辞格"。把它归入辞格范畴,一是为了减少术语。减少术语不仅是为了简明方便,也有利于科学化。一切科学研究都追求最简单化原则。任何一门科学都应当从最有限的术语概念开始来构建自己的理论大厦。二是因为正辞格和负辞格虽然方向是对立的,却是同构的同形态的,而且往往是对称的。它们其实是对同一个零度的方向相反的偏离,是同一个零度的一正一反的影子,是同一个原点的两极形态。它们是互补的。作为同一个零度的两极偏离格式,投放到交际的市场上,都将发生第二次偏离,正偏离导致消极的效果,负偏离导致积极的效果。就是说,在交际活动中,正偏离和负偏离可以也可能相互转化:正偏离负偏离化,负偏离正偏离化。

我们把辞格分为两大类:(1)狭义的修辞格,指正偏离固定化了的格式;(2)包括负偏离在内的,即正偏离和负偏离的固定化之后的格式。即:

```
            ┌ 可忽视
零度→偏离 ┤              ┌── 正偏离→正辞格 ┐
            └ 不可忽视 ┤                              ├ 广义辞格
                          └── 负偏离→负辞格 ┘
```

这里的正辞格就是狭义的修辞格,传统的修辞格。

六 显辞格和归纳辞格

传统修辞学、传统的辞格学的研究对象是人们运用语言过程中所产生的种种用例,即经验的事实。罗列、排列卡片,在这些实际用例的基础上进行归纳分析,抽象出固定的格式,这可以叫作归纳的修辞格。归纳的修辞格是在呈现在我们眼前的经验事实的基础之上归纳抽象出来的,所以又叫作"显修辞格"。陈望道的《修辞学发凡》中的38个修辞格就是这样建立起来的。他辛勤劳作了那么多年,收集了许多的用例,还到茶馆酒楼去寻找。杨树达的《中国修辞学》是在古代文献的用例基础上建立起他的修辞格系统的。张弓的《现代汉语修辞学》是在现代汉语的书面语和口头语用例的基础上建立起他的修辞格系统的。这些修辞格建立在显性的语言事实上,是显性的修辞格。

人类的语言和人们的语言运用都是历史的。语言运用中的种种偏离也是历史的。有益于提高语言表达效果的各种固定格式的形成也是历史地逐步地。这一形成过程不但受到某种语言的形态和结构系统的制约,如汉语中的对偶修辞格的出现、形成和发展是依赖于汉语的特点,印欧语系诸语言由于没有汉语这种特质就无法形成汉语中的这种对偶修辞格;而且还受到多种非语言的因素的制约,如心理的、审美的、社会文化的。修辞格不是像工厂按照设计的图纸生产产品那样一次性地有计划地成批量地生产出来的。因此,归纳的修辞格便有一个很大的特点,就是开放性、复杂性、异质性。正因为是逐步形成的,不同的研究者在不同的历史时期里分别归纳出来的,因此现有的修辞格虽然也具有系统性,但是不严格,内部有矛盾,有非系统性,这就是现有的修辞格很难进行严格的逻辑分类的原因。

80年代,许多学者试图给修辞格一个严格的逻辑的分类,他们在批评前人的分类不合逻辑之后提出自己的新分类,然而很快就成为后来者的批评对象。他们主张修辞格的分类相互排斥而不相互包容,相互并列而不交叉。这很合理,可是做起来很难。因此他们的新的分类很少为后来人承认。这不是他们的无能,而是归纳的修辞格本身的非系统性特征所决定的。归纳的修辞格是历史地形成的,由不同研究者从不同的角度归纳出来的。

我们当然不是要放弃修辞格的分类。分类是需要的。从理论上说,某种意义上,一切科学都是分类,都离不了分类。从实用角度上看,不分类不方便。修辞格的分类可以注意几点:第一,区分理论上的分类和实用的分类。这两种分类的目的不一样,标准就可以不相同。第二,区分归纳的修辞格和演绎的修辞格,分别采用不同的分类标准。第三,归纳的修辞格具有非系统性,可不强求整齐划一,允许存在某些矛盾,尊重传统和人们的习惯。

七 演绎的辞格

修辞学仅仅是经验的科学吗?修辞格只能运用归纳法来研究吗?我们不这样看。在我们看来,修辞学是经验的科学,也可以是演绎的学问。修辞格可以运用归纳法来研究,事实上以往主要是且基本是运用归纳法进行研究的。但是修辞格也是可以运用演绎法来研究的,甚至主要运用演绎法来研究。在《论双关》(1)中我们试图运用演绎法来研究双关,推导出汉语的双关模式。

运用演绎法研究修辞格,需要从定义出发。演绎的修辞格的定义中不强调修辞格是语言运用中已经形成的固定格式,而是可能的——包含已经形成的和将来可能形成的——固定偏离格式。甚至还包括理论上可以形成,事实上却似乎不可能形成的固定的偏离格式。演绎的修辞格也有广义和狭义两种:狭义的演绎辞格只指正辞格;广义的演绎辞格也包括负辞格。

修辞格是对语言的和语用的规律规则的偏离——不可忽视的、引发表达效果变异的大偏离,那么演绎的修辞格研究的第一步就是确定语言的和语用的规律规则系统。在理论上,语言的和语用的每一条规律规则都是可以产生引发表达效果大变异的大偏离,在正和负的两极,因而形成一种固定格式。如语言中存在有多义词,常规的零度修辞要求利用语言的和非语言的手段来消除多义词的多义现象,保证多义词在话语中只是单义的。多义词的正偏离就是双关。多义词的负偏离则是歧义。注意:双关并非任何时候都必然取得好的表达效果,歧义也不是任何时候都是坏的。

语言的和语用的规律规则系统是多层次的等级系统,因此从语言的和语用的规律规则系统中推导出来的修辞格系统也就是多层次的等级系统。如果语言的和语用的规律规则系统是严密的对称的均衡的,那么演绎出来的修辞格系统也就是严密的对称的均衡的。一般来说,语言的规律规则系统是比较严密的强制的对称的,虽然不是绝对的,有非对称不均衡的一面。而语用规律规则却往往是不很严密的非强制性的,只是一种选择程序,具有相对性。演绎的修辞格系统比归纳的修辞格系统要严密得多,比较整齐。由于语用规律规则系统并不绝对严密,所以演绎的修辞格系统也并不是绝对严密的。因此演绎的修辞格系统可以基本上遵守逻辑规则,但是也会遇到麻烦。

八 演绎辞格—归纳辞格＝潜辞格

从语言的和语用的规律规则系统中推导出修辞格和辞格系统,

这只是演绎研究的第一步。第二步是,运用经验的事实,即语言实例来检验来证实这些演绎的辞格。这个时候,就可以发现,其中的某些演绎辞格其实早有用例,而且早就被发现被承认,它们就是传统的修辞格。从理论上说,所有的归纳的辞格都必然出现在这个表格之中。没有一个传统修辞格可以超出这个表格。如果这一表格不能涵盖所有传统修辞格,那么就是现有语言的和语用的规律规则系统还不完善,或演绎法运用中出了差错。传统所说的语言运用的各种毛病也必然都在这个表格之中,是负辞格。

必然有一些演绎的辞格早已有了用例,但是研究者忽视了,在传统修辞格系统中没有合法的身份,即无"辞格籍",是"潜辞格"、"黑辞格"。就可以把它显性化合法化,承认其显辞格的地位,补充进现有的修辞格系统中去。

至于至今还没有用例的演绎的辞格,有两种情况。第一种,是有、早有用例的,但是语言运用的大海浩瀚无比,用例太多太多,研究的时间精力财力非常有限,绝对不能穷尽一切用例,而且研究由于受到自己的理论(眼光、视野)和方法论的制约,必然会自觉或不自觉地拒绝某些用例。第二种是的确至今还没有被使用过,真的没有用例。但是我们不能因为至今还没有用例就排斥它轻视它。它们有出现的可能性和研究的价值。有的在其所需要的必要和充分条件满足之后是可能出现的;有的永远不会出现,当然那是有其原因的。所有还没有得到证实的演绎辞格,是"潜辞格"。潜辞格=演绎辞格-归纳辞格。传统辞格学把眼光局限在经验事实上,只研究显性修辞格,现代修辞学可以、也应当把潜辞格列入自己的研究对象,大胆开拓这个新的研究领域,这里富有宝藏。

潜辞格中许多是现在尚未出现但随时可能出现的,一旦满足了它出现的社会文化心理条件,它就显性化,或成为新的显辞格,或作为临时性的角色出现,是一种修辞用法。事实是,人们,如诗人、说笑话开玩笑逗趣儿的、说相声的,就经常有意识地去发现、使用、利用这些潜辞格。预测哪些潜辞格将会在其出现的条件满足之后显性化,则是修辞学家的任务。

　　正潜辞格对诗歌创作特有好处,负潜辞格在语言教学中特别值得重视。好的语文教师会预测到学生的语言运用中的错误,研究一种语言中演绎辞格中的负潜辞格,可以提高教学的效率。以往的语言教学,只是从学生已有的语言毛病出发,告诫学生不可不得重复。现在应当更新观念,承认并强调:一切语言毛病,都是对语言的和语用的规律规则的负偏离。从本质上说,任何语言毛病都不是纯粹个人的偶然的,其根子在这种语言及其社会文化之中,也是说写者主体的语言知识和文化背景所制约的。就是说,一切负偏离,一切语言文字毛病,其实并不是个人随意地制造,个人是不能随心所欲地制造语言文字毛病的。乃是其语言的和语用的规律规则所包容、所允许的,所能够推导出来的,是其社会文化心理因素所制约的。不过是某个使用语言的人正好有了满足这些负偏离出现的必要和充分条件罢了。这正如一个人从南京上火车,目标是北京。在徐州、德州、济南、天津下车,转悠,购物,是可容忍的小偏离。在泰安下车,签票,玩了泰山再继续旅行,乃正偏离。在德州购买德州扒鸡,误了火车,负偏离。在途中被仇家被歹徒甩下了火车,从厕所扔出来了,大大负偏离。但是任何高人也绝对不可顺便在莫斯科火车站转悠一下子,也绝对不会被歹徒抛到旧金山火车站上!从南京到北京的火车是绝对不可能同莫斯科、旧金山发生什么关系的。从南京到北京的火车绝对不会出事在巴黎或伦敦的!

　　那么语言教学中,我们可以为不同类型的学习者,如初中生、高中生、男学生、女学生、英国学生、日本学生、……预测他们学习汉语可能出现的语言毛病，编制他们学习汉语的负偏离模式，更加主动有效而经济地进行汉语教学。

对于过去、现在都没有出现的，将来也绝对不会出现的，要求我们加以解释，寻找其绝对不出现的原因。制约其出现的阻力可能是显性修辞格的系统压力，或是同社会语用规律规则严重地对立，也可能是因为有更高一等的更加强大的规律规则在起作用。这一现象的阐释是揭示人类语言之谜的一个部分。

九　辞格的转化

修辞格不是一成不变的，而是处在不断地运动、变化、转化之中的。

首先，显辞格和潜辞格是相互转化的。汉语修辞发展史，汉语修辞格发展史，其主流便是潜修辞格的显辞格化的历史。古代汉语的某个时期还只是一种潜修辞格，社会语用条件具备了，就出现了，流行了，逐步固定化，最终成为一种固定的格式，就是显修辞格。比较《诗经》和新潮诗歌，比较明清小说和新潮小说，后者所经常运用的某些新辞格，是前者所没有的。反之，一些古代修辞格，现代很少运用或几乎消失了。如南北朝时期流行的反切修辞格，就可以说是已经潜性化了。

其次，正负辞格之间也是相互转化的。一方面，正辞格本身是同一个零度形式朝正和负两个方向偏离的结果，但在运用中它们都可能朝着正或负的方向再次偏离。另一方面，正负偏离不仅取决于语言的因素，还有非语言的因素，如社会的、民族的、心理的、审美的因素。南北朝时期，四六对偶是正偏离。五四新文化运动时则是负偏离，胡适明确提出反对对偶。蛇年来临，有的贺卡上写道："蛇年到，美女蛇纷纷出动,祝你得到一条美女蛇!"年轻人说:"真个 3.14159!"意思是:派!帅!年轻人叫好,老者摇头。

这种修辞学研究中,最难区分的是正负偏离。传统修辞学抓住了语言,重视的是语言同物理世界的对应关系。现代修辞学突出了语言环境,上下文和交际情景。还应当加强文化世界和心理世界的制约问题。少男少女闲聊,不讲究语法修辞,随意胡侃,话语本身就那么回事儿,但是言说者却觉其乐无穷,享受生活,这不可看作是负偏离。

正负偏离的标准包含客观和主观两个方面。客观的是属于整个社会的,主观的主要是表达者和接受者双方的。在社会变动的今天,年龄、性别、职业、地区、阶层、交际工具等导致正负偏离标准的巨大差异。这在网络上表现得尤其明显。这些差异很值得研究。

最后,零度和偏离之间也在转化,即修辞格和非修辞格的转化。有的语言错误能够逐渐流行,积非成是,得到社会的承认,最终进入语言和语用体系,成为新的语言和语用的规律规则。有的修辞手法运用得太多了,逐步失去修辞色彩,不再具有修辞功能,即演变成为常规的语言语用规律规则。与这两种现象相反的是,某些语言的语用的规律规则,已经潜性化,如古代汉语中的某些特殊词序语序,现在使用,就是语言毛病、负偏离。但是作为一种修辞手段运用,就是正偏离。这就是说,语法语用规律规则变成为修辞现象了。

十 辞格的研究方法

研究方法的选择取决于研究的对象和研究的目的,也取决于研究者主体的文化素质。

归纳辞格和演绎辞格的研究对象和目的不同,就要求不同的研究方法。归纳辞格可以主要使用归纳法。当然也可以、也需要同时使用比较法、直观法、演绎法。演绎辞格主要使用演绎法,归纳法已经降低了地位。这是演绎辞格的本质决定的,它还没有出现,没有用例,就无法使用归纳法。对归纳辞格,可以仅仅做微观的研究。对演绎辞格,则要求宏观地把握。即使是研究某一个演绎辞格,也必须从宏观上着眼。

方法的选择也受到研究者主体的文化素质的制约。不同思维特征的人,选择不同的研究方法,知识结构不同的学者适宜于不同的研究方法。偏重于文学气质的或喜欢文艺的人,善于从文学作品中选择用例来归纳修辞格。想演绎出一种语言的演绎的辞格和辞格系统,就需要首先把握该语言的语言语用规律规则系统,因此偏好文艺热情奔放者就很难胜任。甚至专门研究修辞学,而对语音学语法学毫不感兴趣的学者也颇为难。中国五六十年代学习苏联的高等教育,分科太细,知识面不宽是这一代知识分子的通病。搞古代汉语的不懂现代汉语,搞语法的瞧不起研究修辞的,研究修辞的不懂现代语法学,这不利于演绎辞格的研究。

可以也应当区分:A.把方法当作研究对象;B.把方法当作解决问题达到目的的手段,即运用方法为其目标。这是两个不同的问题,不可混淆,而且不可相互替代。所谓更新研究方法其实主要是指在实际研究中所运用的方法。方法的运用是为了获得新的知识,但是研究和运用方法都需要具有丰富的知识。

把辞格研究从归纳辞格扩大到演绎辞格,在构建演绎辞格系统的时候,首先需要更新研究方法——从归纳法转变到演绎法为主的方面来。这需要以丰富的知识为其后盾,特别需要语法学、语义学、语用学和逻辑学的知识。

演绎辞格学建立的关键在如何抽象出一个简明而全面的语言的

和语用的规律规则系统。这就是说,修辞学的发展和繁荣离不开语言学和语用学的进步和繁荣。修辞学家要积极利用语法学家、语义学家、语用学家和逻辑学家的新成果,然后才谈得上对这些学科也多少做出点儿贡献。

语言本质的再认识

(1994年)

按:本文全文收入赵蓉晖编《普通语言学》("迈向二十一世纪的语言学"丛书)。编者评析:

语言的本质不仅是语言学关注的焦点,也是哲学、人类学、社会学等等学科所关注的重要问题之一。从另一个方面讲,要圆满地回答"语言是什么"的问题,也必须依靠多学科的知识。在语言学的发展的历史进程中,不同的学派或个人已经从各自的角度对语言的本质进行过无数次的阐述;在语言学不断取得新进展的今天,仍有不少语言学家在积极地反省历史,试图更科学、更深刻地揭示语言的本质。20世纪80年代起,汉语学者如邢公畹、李葆嘉等先后在此方面进行了有益的尝试,本文也是这方面的成功的范例。

作者分3个步骤逐步阐明了自己的观点。首先,他指出长期以来我国学者的语言观是"斯大林+索绪尔",在现代语言学和现代科学不断发展的大背景下,应破除固有的观念,对语言本质进行更加深入的再思考。然后,文章从语言、言语区分的角度入手,开始逐步揭示语言的本质特征。作者认为,显性和潜性的对立乃是语言和言语最重要、最本质的特征;真正的人类语言指的是"潜性语言显性化的过程和显性语言潜性化的过程之总和,语言本身是运动着的开放的系统和过程"。最后,作者更进一步地讨论了潜性和显性之间的辩证关系,说明"潜性语言和显性语言是相互依存、联系、对立、转化的",并由此引申出本文的最终结论:"从最高层次来看,语言的本质就在于语言世界中显性和潜性的依存、联系、对立和转化的运动,潜性显性化和显性潜性化的过程、方式、原因、条件、类型等等的揭示便是语言学的对象、语言学家的任务。"作者强调,这样的研究"可以提高语言科学的预测能力,不但提高了语言科学的科学品位,也大大有利于我们开发语言资源,促进人工智能科学的发展"。这里所说的品位当指其理论含量和实际应用价值。

文章论述层层深入,环环相扣,理论性极强。其中显性和潜性特质的阐释,已经在国内学者(特别是汉语学者)中产生了相当的影响,引起了一定范围内的共鸣。这种反思历史、敢于提出理论创建的精神是我国普通语言学研究走向创新阶段的重要标志。此外,作者结合社会现实(如气功)讨论语言问题的做法,使文章辐射面更广,更加贴近社会现实,更易于同社会文化的大背景结合起来,这样的思路也值得提倡。

《语言文字应用》主编于根元教授在《语言文字应用》上开专栏,从再认识索绪尔学说开始,讨论语言的本质。

本文原刊于《云梦学刊》1994年第4期。

一 应当不断深化对语言本质的认识

语言是语言学的研究对象。语言学的发展从认识自己的研究对象开始。语言学的发展是伴随着对语言认识的深化而进行的。在语言学史上,对语言的认识的质的飞跃也带来了语言学的革命和质的飞跃。索绪尔在《普通语言学教程》(1916年)中对语言的本质提出了全新的认识,具有划时代的意义,开创了现代语言学,并使索绪尔本人成了现代语言学的奠基人。

人类的语言也是多学科所关注的一个重点。哲学、人类学、心理学、逻辑学、社会学、美学、信息论、控制论、人工智能学、宗教学,等等,都在探索人类语言的本质。尤其是哲学,现代西方哲学,更是向语言转向,于是语言哲学成了西方现代哲学中的一个最重要的流派。

语言的本质问题,不仅是语言学最中心的问题,也是多学科关注的重点。语言本质的揭示,是语言学家的中心任务,但决不是语言学一个学科所能够解决的,它要求语言学家同哲学家、心理学家、逻辑学家、生物学家、人类学家、美学家、自然科学家等共同合作来加以解决。

长期以来,我们对语言本质的认识是索绪尔加斯大林。从斯大林的《马克思主义和语言学问题》(1950年)那里,我们接受了"语言是种特殊的社会现象"的说法,一一驳斥,论述语言不是个人现象,语言不是自然现象,语言不是上层建筑,语言不是生产力,也不是生产工具,如高名凯主编的《语言学概论》(1962年)便是一个典型代表。另一方面,我们又从索绪尔那里接受了"语言是音义结合的任意性的符号系统"的说法。然后加以论述,什么是语言符号,什么是系统性和任意性,这就是近40年来我们对语言本质的基本认识。

一方面现代语言学的发展促进了人们对语言本质的认识,作为对索绪尔的一种反动,社会语言学、话语语言学、文化语言学等的出现都促进了人们语言观的更新;另一方面,现代科学的发展也促使人们重新认识语言,特别是信息论、控制论、系统论、混沌学说、突变论、模糊学更直接影响了人们语言观的更新;加上实际语言生活的新变化,也促进了人们对语言本质的再思考。

对语言本质的再认识,是80年代中国语言学和学术界的一个新现象。1985年,邢公畹教授写了《信息论和语言科学》,后拓展而成

《信息论和语言科学及文艺科学》。邢先生明确指出:"语言是一种参考信息。"他写道:"前头我们说过,语言是一种'信息载体',意思是说,它可以装载,或者说运载有关自然界的、社会上的各种信息。实际上,信息载体也可以理解为一种信息。这种'信息感受'经过加工,变成语言,就是说,把这种'信息感受'再加一种载体。那么,有了语言载体的信息就是加工的自然信息。把人类语言也理解为一种信息,就因为它是人从自然界,从人类社会,从全宇宙中摄取信息时所加进的'额外信息'。'额外信息'也可以称作为'参考信息'。参考信息就是对有关信息所进行的编码体系。从而使信息具备了高度的冗余度(redundancy)。这就是说,人类对所感知的各种信息都可以用一种编码体系大量地储存起来。编码体系包含着许多信码以及信码结构模式。用语言学的术语来说,就是语素和语法结构模式。如果没有这种编码体系,信息就成为朦胧一片的、不能仔细分辨的东西了。这也就是说,人类认识客观世界,除实际的感知作用外,主要是用语言去分析、领悟和认识的;所以人类的语言学习过程也就是对自然界,对人类社会,对人类积累的经验的认识和学习的过程。"[1]这是对我们传统语言观的一个重大的突破。可惜该文并未引起中国语言学界应有的重视。历史地看问题,这篇论文是80年代中国语言学的重大收获之一。邢先生是重新认识语言本质的先驱者。与邢先生的论文成了对照的是,我们语言学界某些先生在语言观方面的混乱。如《语言文学应用》杂志1993年第4期上发表的奚博先生的《语言属于生产力范畴》一文。伍铁平教授在《语言不属于生产力范畴》的论文(《语言文字应用》1994年第3期)中已经论述得十分清楚,不复赘言。

---

[1] 南开大学中文系:《语言研究论丛》第五辑8—9页,南开大学出版社,1988年。

重新认识语言的本质,这要从索绪尔的《普通语言学教程》开始。这一工作,在80年代便已在中国语言学界中悄悄地开始了。例如,索绪尔说语言符号具有任意性,这大大推动了语言科学的发展。然而气功家们的实践,又似乎告诉我们,语言符号似乎也并不是完全绝对任意的,似乎在语言符号和客观世界之中也具有某种联系的。到90年代,李葆嘉先生在《论索绪尔符号任意性原则的失误和复归》(《语言文字应用》1994年第3期)中对索绪尔的符号任意性原则提出了三点质疑,也是对语言本质的再认识,重建新语言观的一个有益的探索。在我们看来,语言符号系统同客观的物理世界(包括精神世界心理世界)之间,并不是绝对完全的任意的,一方面它受物理世界的大系统的制约,受人类认识能力的制约,受人类发音能力和极限的制约,人类只能由人类的生理机制能够发出来的声音来制作语言符号,用什么样的音响材料,同什么样的概念或语义内容相结合,这受到多种制约,不可能是绝对任意的;另一方面,语言符号并不直接同客观物理世界接轨,它们是通过人类的文化世界而相互联系的,换句话说,有什么样的文化,便有什么样的语言符号系统,音响同概念(语义内容)的组合也不是绝对完全任意、偶然的,而是一定的民族文化选择的结果。我们之所以看到任意性,是因为在若干万年之前,人类语言诞生、形成、发展过程中文化中介的轨迹逐步被时间磨灭的结果。如果我们承认,是民族文化中介物联系着制约着语言符号的音响和概念的组合模式、选择关系,那么,人类的语言符号系统,也是人类最古老最宝贵的遗产,是人类思维、文化的活化石,它可以帮助我们揭示远古人类的思维和文化之谜。邢先生认为语言是一种参考信息,也就是语言、语言符号同客观世界有某种联系,这参考信息便是文化。如果语言符号同物理世界之间纯粹是偶然的、绝对任意的,那么它就不能给我们任何参考信息。

80年代的中国,是气功盛行的时代,气功家们也参与了对语言本质的再认识,这是值得欢迎的。然而气功界,掀起了对语言的崇拜和迷信,这可以以柯云路为代表。他的《大气功师》(人民文学出版社,1989年),以及《人类神秘现象破译》(花城出版社,1993年)、《新世纪》(1992年)、《人体宇宙学》(1992年)、《面对气功界》(1993年)等,都宣传了对语言的新的迷信。他写道:

> 语言本身就是宇宙的秩序。(《大气功师》150页)
>
> 语言,无疑是物质世界的结构,运动,能量变换,相互作用,相互转化,这里可以有一千个定规。(《大气功师》151页)
>
> 思维即是语言;语言即是思维。行为也是语言的思维。(《大气功师》177页)
>
> 结构=语言=符号=场。
>
> 它认为思维即物质,所以整个宇宙这一物质世界,本质都是结构的,语言的,符号的,场的。
>
> "发现和寻找"的努力过程本身就是结构,就是语言,就是符号,就是场。
>
> 规律,本身也就是结构,语言,符号,场。
>
> 我们的一切思维,研究,行动,都是语言的,宇宙的一切规律也都是语言的。(《大气功师》218页)
>
> 我们如果深刻了解了宇宙的结构,语言,那么我们就能真正了解人类交流所使用的语言了。反之,如果我们能够破译人类语言的全部奥妙,那么我们就能了解宇宙的结构奥妙了。(《大气功师》224页)
>
> 总之,深入破译语言,就能发现整个宇宙的规律。其实,规律即语言。(《大气功师》225页)
>
> 简单解释,就是,使用语言、文字的过程,就是我们修炼自己

的过程。就是我们解脱自己的过程。就是我们悟道、究道、得道的过程。(《新世纪》上,19页)

语言(狭义的),原本是宇宙的结构,运动的凝缩,我们与语言合一了,感觉不到"我"的区分了。我即语言,语言即我了。我们也便同宇宙合一了。

如果使用最广义的语言概念,我们便知道:人在一生中,其全部言语、书写、表情、动作、操作、行为、思维、观念,都是语言。一切皆语言/人生即语言。

人可在一生的语言中修炼,思悟,悟道,得道,无为而无不为。(《新世纪》上20页)

柯云路大肆宣扬对语言的新的迷信,这不利于我们重新认识语言,重建新的语言观。柯云路对他的语言观只是一而再、再而三地重复、断言,从而做出论证——也许在玄的层次上是不需要论证的;而且他所使用的术语大都没有明确的界说,含混、模糊而自相矛盾。这里只指出一点,一方面,他宣称,语言即规律,即场,即宇宙,宣扬"顺乎自然";另一方面,他的巨著《人类神秘现象破译》卷一第二章第十节标题是:

超越语言的束缚

柯云路的这个论断,其实也就等于——

超越规律的束缚
超越场的束缚
超越宇宙的束缚

因为柯云路告诉我们:语言就是规律,语言就是场,语言就是宇宙!那么,第一,如何超越?! 这是大难题! 第二,即便是超越了规律、场、宇宙,这又不正同柯云路所宣传的"顺乎自然""无为"相对立、相矛盾了么?

柯云路的这些书印数很大,流行极广,对某些语言工作者也颇有影响,所以语言学家在重新认识语言的本质的时候,也是不能、不该不考虑柯云路对语言的新的崇拜和迷信的。

由此可见,语言本质的问题,虽然是语言学的中心问题,但也并不仅仅是语言学家的事,重新认识语言,就需要语言学家与多学科学者的合作。

二 语言和言语的区分与语言本质的探索

认识和再认识语言的本质,往往同语言和言语的区分问题联系在一起。语言和言语的区分是建立在对语言本质的新的认识的基础上的,区分的目的也为的是更好地认识语言的本质,把握住语言学研究对象的语言。因此,五六十年代,我国学术界关于语言和言语区分的大讨论,正是我国语言学对语言本质的新认识。在这场学术讨论中,方光焘、高名凯等学者阐释和发挥发展了索绪尔的学术观点,又用马克思主义和苏联语言学家(如斯米尔尼茨基等人的学术观点)来加以修正,对语言本质的探索做出了应有的贡献,是应当充分地加以肯定的。

1991年,刘叔新教授在河北师大中文系做学术报告,题为《语言和言语问题的重新认识》,讲稿发表在武汉《语言学通讯》1992年第3、4期上,收入《刘叔新自选集》(河南教育出版社,1993年)。在文章的最后,作者说:"可以充分看出,语言和言语的正确划分,对于语言学各部门的研究对象及研究内容、方法的合理确定,起巨大的、决定性的影响作用。而在各部门的研究中,具体如何有区别地而又密切相联系地处理好语言和言语这两种现象,是须要很好地加以研究和解决的问题。"①语言和言语问题之所以如此之重要,就因为它在现代语言学中,不但是最重要的方法论原则之一,而且仍是科学语言观的一个最重要的组成部分——只有妥善地区分和处理语言和言语,才能更好地把握语言的本质。

然而我们对于语言和言语的区分,至今在许多方面还缺乏共识,还存在着许多的误解。范晓先生在《汉语学习》1994年第2期上发表了《语言、言语和话语》,主要针对60年代方光焘的语言和言语的观点,以及我的《语言的语法分析和言语的语法分析》一文(见《语法研究和探索》(2)和《南京大学学报》1984年第1期)。批评我们为"二分论者","'独立存在'论者",对于我提出的区分语言的语法分析和言语的语法分析的主张进行了批评,最后说:"提出'语言的语法分析'和'言语的语法分析',表面上看好像很科学,实质上是不科学的,是把语言的语法架空,搞乱和迷糊了语法的研究对象。"②

这里便提出了一个问题,语言和言语区分论者的目的,是通过区分语言和言语更深刻地认识语文现象的本质,促进语言科学的科学化,而决不是要搞乱和迷糊语言学的研究对象。那么,怎样才能达到这一目的呢?

高天如在《试论语言的实践性问题》一文中批评我们说:"可是在讨论什么是语言、什么是言语的问题时,有一种见解,坚持把语言实践中发生的具体语言现象排除于语言范围之外,认为那是非语言的'言语',而'语言'则被认作是抽象的'系统'、'本质'。他们说:'"语言"是人作为原料的"言语"中概括,抽象出来的。''它们(反映语言和

---

① 刘叔新:《刘叔新自选集》4页,河南教育出版社,1993年。
② 范晓:《语言、言语和话语》,《汉语学习》1994年第2期6页。

言语——笔者)的关系只是本质及其表现形式之间的关系,也就是一般和个别之间的关系。'(王希杰《略论语言和言语及其相互关系》,见《南京大学学报》(人文科学)1964年第1卷第七期)"又说:"其结果,就很可能扭曲事物的本来面貌,超越客观事物本身而在概念的形式中兜圈子,甚至会将丰富的实践着的客观存在着的语言,颠倒为人们意识之中的主观体系。从公开发表的文章看,已经有人这么说:'语言并不直接呈现在我们面前,是不能直接观察的抽象的东西。'(王希杰《略论语言和言语及其相互关系》)"①高先生引用马克思主义经典作家、无产阶级的领袖的话来为自己辩护,批驳我们:"马克思和恩格斯在《德意志意识形态》中早就说过:'"精神"从一开始就很倒霉,注定要受到物质的纠缠,物质在这里表现为震动着的空气渗入声音,简而言之,即语言。'"②这本是我们讲授语言学概论的人站在大学课堂上不断重复的话。对这句话的理解,我们必须看到术语的差异,而在科学研究和论争中,术语的规范和同一是头等重要的事情,这里的语言是没有区分语言和言语之前的语言,是广义的语言,决不是区分语言和言语之后的狭义的语言。我们知道,索绪尔的《普通语言学教程》出版于1916年,而马克思则于1883年3月14日便已逝世了。因此马克思决没读过索绪尔的《普通语言学教程》,并未接受索绪尔的语言和言语区分开来的学术观点,这一点是完全可以肯定的。那么用马克思和恩格斯关于广义语言的论述,来批驳我们将广义语言区分为言语和语言之后的狭义的语言,这既违背了学术论争中的术语的同一性,也无的放矢。范晓的文章在批驳我们将语言和言语看作为一般和个别的关系的时候,同样违背了学术论争中的同一性,他

---

① 高天如:《试论语言的实践性问题》,《名家论学——郑子瑜先生受聘复旦大学顾问教授纪念文集》461页,复旦大学出版社,1988年。
② 同上。

所理解的语言和言语与我们所主张的语言和言语全然不是一回事,用他自己的语言和言语来批评我们的语言和言语之间的相互关系,这同样是无的放矢的。

在1964年,我说"语言并不直接呈现在我们面前,是不能直接观察的抽象的东西"这话的时候,如果我指的是广义的语言,区分语言和言语之前的语言,马克思和恩格斯所说的语言,那显然是荒唐可笑不合情理不符事实的。那时候我已23岁了,天天说话、听话,也看书读报,还写点语言研究的习作,当然知道这语言是看得见听得着摸得着的一种经验的事实。问题在于我的论述中的"语言"一词指的是区分语言和言语之后的语言,狭义的语言。高先生上了"语言"一词多义性的当。从某种意义上来说,这也怪不得高先生,这主张语言和言语区分论者一开始就没有把术语搞好——

$$语言\begin{cases}语言(一般)\\言语(个别)\end{cases}$$

这时候,"语言"便是一个多义的术语。我也曾多次考虑改变"语言"的多义性,但是一方面,学术术语有自己的传统,不可以随意更改,要从源从众从俗,保持学术术语的相对稳定性,不宜过分地标新立异;另一方面,在现代科学、现代语言学中术语的多义性比较严重,这一时难以改变,这只好请学者自己小心谨慎一些了。例如:"作为表示一般语言大范畴的话语或本义概念,即使在注意概念清晰性的话语符号学中也具有突出的歧义性,它往往可被当成包括上述之层次的综合领域的通称。这样,'话语'就成为语言潜能,通讯行为,运用过程的通称。"①这种状况也并不是某一个学者短时间内所能够解决得

---

① 高天如:《试论语言的实践性问题》,《名家论学——郑子瑜先生受聘复旦大学顾问教授纪念文集》461页,复旦大学出版社,1988年。

了的。高先生所批评的我在1964年所说的那句话,现在我们可以重新表述如下:"语言是语言世界中的潜在物,而言语则是语言世界中的显性的经验的事实。"

与区分语言和言语之后的语言和言语的相互联系相互转化同等的相互区别相互对立的一个重要问题便是:显性和潜性的对立。这其实也并不是我一个人的独特的观点,其实是现代语言学、符号学中颇为流行的观点。李幼蒸是这样来总结归纳索绪尔的语言和言语的区分的:

> 现在我们把索绪尔这一对立的语言概念所各具的特性列表于下:
>
> | langue(语言) | parole(言语) |
> | --- | --- |
> | 社会性(集体性) | 个人性(意志性) |
> | 同时性(空间性) | 历时性(时间性) |
> | 结构性 | 事件性 |
> | 形式性 | 实质性 |
> | 自主性 | 受制性 |
> | 齐一性 | 多样性 |
> | 内在性 | 外在性 |
> | 系统性 | 过程性 |
> | 规则性 | 事实性 |
> | 关系性 | 个别性 |
> | 潜在性 | 实在性 |
> | 静态性 | 动态性 |
>
> 一般所谓的语言(language)实由一者为潜在,一者为实在的两个语言的维面构成。①

---

① 李幼蒸:《理论符号学导论》119—110页,社会科学文献出版社,1999年。

李先生的文章说:"按照利科的说明,处于潜在的可以彼此替换关系中的诸词形成了一种关系结构,而同时出现于言语链上的诸词,只是实现了 parole 的片段。索绪尔的相当依赖于语言经验的说法,因此突出了聚合关系(联想群)的潜在性和系统性以及组合段的实在性和过程性。"[①]李先生认为索绪尔的语言中的 langue(语言)的特征是潜在性,而 parole(言语)的特征是实在性,也就是我们所说的显性,而广义的语言乃是潜性语言和显性言语的总体。我以为李先生的这一表述是符合索绪尔的原意的。我在写作《略论语言和言语及其相互关系》的时候,也正是这样理解索绪尔的。在索绪尔学术思想中,聚合关系(parodigma)和组合关系(syntagma)占有十分重要的位置,属于言语的组合关系是显性的,而属于语言的聚合关系则显然是潜性的。

法国结构主义语义学创始人格雷马斯(A. J. Greimas)以索绪尔和叶尔姆斯列夫的学说为基础,将符号学的对象分为两大领域;潜在规则系统和显在的记号序列。认为前者是"内在结构组织",是静态的,"过多编于聚合轴的"。前者是后者的决定者,后者是前者的表现和产物。信息论符号学家本泽(Max Bense)提出应当区分在抽象体系中潜在的记号在本文中被实现的记号。李先生评述格雷马斯的观点时写道:"作为位势和行动位的话语主体,可使语言的潜态(langue)变成实态(parole),它还包含许多其他相关的作用,因此它可以被看成语言系统'话语化过程'的机制实体。即依据语法条件构造话语时所涉及的一切机制。话语主体使语言之'存在'变为语言之'行为',因此又被称作为生产者。这样的主体,一方面是使潜在的 langue'实现化'的位势,另一方面,又是使实在的话语'潜在化'的

[①] 李幼蒸:《理论符号学导论》126 页,社会科学文献出版社,1999 年。

位势。"①把潜在狭义的语言(langue)和显性的言语(parole)相互联系起来,把握它们之间的相互转化关系,这便有利于深入揭示语言的本质。这同我在《略论语言和言语及其相互关系》一文中的基本观点是一致的。

因此我们也可以说,显性和潜性的对立乃是语言和言语的最重要的最本质的区别。区别语言和言语在现代语言学方法论中的贡献就在于,提出了语言世界显性和潜性相互联系相互对立的范畴,并形成了现代语言学的重要的方法论原则之一。乔姆斯基提出了深层结构和表层结构一对范畴,也成了现代语言学的方法论原则,也是乔姆斯基对语言学方法论的贡献。这深层和表层的对立和联系其实也正是语言世界中显性和潜性对立和联系这一大范畴内的一个重要内容。

区分语言和言语而揭示了语言世界中显性和潜性的对立、联系和转化,这便帮助我们更好地认识到语言的本质。语言的本质并不是言语世界诸现象的简单的记录和描述,真正的人类语言指的是——

潜性语言显性化的过程和显性语言潜在化的过程之总和,语言本身是运动着的开放的系统和过程。

而语言学的目的乃是研究潜性语言显性化和显性语言潜在化的运动轨迹和自我调节机制,揭示其间的奥秘。

三 显性与潜性的辩证关系与语言研究重要的方法论原则

诗人们往往狂热地歌颂语言的完美,哲学家们则冷静地客观地

---

① 李幼蒸:《理论符号学导论》564 页,社会科学文献出版社,1999 年。

理智地思考着人类语言的本来面目,他们敢于冒天下之大不韪,指出语言的缺漏性和不自足性。哲学家们说:

> 尼耳斯·玻尔曾经表明,能够以一种有限制的方式来采用"粒子的位置"和"粒子的动量"这类名词,因为,以熟悉的方式来使用它们,看来是行不通的。……事实上,原子客体本身不能用"位置"或"速度"这类名词来描述。①

> 语言的含糊不清,是澄清理论讨论的一种障碍。人类思想所储存的概念的增长速度要大于表达这些概念的语言的增长速度。②

在揭示语言的本质的时候,语言学家应当有诗人的热情和丰富的想象能力,但更要具有哲学家的客观、冷静、理智、思维的本质。

到目前为止,哲学家们所思索的对象仍然是作为经验事实的人类的语言,语言学家们也只是把经验的事实作为自己的研究对象,当代英国伦敦语言学派代表人物罗宾斯(Robert Henry Robins)说:

> 我们还可以把语言学在科学领域里的地位说得更精确些。语言学是一门实证科学,其对象是可以凭感官觉察到的:言语听得见;发音器官的活动直接看得见,或者借助仪器观察得到(见3.1;3.2);说话的人感觉得到说话的动作;而文字则看得见,可以阅读。③

这指的是语言世界中的**显性现象**——言语,虽说语言世界中的**潜性现象**——狭义的语言人们不能直接观察得到,但它体现、投影、

---

① [美]菲利浦·弗兰克:《科学的哲学——科学和哲学之间的纽带》234、236页,上海人民出版社,1985年。
② [美]托马斯·门罗:《走向科学的美学》48页,中国文联出版公司,1985年。
③ 《普通语言学概论》18页,上海译文出版社,1986年。

存在于言语之中,说写者把语言言语化显性化,听读者依据语言的规则对话语进行解码,提取信息,那么对于说写双方,这语言世界的潜性和显性便同样是一种经验的事实。在语言社团中,在交际的双方,语言都是作为显性和潜性即语言和言语的整体而存在的,它们中间的任何一个都不单独构成一种特殊的社会现象,从这一点而言,区分语言和言语只是一种理论模式、一个方法论原则、一个科学的假说。

语言学家们早就注意到了一个事实——

> 人类的发音器官能够发出很多种不同的声音,但在任何一种语言里,只运用相当小的一套声音系列,这些声音系列之间在功能意义上具有绝对的差异。[①]

这在过去认为是任意的偶然的,在我们今天看来,仍是多种多样的人类文化的选择的一种结果。现在的问题是——

人类发音器官所能够发出的声音的最高极限是什么呢?如果这全部的声音都被用到人类的语言之中来,人类的最高极限语言是一个什么样子的呢?

在《深化对语言的认识,促进语言科学的发展》一文中我们提出了这个问题:

> 关于语言,我们还应当注意到另一个层次,即从理论上看,语言的极限:
>
> 根据人类的发音器官构造,人类所能够发出的音素的最大可能性是什么?人类听觉所能够分辨的音素的最高极限在哪里?辅音、元音、音位、声调的极限多大?音节组合的极限如何?

---

① 王士元主编:《语言和人类交际》6页,广西教育出版社,1987年。

音节长度的极限如何？多义词义项的最高值多大？语素、句型的极限何在？动词的向、名词的格的极限多大？①

在这个更高一个等级的层次上，我们可以把言语和狭义的语言的总和都看作为一种显性现象，而这个极限和由这个极限所构成的最深层次最抽象含义上的理论上推导出来的语言——最广义的语言，又是更广义上的潜性现象——

显性……言语＋语言（狭义）……潜性

显性……语言（广义）＋语言（最广义）……潜性

语言（最高层次）

这样一来，所谓语言的发展，也并不是无中生有，而只不过是潜性语言显性化，而语言的消亡，便是显性语言的潜性化。已经潜性化了的即消亡了的语言，是可以再度显性化的。已经消亡了的古犹太语在犹太民族人为地推行之下神奇地复活，即再次显性化了，便是一个很好的例子。

如果过分夸大最广义的潜性语言的决定作用，我们便会导致语言发展的宿命论和客观唯心主义，似乎这最广义的潜性语言乃是黑格尔的理念世界，它才是永恒的不变的决定一切的本质，而显性语言只不过是这个绝对理念的潜性语言的一个投影罢了。不，我们不这样看问题。潜性语言和显性语言是相互依存、联系、对立、转化的。显性语言是对潜性语言的一个历史的文化的选择，潜性语言是从显性语言中产生出来的，并随着显性语言的发展而发展着的，它并不是一开始就存在于宇宙间，并独立于显性语言之外的，并不是一成不变

---

① 见《语言文字应用》1994 年 3 期 14 页。

的。人类学家、考古学家已经告诉我们,人类的发音器官是历史的产物,是不断发展着的,早期的人类所能够发出的声音是极其有限的,于是那时候的潜性语言的语音系统也是有限的简单的,现代人类所能够发出来的声音的数量要大得多,于是现代人类的潜语言和语音系统也就要无比复杂得多了。人类对客观世界的认识也是历史地发展起来的,概念的总和是不断地扩大,到现代形成了知识爆炸、信息爆炸,于是现代潜性的语言的语义系统便无比复杂。潜语言语义系统的显性化过程大大落后于人类认识活动的发展,大大落后于人类概念的增加,这便形成现代物理学家们所深切体味到的语言的痛苦——俄国诗人纳得松说:人类最大的痛苦是语言的痛苦,因为,正如尼耳斯·玻尔1949年在《就原子物理学中的认识论问题同爱因斯坦商榷》一文所说:"不管这些现象超出古典物理学说明的范围多么远,对于一切证据的说明还是应当用古典的名词来表示。"[①]建立最广义的潜性语言的概念,有利于我们进一步地揭示语言的本质,更方便地描写显性语言,更有利于开发语言的资源。从最高层次来看,语言的本质就在于语言世界中显性和潜性的依存、联系、对立和转化的运动,潜性显性化和显性潜性化的过程、方式、原因、条件、类型等等的揭秘便是语言学的对象、语言学家的任务。这潜性和显性的对立也是语言研究中的重要的方法论原则,最广义的潜性语言乃是描述显性语言的参考框架,有这个参考框架,发现过程将大大地简化,描述过程也可以同时简化。把研究重点移置到显性和潜性的对立和转化上,这便可以提高语言科学的预测能力,不但提高了语言科学的科学品位,也大大有利于我们开发语言资源,促进人工智能科学的发

---

① 转引自菲利浦·弗兰克《科学的哲学》240页,上海人民出版社,1985年。

展。对语言潜性面的发掘,将导致扩大语言学的广度和深度,在更高的层面上更全面地把握语言,改变语言科学是单纯经验科学的格局,语言学是经验的科学,也有演绎科学性质,这一认识对语言科学的发展恐怕是很有好处的。①

---

① 参看王希杰《深化对语言的认识,促进语言科学的发展》,《语言文字应用》1994年第3期。

论显句和潜句
（1996年）

按：显性和潜性的对立和联系是可以、也应当贯穿并运用到语法学研究中来的。词汇学的基本单位是词，语法学的最小单位是词，最大单位是句子。语法学是把词组合为句子的学问。所以把显性和潜性理论运用到语法学研究，首先就需要区分显句和潜句。显句是已经出现、人们经常运用的句子，潜句是理论上可能的合乎语法规律规则的句子。潜句和显句一样，也是语法学的研究对象。

我们强调说，潜句是符合语法规律规则的可能的句子。可能出现的，但不符合现行语法规律规则的句子是潜性句子吗？例如：

① 钱多多有哪个不找
② 脸你板板做什么我你不要忘完完就好
③ 阿夏几个你找得我知道全全
④ 屋里她在，好好得在
⑤ 阿夏她不光一个你（徐军《迷失在母系王国》）

这是汉语的潜句吗？

本文原刊于《语言教学与研究》1996年第1期。

一　显句和潜句的对立与转化

显和潜的对立和转化，在现代语言学中是一个十分重要的理论问题。显句和潜句的对立和转化,在现代语法学中也是一个十分重要的理论问题,具有十分重要的实际价值。在《论潜词和潜义》(《河南大学学报》1990年第2期)、《论语法学的对象》(《南京大学学报》1991年第4期)等文章中,我们一再提出这个问题,现在我们继续讨论这个问题。

显句,指的是作为经验的事实而存在着的句子。它是早已存在着的,在我们研究之前就存在着的。显句首先指的是言语中的句子,但并不限于言语中的句子。这是因为:言语中的句子之所以能够存在就是因为其中包含着语言的句子,语言的句子是言语的句子的灵魂,而言语的句子是语言的句子的投影、体现和存在的形式。语言的句子和言语的句子是有机的统一体。既然语言的句子就蕴含在言语的句子之中,那么我们就不能否认它的存在。既然它也是客观地存在着的,那么我们就不可以、不应该说它不是显句。显句的本质是它在我们研究之前就已经现实地存在着的,语言的句子是符合这一要求的。因此,显句既有具体的存在形式,即言语的句子;又有抽象的存在形式,即语言的句子。结论便是:显句既包括了言语的句子,又包括了语言的句子,即它是句例和句型句式的统一体。这么说也并不很准确,因为有:*"这当然是同三中全会以来我们党所执行的对外开放政策的结果。"(《啄木鸟》1984年第五和六期合刊,4页)这个句子是已经出现了的,当然是一个经验的事实,就是说这是一个显句。但是,在我们的现代汉语的句型系统之中可并没有相应的句型句式,有的是:"这当然是……的结果"和"这当然同……分不开"。到目前为止,也并不因为言语生活中有这样的句例就承认在现代汉语中就存在着这种句型。于是,我们也可以把病句定义为:"病句是没有相应句型名式的显句。"徐志摩写道:

① 你我相逢在黑夜的海上,你有你的,我有我的,方向。

(《偶然》)

② 这是我的散文集,一半是讲演稿,《落叶》是在师大,《话》是在燕大,《海滩上种花》在附属中学,讲的。(《落叶·序》)

这两个句子当然也是显句,而且也是没有相应句型句式的句例,但是人们并不把这一类句子当作什么病句的。相反,人们把它看作妙句、佳句、艺术的句子。于是我们说,没有相应句型句式的显句也并不一定就是病句。其实呢,艺术的佳句也是没有相应句型句式的显句。可我们知道,这两类句子就是通常说的"不合语法的句子",那么,我们说:"作为句型句式句例的统一体的显句,就是语法学家们通常所说的'合乎语法的句子'。而到目前为止,这就是我们的语法大厦的基础。"换句话来说,显句是已经存在的句子,但是存在的句子并不是同一概念,虽然大多数的显句都是合乎语法的,但还是应当说,合语法性并不是显句的本质特点,因为大多数并不是全部,不可以以偏概全。

二 潜句的显化

潜句,它虽然也符合语言的语法规则系统的要求,也具有合乎语法结构规则的特点,但是到目前为止还没有人这么说过写过,即并没有实际用例,然而,它是完全有可能被人们说与写出来的,即是可能出现的句子。换句话说,它是有句型句式而没有句例的句子。没有语法学家承认它们是句型。但是从本质上看它的确是一种句型,不过不同于以往的句型的概念罢了。潜句虽然不说,还没有被说出来,但却是符合语法规则的。不合乎语法规则的潜句是没有的。合语法性是潜句的本质。我们也可以这么说:"潜句就是合乎语法但还没有被说出来的句子。"汉语的实词,可以分成两大类:体词和谓词。句子

可以分成:主语和谓语。那么:

  A. 体词(主语)＋谓词(谓语)
  B. 体词(主语)＋体词(谓语)
  C. 谓词(主语)＋谓词(谓语)
  D. 谓词(主语)＋体词(谓语)

  一眼看去,A、B式都是显句:A.春姑娘到来了。B.他江苏淮安人。C式也是说的:笑好,比哭好。至于D式呢,从理论上说它是完全合语法的。因为我们都知道:在我们的汉语中有两条规则不同于印欧语:汉语的体词,X,可以做谓语,即在汉语中存在着体词谓语句。汉语的谓词,Y,可以做主语,即在汉语中存在着谓词主语句。现在,将X和Y组合在一起,不就出现了D式了么? 换句话说,D式是从X和Y之中逻辑地合理地推导出来的,它显然是合理的合法的。然而在此之前,我们并未注意到或者发现这样的用例。但是这一点并不能否定D式的合语法性。那么,D式便是一种潜在的格式。如果我们承认它的存在,那么,潜句就是有句型句式而没有用例的句子。为什么潜句可以出现但却不出现呢,这是一个问题,一个很有理论意义和实用价值的问题。这个问题可以从语言内部和语言外部两个方面去寻找原因。从语言内部看问题,可能是受到系统的内部的制约,受到了另一个更强大的规则的巨大的压力。从语言外部来看,大概是缺少了社会文化语用条件吧? 拿汉语的动词和名词来说吧,我们可以把前后两种词序同主谓、动宾、并列、修饰这四种结构方式相搭配:

  A. 名词＋动词
    A1 主谓 A2 动宾 A3 并列 A4 修饰
  B. 动词＋名词
    B1 主谓 B2 动宾 B3 并列 B4 修饰

A1 是显句。A2 是根本不合乎汉语语法的。A3 是可能的,在当今的马路上,我们常常可以看到:"名片　扩印"、"名片　复印"、"打字　名片　复印"。这就是 A3——名词在前而动词在后的并列结构。A4 也是一种显性语法现象——一种显句。B3 很少见,但是也有的。现在的马路上也经常可以见到的:"打字　复印　名片"。在金华街头上我们看到有一商店的招牌正是:"摩托车修理配件"。这个"修理配件"显然是并列结构,而不是动宾结构。配件可决不是动词"修理"的宾语、支配性成分,而是同动词"修理"并列一同做主语"摩托车"的谓语的。这是一个有趣的句子,同一个主语,既带了谓词谓语,又带了体词谓语。它是一个单句,一个体谓联合式谓语句。在此之前我们的语法学著作还没有描述过它,对于它的存在似乎也是难以想象的。然而它一旦出现了,人们——一般人、普通人,都很自然地接受了它,并未感到有什么不妥之处,认为很是正常,反而当我们注意到它的超常性的时候,当地人却有点儿惊讶,对我们的大惊小怪感到不解。这就是因为它以前虽然从没有出现过,但它符合我们的语法规则:(1)汉语中有体词谓语句,(2)在言语中体词和谓词是可并列的。它是这两条规则的合理的逻辑的组合物,因此它就是合理合法的,完全可被人们接受的。这一来它就从一个潜句转化而成为显句了,即显句化了。这就是语法的发展。如果说这一类显句化是有一定的社会文化语用条件的,与之相对立的是外国留学生,他们根据汉语语法规则制造出来的句子,由于缺少了社会文化语用条件,便很是可笑,是不成功的显句化。

B4 式也是一种显性的结构:"跳棋、卧铺、站票、飞机、旅游列车、行军床、活动床"。这是复合词,一种固定的组合。在自由短语中,我们似乎还没有发现过。B1 式好像也没有出现过。B1 和 B4 的不出现与 B3 的很少出现,这大概是因为在我们的语言中存在着一种强有力的格式在发挥着它的威力吧?

在语言的历史发展的长河之中,有时会"无中生有"。那么现在还没有出现的东西,也并不等于是永远也不会出现的。这要看是否具有出现的社会文化语用条件。即使是符合语法规则的东西,没有它出现的社会文化语用条件也同样是不会出现的。像 B1 式,它符合汉语的句法规则,但是缺少出现的社会文化语用条件,这一类句型句式,就是潜句。

语法历史的发展,从古到今,显句在一步一步地发展扩大,这是一个从无到有的过程,一个潜句的显句化的过程。一些上古汉语的句子的消失可以看作显句的潜句化。而"五四"以后的所谓欧化句法的出现可以看作一种潜句的显句化。凡是被汉语所吸收的欧化句子,其实都是一定程度上合乎汉语的语法规则的。而凡是同汉语的语法规则不相容的印欧语的句子,就不可能被汉语所接受,更不可能被汉语所吸取。这是潜句显句化的过程和显句潜句化的过程相互对立而又统一的一个过程。语法的发展也是繁化和简化的统一,潜化和显化的统一。

三 显句、潜句和非句

对于潜词、潜义、潜句、潜语法现象,其实这并不神秘,一般说话人也是能感受到它们的存在的。弗罗姆金和罗德曼在《语言导论》中写道:"我们已经看到,一种语言的说话者凭借他们的语音知识而知道一串语音是否能够成为其语言中的一个词。如果说英语的人不知道 plarm 为何义,那么他们就会断定,要么这是一个他们所不知道的生词,要么它就不是英语里的词。不过,他们也许知道这个词在英语里是可能的。假如有人告诉他们,plarm 是一种特殊的水老鼠,那么

plarm 就会成为一个音义结合的单位,一个语言符号。因此,所有的语音串都可以归为这么三种词:(1)目前存在之词(black〔黑〕),(2)可能但未出现的潜在词(blick),(3)不可能之'词'(kbli)。"①

这同我们的观点是完全一致的。我们把词分为显词和潜词,当然在它们之外的则是根本不可能的非词。对于句子,我们同样这样区分,先排除掉根本不可能的非句,然后把句子区分出显句和潜句,我们主张,在首先应当研究显句的同时,也应当加强对潜句的研究。

所谓非句就是不合乎语法规则的句子。我们过去说过,一个已经掌握了一种语言的语法规则的人,要说出合乎语法规则的句子,这是十分容易的,几乎是毫不费力的事情,但是要他们说出完全不合乎语法的句子来,这可是一件十分困难的事情。语法学家为了说明语法的规则,往往要制造出许多的不合乎语法规则的病句来,这些病句往往显得生硬别扭可笑而苍白无力,而还没有掌握语法规则的三五岁的孩子们无意之间脱口说出的不合乎语法规则的病句则有趣得很。但是世界上专门靠病句来吃饭的则是诗人们,他们的病句为他们赢得了荣誉,当然他们为了创造这些病句可是付出了巨大的劳动。可见对于已经把握了一种语言的人来说,要说写出不合乎语法规则的非句要比说写出合乎语法规则的句子困难得多。但是非句也可以成为显句的。三五岁的孩子们就是很喜欢玩弄非句来娱乐自己,发展自己的智力。日常生活中,开玩笑的时候,人们有时故意地使用一些非句。非句表面上是毫无规则可言的。但其实同样可以概括出一些规则来的。例如说,虚词主语实词谓语句,实词主语虚词谓语句,语气词+主语+谓语句(吗你一定要进来?吧你一定要进来!吧你

---

① 〔美〕维多利亚·弗罗姆金、罗伯特·罗德曼:《语言导论》127—128 页,北京语言学院出版社,1994 年。

请!)对于非句规则的研究,恐怕也是很有意义很有实用性的。在理论上,它可以帮助我们更好地去认识语法规则系统的本质,因为语法规则是同非句对立而存在,并因此显示它的本质特点的。在实用方面,对于中小学的语文教学,对于汉语作为第二语言教学,对于人工智能的研究,恐怕都是有好处的吧? 从语言的发展方面来看,积非成是,某些非句也是有可能转化成为合乎语法的句子的。这在语法史上是有先例的,因此也就有了研究的必要。在对外汉语的教学中,更是必须教授非句的。只有告诉学生什么是汉语语法所绝不允许的句子,即非句,学生才能够比较正确地运用汉语。

广义的语法学,大语法学,它的研究可以包含三个部分:一是显句,它又应当包容了不合乎语法的病句在内;二是潜句,合语法但却没有出现的句子;三是非句,它是话语中的不合乎语法的句子。现在的问题是这些非句是从哪里来的呢? 难道它们就不是从潜性而向显性转化的么? 用我们的话来说,一切的语言毛病,即非句,其实也并不是哪一个人一时的创造,而是早已存在着的了,不过是你此时此地此景之下正好有了它们出现的必要条件罢了。在《修辞学新论》中我们说过:一切语言毛病,即对语言的和语用的规律、规则的负面值的偏离,从本质上来说,也决不是个人的偶然的,乃是这种语言和这个社会文化结构,或者说写者主体的语言知识及文化背景所制约的。在某种意义上说,一切负偏离,一切语病,也并非全然是个人的随意创造,也是这一语言和语用规则所允许的所包含的,不过某个具体说话人有了满足实现这一语病这一偏离的某种需要和条件罢了。这正如你从南京上了到北京的列车,零度是北京,但可能从徐州、济南、天津什么地方就下车了,这是偏离。但这种偏离都是这一列车本身所允许的。如果你从泰安下车观看日出,然后跟下一班车再上北京城,这是正偏离。如果你在德州下车买烧鸡没上得了火车或被坏人匪徒从窗口丢下了列车,这可是负偏离了。①

非句还没有被人们说写出来的时候,已经是存在着的了,就可以认为是一种潜语言现象。换句话说,非句也是潜句。从理论上看,是应当这么说的。但为了方便,我们只是把潜句定义为合乎语法规则但还没有出现的句子,不包括非句在内。但我们承认,广义的潜句应当包括非句在内的。

语法研究也应当研究非句,这也是因为人们为了完成交际任务,不仅要说出合乎语法的句子——这是最重要的,但是有时也需要说写出一些不合乎语法的句子。乔姆斯基在他的著作中不就是写下了不合乎语法的句子么？说和写不合乎语法的句子其实也是交际的需要,我们也应当去满足它,语言艺术大师有时正要利用不合乎语法的句子来达到某种效果呢。从修辞学的观点看问题,许多不合乎语法的语法病句,正是艺术的佳句。在这个意义上,普希金才说,如果没有语法病句,那么我就不热爱俄罗斯语言了。

四　潜句显化的条件

门捷列夫的元素周期表,一方面可以用来解释元素的本质特点,另一方面又可以为我们在宇宙中发现新的元素提供便利。甚至人们还可以在实验室里,人工地制造出宇宙中没有的新的元素来。引进潜句的概念,目的首先就在于更好地解释语言的句法现象。这对于我们语法学家也是很有启发的。对于那些在理论上合乎语言的语法规则系统的句型句式,我们也可以在找不到实际用例的时候,人工地人为地来制造它合成它。在传统语法看来,这是荒唐的不科学的。

---

① 王希杰:《修辞学新论》91页,北京语言学院出版社,1992年。

传统语法学的一条不成文的规则正是,语法学家不能、不可以自己制造例句,所以传统语法学家大都花了许多的精力去收集例句。(而在新中国成立后的十七年,语法学家又被政治所左右,花了很大的力气去考虑例句的所谓思想性政策性。)谁个用自己制造的例句来论证自己的观点,那就会被同行专家所耻笑,说是连起码的规矩都不懂。其实,这从理论上是说不通的,语法学家也是语言社会的一个成员,别的说写者有权制造语句,为什么语法学家就没有这个权力呢?人们往往攻击语法学家制造的句子别扭生硬不习惯,但是就语法而言,别扭生硬不习惯并不是最重要最本质的东西,其实只有很少一部分句子才能完全脱离上下文和语境而独立存在并且不被认为是别扭生硬不习惯的,许多的句子在离开了它所从属的上下文和语言环境之后,多多少少地都有那么一点别扭生硬叫人不习惯。但是人们却没有因此就说它们不合乎语法。这就要求我们,作为一个语法学家,必须把合语法性同流畅顺口还是别扭生硬是否习惯是否好懂这些不同的概念区分开来。合乎语法性,这是一个语法学问题。而是流畅顺口还是别扭生硬,是否好懂,是否习惯,这是一个修辞语用的问题。两者是性质完全不同的问题。传统语法学没有错,它有合理的一面,是不应当全部都否定的。传统语法学是规范的语法学,它有强烈的实用目的,它给自己规定了一个为规范化服务的现实的目的,它的这一方法论原则是为它的目的服务的。这一方法论原则在今天的语法研究中是应当继续坚持着的。但是现代语法学更重视解释的原则,而为了更好地解释语法现象就必须有一个参考框架,一种语言的潜句和潜句法系统正是我们解释显句和显句型系统的一个最好的框架。像自然科学家可以在实验室里制造新的元素一样,现代语法学家也可以人工地人为地有意识地来制造句子,当然不能也不该把人工制造出来的句子同收集到的在交际活动中流行的句子混为一谈。这时候就出现了语法研究中两条路线的分歧了。在传统语法学看来,最好最理想的研究方法当然是归纳法。而在现代语法学看来,仅仅使用归纳法还是不够的。尤其是,既然这潜句是还没有用例的,收集不到例句,那么自然就无法谈什么归纳法了。研究潜句,得运用演绎法。演绎法和归纳法之间并不矛盾,而且是相互依赖而存在着的。以为凡是提倡演绎法的,就一定是反对归纳法的,这是一种误解。

现代汉语中,动词在前做主语而名词在后做谓语,理论上是可能的,但是到目前为止,还没有哪一本语法书上讲过这样的句型句式。那么,我们可以一方面积极去寻求实际的用例,另一方面也可以不妨来制造这样的用例。如:

  A. 报到 十九日下午三时
    发言 五分钟(每人五分钟/每次五分钟/每人每次五分钟)
    恋爱 六年
  B. 唱票 张三(对比:唱票的是张三)
    计票 李四(对比:计票的是李四)
    监督 王二(对比:监督的是王二)
    检测 赵六(对比:检测的是赵六)
  C. 张三吃饭 盒饭(对比:张三吃盒饭)
    李四喝茶 碧螺春(对比:李四喝碧螺春)
    王五跳舞 迪斯科(对比:王五跳迪斯科)

这些主谓结构,不很自然,受到很大的限制,其出现必须有许多的条件。但不能取消它们作为广义的句法学的一个研究的对象,也不能否认对它们进行研究的价值。

现代汉语中,由于主谓结构的短语也可以做句子的主语和谓语,那么句型格局便呈现出这样的一种可能性：

主语＼谓语	体词 A	谓词 B	主谓短语 C
体词 A	AA	AB	AC
谓词 B	BA	BB	BC
主谓短语 C	CA	CB	CC

AA、AB、BA、BB，都不是主谓短语句，可以不讨论它。AC 和 BC——体词主语主谓谓语句和谓词主语主谓谓语句，是常见的。CB——主谓主语谓词谓语句，也是很常见的。但是 CA——主谓主语体词谓语句，似乎很难出现。CC 式——主谓主语主谓谓语句——就有些问题，从理论上看，是可能的合理的。但从事实上来看，一般语法书上都不这么提。陈建民的《现代汉语句型论》中有，称之为"主语是小句的主谓谓语句，结构公式是：(NP——VP)——(NP——VP)"。例子是：

A. 病人吃坏了他不管。/他什么时候回来我不知道。/她为什么不去开会你就不必多问了。/小唐提副教授你还没有听说？

B. 路远我不怕。/教师是很重要的，我深深相信。/他会回来的，你难道不清楚吗？/他父亲靠他养活，大家都不会不知道。/人们叫我的外号，我都不介意。/小孩儿乖乖，妈妈喜欢。①

这些句子当然都是合乎语法的也是我们常说的。问题是我们一般不把它当作一个单句，而喜欢归入到复句之中去。问题的实质在于汉语没有形态标志，你无法确定、断定这做主语的主谓短语就一定是主

---

① 陈建民：《现代汉语句型论》179—180 页，语文出版社，1983 年。

语,人们也可以理解为单独的句子,复句的一个分句。可比较：

　　A. 小唐提副教授的事儿你还没听说？
　　B. 小唐三年前早就提了副教授了,你这人怎么还没听说？
　　C. 小唐提副教授该！/小唐提副教授好。/小唐提副教授可笑。

A式中用"的事儿"取消了"小唐提副教授"这个短语的独立成句的资格和可能性,把它短语化、句子成分化,所以只能作为一个单句来分析。C式由于谓语只是一个简单的词,排除了作为复句理解的可能性,也是单句。B式由于句子比较复杂,人们也倾向于理解为复句。因此我们并不否认陈建民提出的语言现象,但是要说在现代汉语的句型系统中,还是不列入主谓主语主谓谓语句的好,而把它归入复句之中去。

再说 CA 吧,主谓主语体词谓语句,公式是：(NP——VP)——NP。这种句型之所以很难出现和存在,是因为在我们的语言中存在着另一些强有力的格式：动宾短语句,兼语句等。它们的结构格式是：NP——(VP——NP)和(NP——(VP)——NP)。这里关键问题还是一个条件的问题。那些在理论上是可出现的句子而在现实生活中交际活动中它不能够出现,这是因为没能够满足它所需要的条件。一旦它所需的条件出现了,被满足了,那么它们就有了出现的可能性,就会出现的。所以逻辑地推导各种可能出现的句子的时候重要的是要找到它们出现的必要的充分的条件。

五　归纳法和演绎法

对语法,可以采取两种方法来研究。一是归纳,一是演绎。在归纳的基础之上来演绎,用归纳来验证演绎。可以有两种角度,一是分析,一是综合。一方面我们分析寻求词和短语的最基本的句法特征和结构规则作为句法研究的一个最基本的出发点,建立最基本的句法结构组合的模式。另一方面我们可以在此基础上推导出它们的种种排列组合的可能性。例如"把"字句、"被"字句、连动式、兼语式等多种多样的句法格式,这些基本的单一的格式并不是彼此互不相干没有关系的,相反它们是相互联系着的,在一定的条件下是可以相互组合的,用来满足交际者多种多样的要求,这就是在言语中在表层句子的结构形式的多样下,多变性之所以产生的根本原因。比如说:"把"是汉语的名词的一个格的标志,它的功能是把名词介绍给动词,在话语中汉语的短语和句子都可以名词化,即被当作名词的等价物。那么当我们见到作家写下了这样的句子的时候,也就不会感到什么好惊奇的了——

  水保就把故事所说的"猴子在大山上住,被人辱骂时,抛下拳大栗子打人,就故意下山骂丑话,预备捡栗子",一一说给乡下人听。(《沈从文文集》第三卷,9—10页)

这里用"故事所说的",来把一个句群化为一个名词的等价物。如果我们把这样一个标志也取消掉之后——

  水保就把"猴子在大山上住,被人辱骂时,抛下拳大栗子打人,就故意下山骂丑话,预备捡栗子",一一说给乡下人听。

在书面语中由于有了引号,读者解码的时候是不会有什么困难的。在口语中靠着语音的停顿,听话人是不会误解的。如果有作家这样写——

  我先前不是说过,我总是把我所爱的女人为她选上一个与

她最相宜的男子作这事么？(《沈从文文集》第三卷,114页)

这里"把"字句同"为"字句合流同现。规范的通行的用法应当是"给"。这里我们不宜轻易判定为语法错误。因为这很可能是一种方言的用法。在大现代汉语语法中也应当有方言语法的位置,方言语法应当是汉语语法的组成部分之一。问题是不懂方言语法的人虽然是感到有一点儿别扭,但却认为是可以接受的甚至于在他们阅读的时候根本就不去考虑这一问题,似乎本来也就是可这么说的呢。如果语法学家对此大发言论,认为这不合语法,一般读者,这时候往往并不站在语法学家的一边。如果我们不把制造句子的权力只给文学家,那么我们也可来制造句子:"张三被李四派王五叫赵六把张三骗到无人处用木棍把手臂打折了一条住进医院已经三天了。"这是一个单句。"已经三天了"是谓语。前面的部分显然是话题化了,作为句子的主语了。这句子虽然是复杂一些,古怪一些,但却是完全可以接受的。因为它的组合是符合汉语的词和短语的组合规则的。在早期白话中,在明清白话文小说中,在《封神演义》、《西游记》、《三保太监西洋记》等作品中,有多种多样的"把"字句和"被"字句。如:

① 话说子牙大战余元,未及十数合,被惧留孙祭起捆仙绳在空中,命黄巾力士半空将余元拿去,只有五云驼逃进关中。(《封神演义》七十五回)

② 我乃是金灵圣母门下,蓬莱岛一气仙余元是也,今被姜子牙将我沉于北海,幸天不绝我。(《封神演义》七十五回)

③ 今将一气仙余元,他得何罪,竟用铁柜沉于北海。(《封神演义》七十五回)

④ 且说金光仙……欲待逃回,早已被慈航道人祭起三宝玉

如意,命黄巾力士;"把此物拿去篷下,听候发落。"少时,力士平空把金光仙拿至芦篷下。(《封神演义》八十三回)

⑤ 二仙无事……忽被二位殿下顶上两道红光把二位大仙足下云光阻住。(《封神演义》九回)

⑥ 两马相交,二十回合,早被苏全忠一戟刺梅武于马下。(《封神演义》二回)

在看惯了现代汉语的人看来,这都是十分奇怪的。但是我们不能简单地用一个"不规范"就打发掉,而应当去研究它们。在我们看来,这是现代汉语形成过程之中的一个必然的现象。就是说,现代汉语的"把"和"被"字句在形成的过程中,因为并没有一个现成的固定的统一的规范的形式,就以相对说来更加灵活而自由地在各种的可能的形式之中来进行选择,于是便出现了五花八门的多种多样的"把"和"被"字句的形式。换句话说,由于还不存在一个系统内部的强有力的格式,各种可能的格式的出现就容易得多了。等到这些多种多样的格式在时间的长流之中,经过了选择、淘汰,最后趋向于统一,而最终形成了统一的规范格式。一旦统一的规范的格式流行了、固定化了,被整个语言社会所接受了的时候,那些可能的潜在的格式想要出现可就要困难得多了,因为通行的规范的格式在发挥着阻止其他格式、一切异己的格式的出现。在现代汉语的研究中,我们也应该引进近代汉语的材料,引进各方言的材料,这些语料可以打开我们的眼界,这是因为它们提供了我们的语言中句法组合的多种多样的可能性,使我们明白,在现代汉语中,潜在的句子格式要比显性的句子格式多得多。研究潜句的多样性和潜句的显句化和显句的潜句化——原因、类型、条件等,在我们看来,这是必要的有意义的。

六　走出语法研究的怪圈

　　语法研究的一个怪圈是，为了建立纯正的科学的语法系统，研究者首先要占有大量的可贵的内部没有矛盾的语言材料，这才是语法理论大厦的牢固的科学的基础。这就要求我们有一个判断一个句子是否合法的标准，这个标准应当是正确的、严格的、严密的、明确的、统一的、可操作的。因为，可以说的句子并不都是合语法的，如果人们所说的句子都是合乎语法的，那么还要语法学家来做什么研究呢？语法学家的任务就是寻找到合语法性的标准。这就是说，在事实上，我们面对的严峻的严酷的事实是：在我们研究开始之前，在科学的语法系统出现之前，我们根本就没有一个判断句子合法性的正确的标准。直到今天，不同的语法学家依然对不少甚至于许多的句子的合语法性持有不同的看法，有时还在争论不休呢。一方面，研究只能从合语法性开始，必须把合语法性当作研究的基础；另一个方面，又必须虚心地承认，在全部研究结束之前我们并没有一个真正的像样的合语法性的标准，只有这样的一种虚心，这样的一种诚实诚恳，不带主观偏见陈见，我们才有可能找到我们所追求的目标——合语法性的真正的正确的标准。这就是一个诚实的语法学家必然要遇到的困惑，他只能在这个怪圈之中挣扎不休。

　　一味地归纳，一味地收集语料，一味地排列卡片，罗列事实，都是很难摆脱这个怪圈，是很难从困境之中走出来的，我们面对着这一样样尴尬的境界，理应大胆一些，从哲学上，从方法论的高度，来认真地思索，在反思中更换语言的语法的观念，改换更新发展语言的语法的研究方法。这是一个大问题，并不是哪一个人、哪一篇文章所能够一下子就解决得了的。应当鼓励支持研究者从多种多样的角度去大胆地探讨探求。在这方面,由显性现象到潜性现象,由单纯的归纳到归纳演绎的并用及交替地运用,也不失为一个可以试一试的办法,一条也可以走走瞧的小路。在这一条小路上,合语法性的标准是多层次的,是相对的,是可变的,有一定的模糊度的,并非是一成不变的;对于语法体系的描述是可以有多种可能性的;作为出发点当然是一定的语言事实,一个大体合适但并不绝对严格的合语法性的标准。在这个基础上演绎推导,再回过头来用推导的规则去检测语言事实。到这时候,对合语法性才可能有一个大体上比较满意的答案。也许这样对付这个怪圈,这样走出窘境。

略说潜句和演绎法

（1996年）

按：研究方法是由研究对象所决定的，或者说研究方法是服务于研究对象的。所以方光焘说："对象是对研究方法起决定作用的一个因素。"①"符合对象的要求的研究方法是正确的方法。"②

潜性和显性对立与联系的观念引进语法学必将引发研究方法的更新。

显句型＋潜句型构成了现代汉语的整个句型系统。显句型系统是小句型系统，潜句型系统是大句型系统。语言学的研究，在运用传统的归纳法研究显句型的同时，兼用演绎法研究潜句型是可行的、必要的。

本文原刊于《辽宁师范大学学报》1996年第1期。

一　从徐志摩的诗句开始

在这里，我们想讨论徐志摩的两个句子：

① 这是我的散文集，一半是讲演稿，《落叶》是在师大，《话》在燕大，《海滩上种花》在附属中学，讲的。（《落叶·序》）。

② 你我相逢在黑夜的海上，

---

① 方光焘：《方光焘语言学论文集》337页，商务印书馆，1997年。
② 同上，338页。

你有你的,我有我的,方向。(《偶然》)

在深层结构中,它们分别是——

③《落叶》是在师大讲的,《话》是在燕大讲的,《海滩上种花》是在师大附中讲的。

④ 你有你的方向,我有我的方向。

从深层到表层的转换中,常规转换得出的表层结构便应当是①②。当然,也可以转换成——

⑤《落叶》、《话》、《海滩上种花》分别是在师大、燕大、附属中学讲的。

⑥ 你和我各有自己的方向。

这也是一种比较常见的转换方式。对于③④⑤⑥做层次分析的时候,都很容易,并不会遇到什么困难。麻烦的是例①和例②,如果分析为——

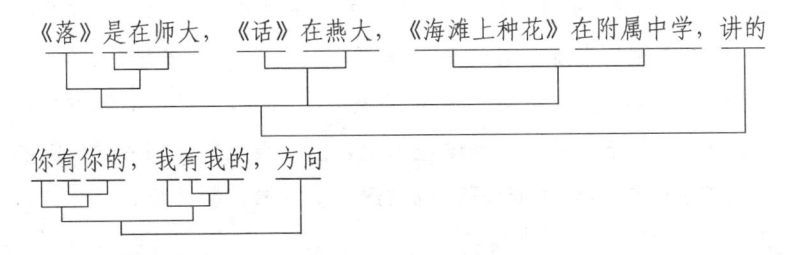

《落》是在师大,《话》在燕大,《海滩上种花》在附属中学,讲的

你有你的,我有我的,方向

在最大的层次上都无法形成一个结构体,就是说这样的分析是不适宜的、行不通的、不可取的。

对例①,只有构成"是在师大讲的","是在燕大讲的","是在附属中学讲的"三个结构体,才符合句法语义的要求,但这样一来,"是"和"讲的"分别同时划分了三次,这违背了结构主义层次分析的原则:同一成分在同一层次上的句法结构划分不应当被划分两次以上。

对于例②,同样只有违背层次切分的基本原则,让"方向"在同一层次上做两次划分才符合句法语义要求。

那么,怎样来解释例①和例②呢?

我们当然也可以用省略说法,这时例①中间的那个句子既承上省了"是",又蒙后省了"讲",前一句子被打断了,三个分句都显得残缺不全,成为十分怪异的句子。例②在合并同类项时省了一个"方向"。例①和例②是很少见的用例,是诗人为了达到特殊的审美需要而临时创造出来的。

然而这虽然是诗人的个人的创造,但一旦写了出来,虽然怪异、刺眼,可人们接受了、理解了,不仅不认为是病句,还大加赞赏,被当作艺术化的诗句而欣赏着!那么为什么诗人的个人的独特创造会被大众普遍地接受呢?这是因为它虽然只是诗人个人临时性地创造,然而它根植于汉语的句法系统之中,在诗人运用之前早就存在着,是汉语所允许的一种可能存在的句子形式。任何一种语言,可能的潜在的句子形式都是多种多样、极其丰富的,人们所开发所运用的都只是很小的一部分,那些数量巨大无比的可能的潜在的句子形式为什么人们还不利用?那有着语言和非语言的社会文化多方面的因素。传统的语法学研究作为经验事实的显性的句子,运用归纳的方法从中归纳出句式来。现代语法学应当把自己的眼光扩大到一切可能的潜在的句子之上,运用演绎的方法,建立演绎的句型系统。

二 潜句和语法的历史演变

说到显和潜的对立,我们首先可以把语言当作潜性的,把言语当作显性的。言语的句子都是一种经验的事实,看得见、摸得着,当然是显句。而语言中的句子只是一种关系模式,看不见也摸不着,具有抽象的格局,是还未实现的东西,当然是一种潜句了。

显句,指的是作为经验事实的已经存在的句子,既包括了言语中的具体的句子,又包括了语言中的抽象的句子。换句话说,显句有两种存在形式,一种是具体的实体,一种是抽象的模式——句型,传统语法学的研究路线是从具体的句子实体上升为抽象的模式——句型系统,由个别到一般,运用的是归纳法和比较法。

潜句是符合这一语言的句法结构规则的可能的但目前尚未或者已经不再成为言语事实的一种句子模式。潜句是逻辑地推导出来的,但它符合语法结构规则,在语言上是可能的合理的,但并未实现。其原因是语言内部受到了另一条更强有力的语法规则的抵制,或者是缺少社会文化语用条件。

从汉语发展史来看,语法的发展,有从无到有、从有到无这两个过程。欧化句法从无到有;否定句宾语提前,疑问代词宾语提前,从有到无。然而这"无"决非虚无,更好的解释不妨说是从潜到显,从显到潜。欧化句法是从潜到显,否定句代词宾语提前,疑问句人称代词宾语提前是从显到潜。是汉语句法规则允许人称代词可以接受修饰,因为代词和名词都是体词,体词是可以接受修饰的,但由于人称代词在交际环境中一般只要明确了所指,便有了丰富的内涵,便不需要加以修饰,于是语用因素加交际环境的制约,使人称代词可以接受修饰,但人们通常却不加修饰,于是在显性句法上,汉语的人称代词不受修饰便成了一条规则。然而在西洋语法传入之前,汉语的人称代词也有受修饰的用例。于是"例不十、法不立",归之为特例、偶例、孤例,在建立语法系统时便不予考虑。到"五四"以后,受到西洋语言语法的影响,人称代词受修饰的用例多了,起初人们抵制、排斥,称之为欧化、洋化,后来用多了,便习惯、接受、承认了。对这一现象,我们应当这样来看,这些欧化句式本是汉语句型系统中所固有的,是一种可能的潜在的形式,过去由于缺乏社会文化语用条件而没有被开发,

"五四"以后在西洋语言语法的影响和冲击下,召唤了汉语中这沉睡的潜在的句法形式,它破门而出,终于得到了承认。如果人称代词受修饰等欧化句法是汉语句型系统中所根本没有的,那么想在汉语中、在短短的几十年内普及是不可想象的事情。试想,满语、蒙古语中许多特殊的句法现象为什么不能在汉语中生根呢?这是因为这些语言中某些特殊的句法现象同汉语语法系统相矛盾。"五四"以后,汉语为什么不吸收印欧语言中主语和谓语之间一致关系这一句法现象呢?原因是,这是汉语语法中根本没有的东西,在语法的演变和发展中,是不能从绝对的"无"中产生出"有"来的。

从有到无,也并非绝对虚无,一个巨大的0或空,其实不过是暂时从语言这一舞台的前台退到后台去罢了,依然存在着,在一定的社会文化条件之下,还有可能再次登台露一手的。从这个意义上说,句法的发展不过是句子的显性化和潜性化相互制约的一个大过程吧!

共时描写出静态的句型系统,历时地描写句法的历史演变,把握句子的发展方向,不可再局限于显性的句子,而应当兼顾显句和潜句。

三　句式的显与潜

那么,什么是潜句呢?潜句是存在于语言深层尚未实现的可能的句子。

我们怎样知道潜句的存在的呢?

我们是根据句法结构规则即词语的组合规则推导出来的。我们的语言中,有名词、动词、形容词、代词、数量词、副词、介词、连词、助词、语气词、感叹词等,句子的基本结构是主谓结构,那么:

主语＼谓语	名	动	形	代	数量	副	介	连	助	语气	感叹
名	√	√	√	√	√	×	×	×	×	×	×
动		√	√			×	×	×	×	×	×
形		√	√			×	×	×	×	×	×
代	√	√	√		√	×	×	×	×	×	×
数量		√	√		√	×	×	×	×	×	×
副	×	×	×	×	×	×	×	×	×	×	×
介	×	×	×	×	×	×	×	×	×	×	×
连	×	×	×	×	×	×	×	×	×	×	×
助	×	×	×	×	×	×	×	×	×	×	×
语气	×	×	×	×	×	×	×	×	×	×	×
感叹	×	×	×	×	×	×	×	×	×	×	×

打×的都不能构成主谓结构，因为在汉语中，介词、连词、助词、语气词、感叹词都不能充当句子的成分，就不可能有介词主语连词谓语之类的句型。副词的语法功能是修饰动词和形容词，构成偏正结构，因此不可能充当主语或谓语，于是汉语的句型系统中也决不可能有副词主语句或副词谓语句。汉语中，名词、代词和数量词构成的一个大类叫体词，动词和形容词构成了谓词，汉语的基本句型是：

体词主语谓词谓语句

但汉语不同于印欧语系的语言，谓词也可以做主宾语，而体词也可以做谓语，于是汉语中便有了如下句式——

谓词主语句

体词谓语句

于是在上面表中没打上×的地方，都是汉语中合乎语法可能的句子形式。凡打√的地方，我们都很容易找到许多实际的用例，这都是显性的句子。但是空白处，我们到目前为止似乎还未发现过用例，它们不出现可能也有原因，因为语言的句法系统已有某一强有力的格式在加以抵制——

  动＋名　　　　已有动宾结构

  动＋代　　　　已有动宾结构

  动＋数量　　　已有动补结构

  形＋名　　　　已有修饰结构

  形＋数量　　　已有后补结构

  数＋名　　　　已有修饰结构

  系统的压力迫使它们不能再构成主谓结构。而"形＋代"、"数量＋代",一方面同代词不受修饰的语法特点冲突,很难出现,另一方面,如果出现,则受到"形＋名→修饰结构,数量＋名→修饰结构"的类化作用的影响,就会被作为修饰结构来解码,也无法构成主谓结构。代词主语代词谓语句,理论上同名词主语名词谓语句一样的合理,但实际上我们见不到,当然也可以找到一些原因。

  以上这些句子形式,虽然没有出现,虽然出现有这样那样的困难,但我们不能认为它们就绝对不能够出现。其实它们也是可以出现的,问题是得有一定的条件。有条件之后,它们出现了,就有可能被接受的,也并没有什么不合理之处的。而且一旦出现,刚开始刺眼、不习惯,被一些人指责为病句,但用开了,用多了,也便习惯了,规范了,于是便成了新兴的句法形式,这便是我们讲的潜句的显句化。

四　研究方法

  对于汉语句型的研究,我们可以采取两种方法。一是从语言实例即显句出发,从大量的卡片中,归纳比较抽象的句型和句型系统来,这可以叫作归纳的句型和归纳的句型系统。二是从词语的组合规则出发,运用演绎的方法,逻辑地推导出句型和句型系统来,这可以叫作演绎的句型和句型系统。归纳的句型和归纳的句型系统的研究，我们已经取得了很大的成功，如吕叔湘主编的《现代汉语八百词》中的《现代汉语语法要点》里提出的现代汉语句型系统，胡裕树等主编的《汉语语法修辞词典》中提出的"现代汉语主谓句型表"等，都是现代汉语归纳句型的成功的范例。

运用演绎法推导出演绎的句型和句型系统，在目前还只是一个设想。从演绎的角度看，汉语句型的基本框架是——

主语＼谓语	体词 A	谓词 B	主谓短语 C
体词 A	AA	AB	AC
谓词 B	BA	BB	BC
主谓短语 C	CA	CB	CC

其中，AA、AB、AC、BB、BC、CB，大概都可以用语言事实来验证，那么便是显句型。由它们这些显句型便构成了显句型系统。

至于 BA、CA、CC 似乎目前很难找到实例，但你很难否定这些句型的合法性。如果我们生造出：

  新生报到 九月一日。
  主席致辞 九点三十分。

便是 CA 式，即主谓主语体词谓语句。再生造出：

  张三吃饭盒饭。
  李四吃茶龙井。
  王五跳舞迪斯科。

也是 CA 式。当然有些生硬，但生硬有多种原因造成，这并不妨碍它的合法性。

于是我们推导出来的表格中，已出现的叫显句型，从未出现过的叫潜句型,显句型、潜句型构成了现代汉语的大句型系统。我们通常说现代汉语句型系统即显句型系统,可以叫作小句型系统。现代汉语的句型演变发展运动便是显句型系统和潜句型系统相互影响制约对抗又转化的一个过程。

在语法研究中,如果只满足于抽象的句型系统的构建,语法学的实用价值便大大地受到了影响。但如果一一描述这些形态各异的表层结构,工作量巨大而且繁琐,使用者也不宜操作。因此,从深层结构到表层结构,从句型到句例的研究,也似乎应当运用演绎的方法,即:根据句法结构规则系统,依据影响深层结构表层化句型的句例化的语言的和非语言的多种因素(文化、心理、语言环境、语体、媒体等)的相互关系,逻辑地推导出一切可能存在的表层结构形式——不仅是已经存在的,还有尚未出现过的可能的潜在的形态,并制定出一套对这一切形式的选择的标准和程序,这可以使语法体系大大简化,更便于学习和操作,大大提高语法学的社会效益和它的实际价值。

五 演绎法

演绎的方法可以运用于句法研究的各个方面。

副名结构是大家关注的问题之一。学者们收集了许多实例,进行归纳比较,提出了许多解释。其实我们也可以换一个角度来考察这一问题。

朱德熙《语法讲义》把名词分为五类:可数名词、不可数名词、集合名词、抽象名词、专有名词。通常把副词分为六类:程度副词、情态副词、时间副词、范围副词、否定副词、语气副词,如下表:

副词＼名词	可数名词	不可数名词	集合名词	抽象名词	专有名词
程度副词					
情态副词					
时间副词					
范围副词					
否定副词					
语气副词					

从副词方面看，并非所有的副词都能修饰名词，而以程度副词最常见，否定副词也有用例，似乎情态副词（亲自、悄悄、慢慢、相互、大肆），语气副词（难道、也许、莫非、却）还没有修饰名词的用例，范围副词修饰名词的似乎也有用例。而从名词方面看，也并非所有的名词都能受到副词的修饰，似乎抽象名词和专有名词受副词修饰的例子多一些，大量的名词依然不能受副词修饰。

如果我们把收集到的用例一一填入空格中，把可以修饰名词的副词归为一类。既然它们有共同形式标志、组合规则，那么便应当有共同的类意义，便从形式到内容都同不能修饰名词的副词对立起来。我们再把可以接受副词修饰的名词归为一类，既然它们都可以接受副词的修饰，有共同的形式标志和组合规则，也便同样应当有共同的类意义，那么它们便同不能受副词修饰的名词在形式和类意义方面对立起来。在这一基础上，我们可以进一步研究这些对立产生的原因和存在的条件，寻求副名组合的类意义。

再进一步，我们把副名组合放到句型系统和语法体系中去考察，副名组合显然是谓词性，它的功能主要是做句子的谓语。汉语句型不同于印欧语系的诸语言，有名词谓语句，汉语的名词不同于印欧语中的名词，它能直接做谓语。汉语的副名组合同汉语的名词可以做谓语，汉语中存在着名词谓语句这一事实是一致的，并不矛盾的，甚至可以说,副名组合是名词可以做谓语,存在着名词谓语句这一事实的必然的逻辑的一个结果。副名结构古已有之,不过少一些,近年来多起来,也并非无中生有,只不过是潜形式的一个显性化过程罢了。历时地考察,副名组合显性化的过程和趋势似乎在逐步扩大。这一势头一定有语言的非语言的原因,值得我们进一步探索。

总之,我们认为,语法学的研究应当兼及潜在的语法现象,不仅要研究显句,还要研究潜句;在归纳法的基础上,兼用演绎法,这样做是可行的、必要的、有益的。

略论语言预测学
（1996年）

按：气象预报是建立在气象预测的基础上的。未来学就是对未来的一种预测。语言的发展演变也是可以预测的。语言的演变发展既然可以预测，也需要预测，那么就可以、也需要建立语言预测学。

语言预测学的建立是必要的、重要的、可能的，它不仅仅是一门理论科学，也是一门应用科学，语言的发展演变有规律可循。这是语言预测学的最重要的一个理论基础，归纳法和演绎法是语言预测学的方法论基础。语言的预测，应当从社会文化语用因素和语言的自我调节功能两方面着手。语言预测方法，具体包括潜性语言的拟构方法、显性语言潜性化和潜性语言显性化的统筹选择方法。语言预测学的建立必须加强理论研究和做好实验工作。

英国S.皮特·科德在《应用语言学导论》中写道："预期能力是语言运用和语言学习中一项非常基本的技能。它的作用体现在理解的各个层次之中——从预期一个人在什么场合下会说什么，一个人谈话时的下一句话，这一句话之中下一个词，直到预期一系列音中的下一个音。这是我们称之为语言能力的一个很重要的组成部分。从某种意义来说，正是因为外语的话语完全无法预测，所以使人——至少在初学阶段——茫然不知所从。如果我们对所有的材料，乃至每一个细节，都必须进行处理，那么整个过程势必发生堵塞，以致中止。预期或预测的能力都是以对规则的了解为基础的。语言之所以常常被称为'受规则支配的'行为,道理也就在这里。"① 他的这一观念对我是很有影响的,我在讲课和一些文章中先后发挥过这一观点。这是我提出语言预测学的思想来源之一。

欧洲语言学史上的历史比较语言学也是我提出语言预测学的思想来源。历史比较语言学的伟大成就:拟构原始印欧语。其实所谓"拟构",在我,是视为反向的预测的。拟构和预测本质上其实是一回事情。历史比较语言学的成功使我坚信语言预测学是完全可能的。

本文原刊于《扬州师范学院学报》1996年第1期。

一 应当建立语言预测学

科学同迷信的区别之一就在于:迷信是事后诸葛亮,对于已经发生的事情给予一些虚假的解释;而科学在寻觅客观存在的规律规则的基础之上,能够对于事物的发展给予一定的预测,指导人们的实践行动。科学的目的不仅仅在于建立规律规则系统,而且要建立预测的规律规则系统。人类的发展到了现在这个时候,对于预测的需要是进一步加强了,未来学的出现就是一个很好的说明。

既然现代语言学是一门科学——现代科学——领先的科学,那么它就不能够只是满足于现象的罗列。在语言学中,的确有人主张"现象的罗列就是科学",80年代我就曾经亲耳听到一位著名的语言学家在一个会议上这么说过。语言学也并不是对于语言发展的事后的追认。一位著名的语言学家一直就主张语言学家对于语言的发展和规范只能够事后追认,大家都这么说了,就承认它正确合理的规范性,1995年12月在首届语言应用研讨会上我再次听到了这样的言

---

① [英]S.皮特·科德:《应用语言学导论》105页,上海外语教育出版社,1983年。

论。语言学应当具有预测的能力，人们既然已经知道了语言发展的规律规则，把握了它的发展演变的大趋势，当然就可以对于它的前进方向做出判断和预测。

语言的预测是很重要的、可能的。每天的天气预报都是在黄金时间播出的，就是因为这天气预报同千百万人都大有关系，可以毫不夸张地说，是天气预报保障了人们的生命安全，创造了巨大的财富。时下许多国家投入大量的人力和财力从事地震的预测，就是因为这项工作有着重大的价值。语言是人类最重要的交际工具和思维工具，是文化的载体和传播的工具，同每个人密切相关，是现代社会发展和进步中不可缺少的最重要的因素之一，那么我们怎么能够忽视对于它的发展演变的预测呢？正如天气预报和地震预测一样，语言的预测也是重要的。现在我们大谈语言政策，显然，任何语言政策都是建立在对于语言的发展演变的预测的基础之上的。完全可以说，没有预测，就没有语言政策，虽然这种预测可能是自觉的，也可能是不自觉的。80年代中期以后，我在一些文章中和学术会议上，一再提出语言的预测问题，有些先生不以为然，有的则加以非难。特别是1990年在合肥召开的全国语法学研讨会上，当我提出这一观点时，有些人则要求立刻对某些个别的具体的语法项目做出明确的预测，出发点当然是语言的预测是根本不可能的事情。我的回答是：凡是科学都可以预测。天气可以预测。如果说因为语言的发展演变太复杂了，不可以预测，那么天气和地震就不复杂吗？天气和地震也是复杂的，然而是可以预测的，是因为气象学家和地震学家掌握了一套科学的方法，如果语言学家也有一套科学的方法，那么语言就同样是可以预测的。80年代，当我看到"汽配"一词的时候，我预测说：两年内，在中国大地上将出现"摩配"一词，后来果然出现了，不过比我预料的要早一些；当我看到"男保姆"的时候，我说，不久将出现"女保姆",后来我同周洪波、刘一玲、郭龙生在上海街头果然看到法院的布告栏中出现了"女保姆"。回南京后,又在《扬子晚报》上看到了"女保姆",这些预测的成功也鼓励了我,语言的预测是完全可能的。同时,也促使我思考不能够只是单纯凭语感做出一些个别的预测,应当建立一门语言预测学。

语言预测学的建立,是重要的。它是语言政策的基础,是语言规范学的基础。没有对于语言发展演变比较正确的预测,语言政策的制定就缺少了根据;语言规范就失去了依据。

事实上,语言的预测是早就存在了的,语言规范工作、语文评论工作其实正是建立在对语言的预测的基础之上的,不过往往是不自觉的罢了。50年代,语言学家认为"匪特"是不规范的。80年代语言学家反对"空姐、达标、人流、卡拉OK、打的",这其实都是一种预测,预测它是没有生命力的东西,是昙花一现的玩意儿,不久就会消失的。如果这些语言学家看到了这些词不久之后为人们普遍地接受,那么大概就不会大肆反对。问题是过去的预测大都是不自觉的,凭借的是个人的语感,因此预测有成功的,也有失败的。现在我们主张把语言预测提高到一个科学的阶段上来。

二 语言预测学的理论基础

语言预测学的建立,必须有比较正确的语言观的指导。

语言的发展演变是有一定的规律规则的,还是杂乱无章、积非成是的呢?这是一个问题。长期以来,一些语言学家宣传说语言只是一种习惯,没有什么道理可言,说的人多了,就是对的,语言的发展演变常常是积非而成是的;不能用逻辑来要求语言的发展演变。最近有人在全国性学术会议上说,"五四"时期的汉语词汇是一个大杂烩,完全无规律可言。如果在语言的发展演变中,一切都只是偶然的,那么当然就谈不到什么预测了!只有承认:语言同世界上的一切事物一样,是有规律规则的;世界上并没有无规律规则的东西和现象,有的只是我们还没有认识罢了。但不管你认识与否,规律规则都在起作用。语言的发展演变是有规律的,这就是语言预测学的最重要的一个出发点、一个理论基础。

更加全面地看待语言,就应当看到:语言不但有显现的一面,还有潜在的一面。且语言的潜在的一面要比它的显现的一面大得多,也广阔得多。语言的发展演变的最基本的形式就是:一、显性语言的潜性化——显性的语言成分消失了,退出了大舞台,到后台去;二、潜性语言的显性化——一些潜性的语言成分从后台来到了前台,出现在我们的言语生活中。

语言的显性化和潜性化过程受到语言内部和语言之外的两个方面的因素制约。在语言的内部就是语言的自我调节功能,在语言的外部就是社会文化语用的制约因素。从毛泽东的《矛盾论》的观点来看,事物发展的根本原因归根到底还在于事物的内部矛盾,一切的外因还得通过内因才能够起作用。因此我们说,社会文化语用因素归根到底还得通过语言的自我调节功能才会发生作用。过去我们说:新事物出现了,于是新词语出现了;旧事物消失了,于是旧词语消失了。事实上,语言的发展并不是这样简单的,完全有相反的事实:新事物出现了,可并没有产生新的词语,依然运用旧词语来指称它;旧的事物消失了,旧的词语也并没有消失,依然存在于我们的语言之中。可见,新事物的出现,旧事物的消失,社会文化语用条件的改变,虽然是语言发展的最重要的原因,但是,它必须通过语言内部的矛盾运动才能够起作用,即通过语言的自我调节功能才能够起作用。因此,语言的预测,应当从两个方面着手:第一是从社会文化语用因素着手，一个时代的社会文化语用因素需要哪些语言成分出现，这是语言成分的显性化和潜性化的一个基础；第二是从语言的自我调节功能着手，语言之外的社会文化语用因素必须通过语言的自我调节功能才能够得以实现。

当"汽配"出现的时候，我们就意识到在我们的汉语的潜性语言中存在着许许多多个潜性词语：汽配——汽车配件、摩配——摩托车配件、火配——火车配件、轮配——轮船配件、自配——自行车配件、拖配——拖拉机配件、飞配——飞机配件、导配——导弹配件、坦配——坦克配件、潜配——潜艇配件、航配——航空母舰配件、钢配——钢笔配件、打配——打火机配件，等等。从社会文化语用因素看，近些年中，摩托车必将在中国大普及，对于摩托车配件的需求量日益增大，"摩托车配件"这个短语不能满足交际的需要了，需要一个双音节的词语了。从语言的角度上看，在潜性语言中，已经存在着一个潜词"摩配"了。根据这两个方面的因素，我们才预测两三年内，中国大地上将会流行一个新词语"摩配"。现在"车程"出现了，在潜性语言中也有"机程"和"船程"这两个潜词，从社会文化语用角度上看，也有一定的需要。但是它是不会出现的，因为，一是在语言中已经有了"航程"一词，用于飞机和轮船，"机程"和"船程"同"航程"必然要发生矛盾冲突，它必然会阻止"机程"和"船程"的出现，这就叫作系统内的压力；二是既然有了"航程"，而且人们也已经习惯了，对于"机程"和"船程"的需要就不那么大了。

语言的潜在仓库为语言的发展演变提供了保证。社会文化语用所需要的东西首先得是这个仓库里所具有的；社会文化语用所不再需要的东西，退出前台之后也可以在这个仓库里存放着，如果有了必要，它还可以再次登台表演。许多二三十年代的词语，随着1949年新中国的成立退出了前台，潜性化了，堆放到这个仓库里去了；到了

80年代和90年代，社会文化语用条件具备了，对它们又有了需求，于是它们再次显性化了，重新登台表演了，这就是人们所说的"旧词语的复活"。

三　语言预测学的方法论基础

如果只是描写语言的显性状态，那么只是运用归纳的方法也就可以了。可是要想对于语言的未来进行预测，仅仅运用归纳的方法那就不够了。这时候就必须同时运用演绎的方法。什么东西也没有，那是无法预测的。我们想要"无"中生"有"、把"无"变成"有"，这就得运用演绎的方法。这得向门捷列夫学习，他不是单纯地对现有的元素进行归纳，而是运用完备的思维方式，制定出元素周期表。这个周期表出现之后，科学家就可以运用这个周期表来更加自觉地发现新的元素了。在语言的预测中，我们就要善于从"无"中生出"有"来，即从显性语言中的"无"，找到潜性语言中的"有"来。同样地要排列出一个包括了潜性语言成分在内的逻辑矩阵来，即"语言的元素周期表"。有了这个"语言的元素周期表"，我们就可以有目的地去发现新的语言事物，进一步对语言的发展演变运动进行某些预测。

薛忠正在《询喻例说》中写道："陈骙《文则》中的比喻分类很细，但只有诘喻和引喻，而无询喻。我根据王希杰先生的'任何一种语言的基本辞格都是很有限的，但又具有无限的生成能力'的理论，利用王先生提供的'辞格纵横交错框架表'发现设问和比喻结合而生成的询喻，古已有之，今人也常用。"[①]我们在《修辞的现实和理论》(《修辞学习》1991年第3期)中提出的"辞格纵横交错框架表"，也可以叫作

---

① 中国修辞学会华东分会主编：《修辞学研究》(第7辑)177页，南京大学出版社，1995年。

"辞格的元素周期表"。薛先生运用它发现了古代汉语和现代汉语中的大量用例,建立了"询喻"一个小格式。

具体地说,这种方法包括两个方面:一是潜性语言的拟构方法;二是显性语言潜性化和潜性语言显性化的统筹选择方法。

历史比较语言学运用拟构方法,重建早已消失了的古代语言的状态。潜性语言的拟构方法,同历史比较语言学的拟构方法,是有许多相同之处的。这个相同之处就是从现在已有语言材料出发,先逻辑地推导演绎出各种各样的可能性来,再根据各种各样的制约因素进行合理的最佳选择。所不同之处在于,历史比较语言学中拟构方法的结果是历史上的确存在过的东西——当然依然具有某种假设的因素在内,语言预测学中的拟构的结果却是地地道道地还没有出现过的东西,可能是在将来某个时刻出现的东西,也许是永远也不会出现的东西。当我们一再主张语言的预测的时候,有些人大加非议,可他们却从不对历史比较语言学的拟构方法有什么不满,这是因为历史比较语言学已经得到了学术界的公认,语言预测学中的拟构还没有拿出充分的东西来给时间检验。语言预测学中拟构方法是科学的,它同历史比较语言学中的拟构方法,同考古学、人类学和古生物学中的拟构方法,在本质上是一回事情。从一枚牙齿化石出发,人们拟构出了完整的北京猿人的形象,这就是科学,这就是语言预测的榜样。从有限的显性词语出发,根据汉语构词法规律规则,我们就可推导演绎,或者说是拟构吧,拟构出一幅潜性汉语中的词语图画来。早在80年代初期,我们就根据汉语构词法从"煤霸、房霸、电霸推导出360个、720个……霸"来;到90年代,我们又从"白条子"推导出若干个"X条子"来。问题是语言预测学的工作者应当做大量的工作,把这个方法具体完善化。要从语感式手工式进一步科学化形式化程式化,变成大家都可以操作的东西,这有许多的工作要做,还得要大家一齐来做。

统筹选择方法,指的是对于显性语言的潜性化和潜性语言的显性化进行判断的时候所运用的一种方法。无论显性语言的潜性化,还是潜性语言的显性化,都受制约于两个方面:一个是语言内部的自我调节功能;一个是社会文化语用条件。而且语言内部的自我调节功能是复杂的,有多种因素在起作用,这个自我调节的系统是一个多种因素的动态平衡的系统、开放的系统。社会文化语用因素同样也是复杂的多变的,是有多种因素在起作用的,也是一个多种因素的暂时有条件的动态平衡的系统、开放的系统。只有运用统筹选择方法,才有可能对于语言的显性化和潜性化过程做出比较符合事实的判断及预测来。以往评论的失误,关键就在于往往只是抓住了某一个方面的因素,忽视了其他因素,例如,50年代指责"匪特"是不规范的,80年代指责"人流、达标、电脑、空姐"等不规范,共同之处是:主观上希望通过人的干预使得它们早日潜性化。但是,语言的发展演变恰恰相反,不但没有潜性化,反而大大地发展了。这是因为指责者只是看到了表达意思方面的某些不完善之处,意识到人们暂时的不习惯,而忘记了从古代汉语到现代汉语的发展演变中的一条最重要的规律:从单音节向着双音节运动的大趋势;在今天的汉语中,双音节依然是构词的最重要的规律。这就是现代汉语的自我调节功能的最重要的内容,是制约显词潜性化和潜词显性化运动的最强有力的因素。尽管从科学角度上看,"计算机"似乎比"电脑"更合理一些,但是"电脑"是双音节的,"计算机"是三音节的,这就使得后来居上的"电脑"具有"计算机"所没有的生命的活力。当"博导"、"硕导"出现的时候,我们看到了还存着:"大导"——大学生导师、"无导"——无产阶级的导师,等等。我们认为,它们并没有出现所必要的社会文化语用条件,是不可能出现的。当"汽配"出现之后,我们看到存在这样一个潜词"汽票"。但是我们认为它是不会显性化的,这是因为如果它显性化了,就会同"车票"发生冲突,是"车票"拒绝了"汽票"。应当承认过去我们进行预测的时候在方法上是不那么自觉的。现在的任务是必须把这种统筹选择方法具体完善化,变成大家都可以操作的方法和手段。

建立语言预测学必须从它的方法论原则开始。

四　语言预测学的实际操作

语言预测学是一门理论科学,也是一门应用科学。

语言预测学的建立需要做两个方面的工作:一是理论研究;二是实验工作。理论研究就是对这门学科建立的必要性、可行性的研究,是对这门学科的理论基础和方法论原则的研究,是对这门学科的科学结构方面的研究。

语言预测学的建立也需要做大量的实验工作。天气预报是在大量观察资料的基础之上进行的。没有大量的观察资料,天气预报是没有办法进行的。语言的预测也需要做大量的观察,根据观察所得资料来进行预测。天气预报当然有成功的,也有失败的,是在总结成功的经验和失败的教训的基础之上发展起来的,语言预测学也必须在大量预测的成功经验和失败教训的基础之上才有可能成为一门真正的科学。

显性和潜性
（1996年）

按：本篇是《修辞学通论》（南京大学出版社，1996年）的第三章。题为《显性和潜性》。共四节。

这是我对显性和潜性的比较完整的论述，也是学术界评论我的显性和潜性的学说的主要依据。莫斯科大学副博士研究生张俊翔在俄罗斯科学院语言研究所第十一届国际语言学研讨会上所作《"显性语言现象"和"潜性语言现象"》一文，即以本章为依据。引起与会者的广泛兴趣。论文编入会议论文集。浙江教育学院潘绍典教授翻译后编入李名方、钟玖英主编的《王希杰和三一语言学》（中国文联出版社，2006年）。

无，名天地之始；有，名万物之母。故常无，欲以观其妙；常有，欲以观其徼。此两者，同出而异名，同谓之玄。玄之又玄，众妙之门。

有无相生，难易相成。

——老子《道德经》

第一节 显性和潜性的对立

一 显性现象

显性世界由显性现象所组成。显性现象在我们观察之前就已经存在了,是一种经验的事实,是可以观察得到的东西。

显性语言现象就是在我们运用它之前,在我们研究它之前,就已经客观存在着的东西,我们听到过它,或者看到过它,说到过它,或者是写到过它,它是我们的一个经验事实。

交际活动是在显性语言的基础之上进行的。在交际活动中,有一个你,有一个我,这是显性的交际者;在一个秋天的下午,在某个地方,这是显性的交际环境;交际活动开始了。这就是显性的语言环境。我说:"我怕,我害怕,我紧张。"你说:"别怕,别害怕,别紧张,要轻松自如,自由自在。"你说出来了,我听见了;我说了出来,你也听见了。这就是显性话语。构成这些显性话语的语言材料"我、害怕、紧张、别、怕、要、轻松、自如、自由自在"都是显性的语言材料。你和我就是这次交际活动中的显性交际者。我说我害怕和紧张,你就给我鼓励帮助;你说了"别害怕,别紧张,要轻松自如"等,我就不害怕不紧张,果然轻松自如了,这就是显性效果。修辞活动是一种选择活动,首先是对这些显性语言材料的选择。没有显性语言材料,就没有人类的语言交际,也就没有修辞。所以显性的研究是修辞的基础和出发点。以往的语言研究主要是对显性语言的研究。传统修辞学是建立在显性的语言现象之上的。现代修辞学依然把显性语言现象作为最重要的研究对象,作为修辞学大厦的最可靠的基础。

交际活动是在显性的物理世界和显性的文化世界以及显性的心理世界的基础上进行的。显性物理现象,就是早已存在于我们的感觉之外的客观事物,是我们的感觉器官所能够感受得到的东西。小河流水、蓝天白云、高山大海,我们看到了;花儿的香味,我们闻到了;鸟儿的歌唱,我们听到了;滑溜溜的雨花石,我们的手指头抚摸着它……它们的存在都是不以我们的主观意志为转移的。人们常常说:"事实胜于雄辩!""凡事实都是发少爷脾气老爷脾气小姐脾气所不能够改变的！"强调的就是物理世界中显性现象的客观性。人类对世界的认识，首先是建立在显性的物理世界上的。看到了许多黑色的乌鸦，于是说"天下乌鸦一般黑"；看到了许多蛇都是没有脚的，于是说"画蛇添足"，表示多此一举。

文化世界中，已经出现了的文化，历史上存在过的文化是一种经验的事实，就是显性文化。显性文化现象，看得见摸得着。生肖文化是显性文化，汉族是：子鼠、丑牛、寅虎、卯兔、辰龙、巳蛇、午马、未羊、申猴、酉鸡、戌狗、亥猪。柯尔克孜族是：鼠、牛、虎、兔、鱼、蛇、马、羊、狐狸、鸡、狗、猪。蒙古族是：虎、兔、龙、蛇、马、猴、鸡、狗、猪、鼠、牛、羊。彝族——毛道彝族是：鼠、牛、虫、兔、龙、鱼、肉、人、猴、鸡、狗、猪。桂西彝族：龙、凤、马、蚁、人、鸡、狗、猪、雀、牛、虎、蛇。哀牢山彝族是：虎、兔、穿山甲、蛇、马、羊、猴、鸡、狗、猪、鼠、牛。云南有些少数民族是：象、牛、虎、鼠、龙、蛇、马、蚁、猿、鸡、狗、猪。

心理世界方面，凡显现在表面的，他人可以感受和观察得到的东西，就是显性的心理现象。你笑了，可见你是高兴的；你哭了，可见你是痛苦的；你吹胡子瞪眼睛，怒发冲冠，这说明你发怒了；你躺在小河旁边的草地上，微笑着望着蓝天上的燕子，轻轻地哼着小调，怡然自乐，这是你的恬静心态的自然流露；这是他人能够感受得到的，也是你自己能够体验得到的。

二　潜性现象

心理世界中，长期以来人们只是注意自觉意识，而忽视了潜意识。弗洛伊德的伟大就在于他第一个揭示出了人类潜意识这个十分重要的层面，把科学眼光深入到了人类的无意识、潜意识方面。用他的话来说，人类的自觉的意识只不过是巨大的冰山已经露出水面的那一部分,很小的一部分。而潜意识就是目前还处在水面之下的那个更大的部分。

语言学家注意到:"人类的发音器官能够发出很多种不同的声音,但在任何一种语言里,只运用相当少的一套声音系列,这些声音系列之间在功能意义上具有绝对的差异。"[①]美国心理学家奥斯古德认为,我们必须到水面下隐藏的语言冰山的那十二分之十一中去寻找语言科学的一般原理。这个比喻显然是从弗洛伊德那里来的。

现代汉语的语音系统,根据人们从1.3亿的语料中的11837453个汉字的统计分析来看,不分声调的全部音节有419个,其中有13个音节是没有相应的汉字的,有相应汉字的音节总数是406个。那么对汉语来说,这些音节中没有的汉字就可以称之为音节方面的"潜汉字"。它们等待着我们去开发和利用。它们是汉语中潜在的语音成分。中国传统的音韵学中有韵图和等韵表。从这些韵图和等韵表中,就可以很形象地看到汉语中的潜在音节现象。

汉语中把男教师的妻子叫作"师母",那么一个女教师的丈夫应当如何来称呼他呢?在现有的现代汉语的词汇系统中,并没有这样的一个语言符号。但是这样的一个语义单位,却是潜在地存在着的。在现代汉语中,有"彩电""彩照""彩扩",但是与它们相对应的黑白的那种形式的东西,就没有相应的词汇形式了,只能用一个短语来表示它们。可以把并没有相应的语言符号的语义单位叫作"语言中的空符号"。这样一些语言的空位,显然也是存在着的,虽然是潜在性的,也是语言宝库中的成员。它们也是语言世界中的潜在着的事实,潜语言现象。

王力在《中国语法理论》第28节里说:"有些语言里,指示代词分

---

① 王士元主编:《语言与人类交际》6页,广西教育出版社,1987年。

为近指和远指两种,例如中国古语的'此'和'彼',现代官话的'这'和'那'。另有些语言里,除了近指和远指之外,还有第三种指示代词,那就是非远非近,只指的是某一定人物。例如现代苏州话(吴语区域准此),近指用'该',远指用'规'('该个''该搭'),普通非远非近用'格'('规个''规搭')……"①近年来有些文章说,山西、山东、湖北的某些方言中也都有第三种代词。那么,在这些方言中,这第三种代词是一种显性现象。但是对普通话和汉语的大多数方言来说,这第三种代词指示一种潜在现象。

汉字有许多的部件:表示意义类型的部件——义符。如:鸟、鱼、马、牛、羊、犬(犭)、龙、金、木、水、火、土、口、言(讠)、舌、日、月、石、小、方、立、佳、广、系(纟)、衤、礻、辶、虍、豸,等等。又有许多的表示语音的部件——声符,那就更多了。它们组合的结果是现在已经有了五六万个汉字。但是这不过是它们的可能组合中间的一个很小的部分,还可以组合出许许多多新的汉字。这可以叫作形体方面的"潜汉字"。

婆罗多在《舞论》中说,按照不同音节的组合方式,伽耶特哩诗律可以分成 64 种,而每一音步七音节的优湿尼迦诗律可分成 128 种,每一音步八音节的阿奴湿图朴诗律可分成 256 种,以此类推,每音步二十六音节的优特伽哩诗律可以达到 67108864 种。② 然而,真正出现的诗律显然并没有这么多的,其中大多数只是潜在的诗律。

交际活动其实也是受到潜性世界的影响和制约的。潜在语言转化为显性语言,这是交际活动中大量存在着的现象。开发潜语言,避免潜语言对交际效果的损害,积极利用潜在语言来提高表达效果,这

---

① 王力:《王力文集》第一卷 294 页,山东教育出版社,1984 年。
② 黄宝生:《印度古典诗学》128 页,北京大学出版社,1993 年。

正是修辞的一个十分重要的任务。

物理世界不但有显性的一面,还有潜在的一面。物理世界中还有许多东西是目前还没有观察到的,或者是人类用自己的感觉器官无法观察到的。但是决不是不存在的。人类观察不到的东西,就是潜性物理现象。它存在着,而且还影响着我们的生活和思维,也影响着我们的交际活动。在发现白色的乌鸦和有足的蛇之前,这白色的乌鸦和有足的蛇就是一种潜性物理现象,它可能是存在的,它有存在的合理性。人类的认识活动就是一个不断地从已知的显性物理世界向着未知的潜性物理世界进军的过程。

归谬格是论战中常常运用的一种手段,就是运用目前事实上并不存在的东西来作为自己的论据。例如道学先生吹捧孔子说:"天不生仲尼,万古如长夜。"刘谐就说:"怪不得羲皇以上的圣人,尽日燃烛而行的呢!"所谓归谬格,讨论问题应当根据客观事实说话,根本不存在的东西是不能拿来作为论据的。刘谐故意偏离这一规则,是要揭示对方的荒谬。

文化世界同样既有显性的一面,也有潜在的一面。电影电视广播在孔夫子时代,便是一种潜性的文化现象。中国女性受到他人,尤其是陌生的男性,对自己的美貌的赞扬之后,即使心里高兴,口头上也不便、不敢接受。这是显性文化现象。而西方女性则大大方方地表示感谢。这在中国,过去没有,那就是一种潜性文化现象。英美人用老鼠来称呼年轻的女性;古代希腊人用苍蝇来形容勇敢的战士;《梨俱吠陀》中写道:"像一对倾城登车的勇士,/像一对羽毛美丽的鸟儿,/像一对自愿结合的山羊,/像一对遵守礼仪的伉俪。/像一对嘴唇说出甜蜜言词,/像一对乳房抚育我们成长,/像一对鼻孔维持我们的生命,/像一对耳朵听清一切音响。""像一对鼻孔维持我们的生命"的比喻,在汉语文化中是没有的,但并不意味着就是不合理的不可能的，那么就是潜性比喻。事实上，就物理世界的现象而言，猪也有瘦的，猴子也有肥胖的，狐狸也有愚蠢的，驴子也有聪明的，兔子和老鼠也有勇敢的……这些本来都是可以构成比喻的，例如："胖得像一只猴子"，"瘦得像头猪"，"聪明得像驴子一样"，"勇敢得如同兔子和老鼠"，"愚蠢得就像是狐狸"，等等，这在物理世界方面并没有什么不可以、不合适的地方。但是直到现在，说汉语的人似乎还没有运用这样的比喻，那么它就只是潜性比喻、潜性文化现象。在歇后语中，有："属骆驼的——驮重不驮轻"，"属地瓜的——一辈子没有出过头"，"属曹操的——多疑"，"属黄忠的——不服老"，"属算盘珠子的——拨拨动动"……这都是文化世界中所没有的事。从显性现象上说，"属X的"，是能产的，它可以把一切事物都包括在内。中国人的姓还在发展，有许多现在还不是姓的汉字，是有可能变成为姓的吧？在交际活动中，人们也可能临时地把本来不是姓的汉字当作姓来处理。例如："这一笔交易的将来，自然在命运手里；女孩本姓碰，由她去碰了！"（朱自清《生命的价格——七毛钱》）"是的，我带来了这些最漂亮的绣品，先生，它不姓苏，也不姓长塘镇，它姓的是中国——China！"（叶文玲《晓雪》）

心理世界的潜在的一面，正是现代心理学家所十分注意并积极进行研究的新领域。弗洛伊德在这方面做出了巨大的贡献。这是一个有待于继续大力开发的领域。心理世界的潜在的一面对语言运用的影响制约作用，已经逐步地得到了承认，并且受到了重视。文化世界和物理世界的潜在的一面对语言运用的影响和制约作用，也同样是很值得重视的，应当积极开展研究。

在交际活动中，说的只是："这东西是好，真不错，但是……""你这人什么都好，不过，就是……""人家都怕你……"后面的话，没有说出来，留给对方去体会了。这就是潜性话语，或者叫作"潜台词"。虽然没有说出来，但是交际对方却是明白的，或者是“我也怕你”，或者是“我却不怕你”。“一士人家贫，与友上寿，无从得酒，乃持水一瓶称觞曰：‘君子之交淡如。’友应声曰：‘醉翁之意不在。’”潜性话语是“水”和“酒”。《谐噱录》中说：“侯白好俳谑。一日，杨素与牛弘退朝，白语之曰：‘日之夕矣。’素曰：‘以我为“牛羊下来”耶？’”侯白的潜性话语正是“牛羊下来”：牛者，牛弘也；羊者，杨素也，“羊”“杨”同音。所谓“歇后”，即话语的真正的含义不在显性部分，而在潜性话语中。如：“刘烨尝与刘筠连骑趋朝，筠马病足行迟。烨曰：‘君马何迟？’筠曰：‘只为五更三。’烨曰：‘何不与他七上八？’言点蹄，则下马。”话语含义在潜性成分“点”和“下”上。

曹禺的《日出》中，小东西、王福升、潘经理，在台上活动着，呈现在观众的眼前，他们是显性人物。金八并没有出场，但是观众能够感觉到他的存在，正是他控制着舞台上活动的人物的言行，他就是一个潜性的人物。剧本中，显性人物的等级性控制关系是：小东西——王福升——潘经理——（金八）。观众能够感觉得到的是，在这个舞台之外，在现实的生活中，还存在着另一个等级的人物控制关系：（潘经理）——金八——×1——×2——×n。这就是潜性人物等级性控制关系。唐太宗任命李纬做户部尚书时，有人从京城来，李世民就问道：“（房）玄龄闻纬为尚书谓何？”那人回答说：“惟称纬好须，无他语。”房玄龄并没有对李纬是否具备担当户部尚书的能力发表任何意见，但是事实上他已经否定了李纬，不过这个否定只是一个潜台词，潜性话语，潜在的会话含义。房玄龄的显性交际对象是那个一般官员，但是他的话语显然是说给唐太宗听的，那么唐太宗就是房玄龄的潜性交际对象。

显性现象和潜现象之间是对称的。凡显必有潜，但是，不能反过来说：凡潜必有显。因为潜性现象总是要比显性现象大得多，多得多的。所以,显和潜又有不对称的一面。显和潜的对称性关系是我们认识世界的一个突破口。

三　显性和潜性的普遍性和相对性

显性和潜性的对立、联系与转化关系是普遍的和相对的。

宋代程颐在《易传序》中说:"至微者理也,至著者象也。体用一源显微无间。"(《程氏遗书》)"至显者莫如事,至微者莫如理。而事理一致,微显一源。古之君子所谓善学者,以其能通于此而已。"(《程氏遗书》第二十五卷)他所说的"著"就是"显",因为它是可以直接感知与观察的;他的"微"则是无形无象,就是"隐",就是"潜"。"古之君子所谓善学者,以其能通于此而已。"可见显性和潜性是一个方法论原则。显性和潜性的对立、联系、转化是普遍性的。

《五灯会元》记载,"吉州青原唯信禅师,上堂:'老僧三十年前未参禅时,见山是山,见水是水。及至后来,亲见知识,有个入处,见山不是山,水不是水。而今得个休息处,依前见山只是山,见水只是水。大众,这三般见解是同是别?有人辐素得出,许汝亲见老僧。'"[①]第一个境界,见山是山,见水是水,是只看显性世界;第二个境界,见山不是山,见水不是水,则是进入了潜性的世界;第三个境界,再次回到显性世界,乃潜性+显性,就是潜性参照之后的显性。

显性和潜性的对立不是绝对的,而是相对的,可以相互转化的。显性事物可以潜性化,潜性事物可以显性化。显性和潜性之间的关系可以随着时间和空间的变化而变化,也可以随着层次、视点、参照物的变化而变化。

---

① 普济:《五灯会元》下册1135页,中华书局,1984年。

第二节 显性语言和潜性语言

一 语言＝显语言＋潜语言

有些西方学者把显性和潜性理解为语言和言语之间的关系,也用于聚合关系(paradigmatic)和组合关系(syntagmatic)之上。有道理。显性和潜性的对立关系是可以有多层次的理解的。我们把显和潜的对立和联系用于另一层意义上。凡是在此之前已经出现了的语言现象,就是显性语言现象。而在此之前还没有出现的东西,则是潜性语言现象。在交际中,凡是已经在话语中出现了的就是显性话语,而话语中并没有出现的东西则是潜性话语。

语言好比是一台戏剧。正在前台表演的演员和他们的表演活动是语言世界的显性现象。前台的演员一旦完成了自己的表演,就退到后台去。而原先在后台的那些演员在需要的时候,就立即走出"马门",登上了前台,开始表演。在后台时,他们是潜演员,现在到了前台,就是显演员,实现了潜演员的显性化。而退场的演员和演员的退场只不过是"显演员的潜性化"罢了。

客观地呈现在人们面前的语言称之为"显语言",历史上出现过但是现在已经消失了的语言成分和那些即将出现的语言成分便是潜语言。语言的一个完整的概念应当是:语言(A)＝显语言(AX)＋潜语言(AO)。在语言世界中,显语言和潜语言也是对称的。凡有显语言的,就必然对应地存在着潜语言。但是不能说,凡有潜语言的,就一定有显语言。事实上,潜语言要比显语言多得多。它们两者又是不对称的。显语言和潜语言的对称性和不对称性的统一,正是我们观察和研究语言现象的一个突破口。

以往的语言学研究只以显语言为研究对象,现代语言学应当扩大自己的视野,把潜语言也包含在自己的研究对象之中。现代修辞学也应当走这条路。

二 显词和潜词

显词就是在我们观察它之前就已经存在着的词,对观察者来说是一个经验的事实。例如:零度——丈夫。偏离——玉郎、老公、夫主、夫婿、夫君、老头子、老鬼、盖老、家长、爱人、老儿、外子、门前人、儿夫、老官儿、阿老、所天、官人、汉子、姑爷、掌柜、先生、老板、外当家、外头人、良人、郎君……这里的每一个词都是可以找到用例的。如:"门前柳花飞,玉郎犹未归。"(牛峤《菩萨蛮》)"你在京城中娶了个小老婆,我在家中也嫁了个小老公。"(《京本通俗小说·错斩崔宁》)"妾身是这潞州长子县人氏,自身姓历,嫁的夫主姓王。"(关汉卿《五侯宴》)"东方千余骑,夫婿居上头。"(《陌上桑》)"人世悲欢不可知,夫君初破黑山归。"(高骈《闺怨》)"赖嫂子回去说给你老头子,两府里不许收留他儿子,叫他各人去罢。"(《红楼梦》)"老鬼!都是你不好!"(叶紫《丰收》)"及至她的爱人死去,她差不多对于全世界上如告总别离了。"(王统照《青松之下》)"这婆子的门前人死了好几年了。"(蹇先艾《到时溪去》)"崔家郎君一去十五载,不通音讯。"(《剪灯新话·金凤钗记》)在发达丰富的汉语中,这样的显词数量是非常之巨大的,大到了人们很难比较精确地进行统计。现代汉语具有如此丰富的显词,这就给我们在交际活动中选择词语提供了最充分的条件。

现代汉语中有"水霸""房霸""路霸""煤霸""渔霸""菜霸""文霸""学霸""市霸""电霸"等。这里在"霸"之前的名词性成分有两种含义,一是表示行业,二是表示地方、事物的。那么,在我们的社会上,三百六十行，七百二十行，也许还不止这么多的行业，而且随着社会的进步和发展，还会有许许多多的新的行业诞生出现的。在这些个行业中，有的已经产生出了大大小小的"霸"了，有的以后有可能会产生出"霸"来。既然水、煤、电、菜等等都可以有"霸"，那么万事万物岂不都可以有一个"霸"么？！早在80年代初，我们就在《说"霸"》一文中指出，当今的中国出版界的"霸"是颇为不少的，他们以权谋私，坑害作者和读者，是叫作"出霸"呢，还是叫作"版霸"好呢？但是一直到90年代的今天，我们的汉语中依然是没有"出霸"或"版霸"这些词语。但是你却不能够因为它没有出现，还没有被人们所使用，就说它们不合理、不存在。在现代汉语中，正潜藏着许许多多的"霸"类家族词语，或表示行业，或表示地方，或表示事物。如：粮霸、油霸、书霸、衣霸、车霸、船霸、机霸、井霸、村霸、乡霸、校霸、系霸、班霸、股霸、税霸、灯霸、舞霸、笔霸、纸霸、鞋霸、帽霸、桌霸、球霸、影视霸、出版霸、发行霸、娱乐霸、电脑霸、迪斯科霸……这些词还没有出现，或者是已经出现了，我们还没有收集到，但是我们能够感觉到它们的存在，也承认它们的合理性，好像是一个熟悉的陌生人，陌生的熟人。这就是我们的语言中潜词。

《扬子晚报》1995年11月3日有一段文章："他们利用'医托'，到处拉人。曹对'医托'说：只要不是癌症和急性病，不需要动手术，尽管往回领。'医托'去拉人时，留意摸清患者得的是什么病……"那么三百六十行，七百二十行，行行就都有可能存在着"X托"的吧？在现代汉语中，本来好像只有"麦假"——收麦子的时候放农村中小学生的假。现在《参考消息》1991年2月21日上说："这位负责人说，一些学校将放'煤假'。"那么，似乎还应当有"鱼假、糖假、盐假、玉米假、大豆假、花草假"等的吧？不过现在都还只是一种潜性的形式，还没有被我们开发和利用。

显词只不过是语言冰山显露在水面上的一个很小的部分。这座冰山深深潜藏在水面之下的部分可是无比巨大的。例如,既然有"汉医汉药""藏医藏药""蒙医蒙药"等显词,那么中国有56个民族,全世界有不知多少个民族,这一来就该有多少个"X医X药"呢!既然有了"汉奸""回奸""蒙奸""阿奸"等显词,那么中国有那么多的民族,全世界有那么多的民族,这一来该有多么多的"X奸"呀!这些潜词从语言的角度上说,是合理的,能不能出现,取决于社会文化语用的条件。再如:显词——院长、院庆;潜词——院歌(对比:国歌)、院风(对比:校风)、院友(对比:校友)、院花(对比:校花)、院服(对比:校服)、院容(对比:市容)、院园(对比:校园)、院树(对比:市树)、院徽(对比:校徽)、院纪(对比:校纪)……

一旦具备或满足了它们出现的社会文化语用条件,那么它就会出现的,而且出现之后人们不会感到无法接受,多少还会有些亲切感。你看:"美国不领越奸情"(《中国青年报》1995年6月9日)昨天的潜词"越奸",今天就出现了。当然潜词的显词化,有的广泛流行最后进入词汇系统,也有的只是临时性的修辞的一种用法。如:①"不料,有一个'旁观 + 旁听'者破门而出插一脚露一手侃侃而谈道。"(《语文月刊》1995年第4期)②"大丰,出现'打农仔'"(《扬子晚报》1995年5月31日)这个"'旁观 + 旁听'者"和"打农仔",恐怕只是一个修辞性的偶发词,大概是不会进入词汇系统的。

潜词也是语言的一个部分,而且是不可缺少的部分。再如:"'A'是一个字母。""'々'是一个符号。""'＊'表示是有毛病的句子,人们不说的句子。"在交际活动中,这些"A、々、＊"都是临时性地充当了一个词,具有了词的功能。在它们还没有出现的时候,也是可以归入潜词的范畴之中的。

三　显句和潜句

显句就是在观察之前已经存在着的句子,也就是已经有人这么说过或写过的句子。以往的语法研究就是建立在这些显句的基础之上的。句型就是在这些大量用例的基础之上抽象概括出来的句子的结构类型。

显句是所有语言使用者的共同的财富。修辞活动就是从这些显句中进行选择。没有这些显句,就无法进行正常的交际活动。

汉语中,根据短语结构规则,可能也应当存在着许许多多的句子格式。现代汉语句法组合规则不同于印欧语言的地方有三条:一、现代汉语中体词可以做句子的谓语。二、现代汉语中的谓词(动词和形容词)可以做句子的主语和宾语。三、现代汉语中主谓结构(小句)可以做句子的主语和宾语。从这样三条基本规则出发进行推导,就可以得到许多句子格式来:

	体词(A)	谓词$_1$(B)	谓词$_2$(C)	小句(D)
体词(A)	AA	AB	AC	AD
谓词$_1$(C)	BA	BB	BC	BD
谓词$_2$(C)	CA	CB	CC	CD
小句(D)	DA	DB	DC	DD

其中有一些句子格式虽然在理论上是合理的,但是在语言运用中似乎并没有出现过。符合结构规则,但是目前还没有运用的句子,就是潜性的句子、潜句。

从成对的关联词语"一则,二则"、"一来,二来"、"一者,二者"这三组格式出发就可能有如下的多种组合形式,如:"一则,二来""一则,二者""一来,二则""一来,二者""一者,二则""一者,二来""×,二则""一则,×""×,二来""一来,×""一者,×""×,一者""一则,二来,三者""一来,二者,三来""一者,二则,三来""一则,×,三者""×,二者,三来""×,二则,三者"……(×,表示空白,省略。)这些都是合乎语法结构规则的句子格式,但是还没有用例,所以只是潜句。

潜句为什么还没有出现呢?这或者是因为缺少了它们出现的社会文化语用条件,或者是因为同语言内部的另一条更加强大的规则发生了矛盾和冲突。例如说,BA 式之所以不能够或者说很难出现,原因就在于:动词 + 名词 = 动宾结构。这是一条比较强大的规则。它制约着抵制着 BA 式的出现。形容词 + 名词 = 修饰结构。这也是一条比较强大的规则。是它抵制和制约着 CA 式的出现。

不能因为潜句今天还没有出现就否决了它们作为句子的资格和权利。应当承认它们作为句子的合法性,又必须看到它们同显句之间的本质差别。

潜句今天还没有出现,并不是就永远不会出现。只要所需要的各种条件得到满足,就有可能出现。这就是潜句的显句化。有的只是临时性地偶然地出现一下,"偶尔露峥嵘";有的不但出现了,还可以成为新的语法规范。这就是语法发展的基本道路。

四 显义和潜义

显义就是在观察之前、运用之前就已经客观地存在着的意义。它是整个社会集体的共同的财富。它不以个人的意志而转移,而改变。它是相对稳定的。

拿语素"龄"来说吧,它构成了两类词语,一类表示的是时点,即达到某种标准的年限。如婚龄:结婚的年龄;或法定的允许结婚的年龄。学龄:适宜于儿童入学读书的年龄,一般指六或七岁。役龄:法定的服兵役的年龄。另一类意义是指时段,所包含着的是时间的长短。如军龄:参加军队后的时间的长短。党龄:入党后的时间的长短。工龄:参加工作后的时间的长短。教龄:从事教育工作时间的长短。艺龄:从事艺术工作时间的长短。酒龄:酒酿造后储藏的年数;或某个人喝酒的年数。这些含义都是在语言的历史发展中逐步地形成的,约定俗成的,个人不可以随意地改变的。虽然说入党也有一定的年龄规定,但是人们都不这样理解"党龄"。

显性意义既然是具有相对稳定性的,不能随意改变的,使用语言的人就只有准确地把握住这些显义,才能保证不出差错。

潜义指的是,一个词语或句子本身包含的,但是使用者没有开发和利用的意思。例如,"唐僧肉"指唐僧这个和尚身上的肉,"东坡肉"指苏东坡所喜欢吃的所提倡吃的一种食品。这是显义。"东坡肉"潜藏着苏东坡身上的肉的含义,"唐僧肉"也潜藏着唐僧所喜欢吃所提倡吃的一种食品的含义。这种意义也并不因为你不去运用就不存在,所以是潜性意义。

《现代汉语词典》(第1版)中:"马掌——① 马蹄下面的角质皮。② 马蹄铁的通称。""熊掌——熊的脚掌,脂肪多,味美,是极珍贵的食品。"像"熊掌"一样的意义,在"鹅掌"上面也是存在着的。"熊掌"和"鹅掌"都没有"马掌"的第二个含义。但是这种意义是客观地潜在着的,并且也有它的一定的合理的一面,在某种特定的语言环境里面,也有释放出来的可能性。这样一种意义,可以称之为词语和句子的潜在意义——"潜义"。任何一种语言中,潜在意义都比显性意义要多得多。换句话说,到目前为止,人类对语言含义所开发的只是极少部分,潜义这个宝库还有待于进一步加以开发和利用。

"X龄"类词语也存在着有待于开发的潜义:X龄$_1$(时点)——党龄:党章规定的入党的年龄。工龄:法定的可以参加工作的年龄。教龄：教育法所规定的可以从事教育工作的年龄。军龄：兵役法所规定的可以参加军队的年龄。艺龄：法定的允许从事艺术工作的年龄。酒龄：酒酿造成功的时刻；或某人开始饮酒的年龄。X 龄$_2$（时段）——婚龄：结婚后的年数。学龄：入学之后的年数。役龄：参加军队之后的年数。

潜义在理论上都是合理的。有一天有了一定的社会文化条件，具备了一定的语言环境，它们就可以成为显义。潜义的显义化，是语言发展的一个重要的途径，也是语言艺术的一个十分重要的方面。

五 零度潜语言和偏离潜语言

显性语言现象，大多数是合乎语言的规律规则的，但并不是全部都合乎语言的规律规则的。那些不合乎语言的规律规则的话语就是语病。显性语言中存在着零度形式和偏离形式，潜性语言中也同样存在着零度形式和偏离形式。潜性语言，也同样是由两个部分组成：一种是零度潜语言——合乎语言常规的潜性语言形式；二是偏离潜语言——偏离了语言常规的潜性语言。前面说的潜性语言现象都是合乎语言的规律规则的。但是，另一些潜性语言却是不合乎语言规律规则的。

前面所举的大都是零度潜词，偏离潜词的数量就更大了，形式更是多样化了。黄庭坚在《有怀半山老人次韵二首》一诗里写道："啜羹不如放麑，乐羊终愧巴西。"叶梦得在《石林诗话》中批评说："本是'西巴'，见《韩非子》。盖贪于得韵，亦不暇省尔！"用我们的话来说，这个"巴西"就是一个偏离式的潜词，是倒序式的偏离潜词。把司马迁说成是"马迁"，把司马相如说成是"马相如"，可以称为节缩式的潜词。

老舍的《四世同堂》中："假如他们（指日本军阀）不是这样，而坦率地自比一匈奴或韩尼布尔,以烧红的铁鞭去击打大地,他们在历史上必定会留下永远被诅咒的名声……"(81页)"韩尼布尔"是英语中的"cannibal"的不十分准确的音译,是"食人肉者""吃人生番"的意思。它来源于西班牙语的 canibal,本指加勒比人,转义为"残忍的人""吃人肉的人"。老舍临时性地用来作为"食人肉者""吃人生番""惨无人道者"的同义手段。

在汉语中,"X 变"表示的是 X 发生了变化。例如:兵变——士兵的哗变;民变——老百姓暴动;婚变——婚姻发生变化;情变——爱情发生变化,吹了;质变——性质发生了变化;量变——数量发生了变化。"X 化"表示从非 X 转化而成了 X。沙漠化——非沙漠变成了沙漠;城市化——非城市变成了城市了;知识化——从没有知识变成为有知识了;年轻化——从不年轻变成为年轻了;科学化——从不科学非科学变成为科学了。在汉语中就有一个潜词叫作"癌化"——从非癌细胞转化而成为癌细胞了。可是人们没有开发这个潜词,却用"癌变"来表示这个意思。按照常规,"癌变"意思应当是"癌细胞发生了变化",不应当是指"非癌细胞转化为癌细胞"。这是潜显转化中的超常规现象,变异现象。合乎规律规则的潜性向显性的转化,是潜显转化的零度形式,这种超常规的潜显转化就是语言发展中的一种偏离现象。这种偏离的潜显转化现象也是语言的发展形态之一。当"癌变"出现之后,被人们接受之后,它就成为一种抗拒"癌化"的强有力的因素,压制着"癌化"不能再从潜性向着显性转化。同时也给"X 变"增加了新的语义内容:"X 变"表示"从非 X 转化而成为了 X"。也给"X 化"增加了一个同义形式:"X 变"="X 化"。"癌变"="沙漠化"(是就从非 X 向着 X 转化这种意义而言的)。

"保姆"本来是指为他人做家务劳动的女性。不可以说"男保姆",这是一个逻辑错误,自相矛盾。对为他人做家务劳动的男性,我们本应当另外来创造一个词语,例如"保男"或"男佣"。然而,却偏偏采用了"男保姆",并且进一步创造了"女保姆"。这同样是不合理的。这是一种扭曲改变语言形式之后的特殊的潜词。从义素运动角度看,义素的脱落,去掉了"保姆"中最重要的语义成分:"女性"。这是常见的一种构词方式,如:下浮、冷烫、冷焊、航天、眉笔、旱冰、方言岛、毛巾被、女光棍、布袋木偶、塑料台布等。

六 潜性语言的显性化

那许多的潜性成分为什么还没有被使用呢?这首先是社会文化语用方面的原因所决定的。语言是人类的交际工具,只有交际活动所需要的东西才会被人们所运用。如果还没有满足潜性语言成分出现的必要和充分的条件,它们是不会出现的。一旦所需要的必要的和充分的条件具备了,它们是会出现的。潜性语言成分的显性化取决于社会文化语用的条件是否充分。反之,显性语言成分一旦失去了存在的必要和充分的条件,也会消失,即显性语言的潜性化。这就是社会文化语用条件对语言的发展演变的制约性。拿"女士"和"男士"、"太太"和"老板"来说吧,30年代就有了。1949年新中国成立之后,社会风气改变了,人与人之间的关系改变了,大家都是"同志",不分男女老少,一律平等。于是它们消失了,潜性化了。到了改革开放的时代,人与人之间的关系发生了变化,新的观念出现了,"女士"和"男士"再度出现,更加流行了。即潜性语言再次显性化了。从四个世界的理论来看,就是说,语言世界提供了潜性材料,物理世界的真实性、文化世界的得体性和心理世界的可接受性,则是潜性语言显性化的制约因素、必要的和充分的条件。

潜性语言的显性化,也受到语言系统内部规律规则的制约。汉语词语的简缩,双音节的既可以取前一个音节,也可以用后一个音节。"汽车",取前一个音节"汽"——汽修厂、汽配;也可以用后一个音节"车"——停车场、车票。虽然"车配"和"汽票"从语言角度上看,是同样合理的,然而人们会感觉到好笑和别扭,不习惯,抗拒接受。"车票"和"汽配"在阻止着"汽票"和"车配"的显性化运动。这可以叫作语言系统内部的张力或压力。有了"车程"一词,照理说,也该让"机程、船程"等显性化。但是,已经有的"航程"(用于飞机和轮船)必然要阻止"机程"和"船程"的显性化运动。

潜性语言在它所需要的条件得到了满足之后就可以向显性语言转化了。例如,"婚龄"一词的显性意义本来是指的时点。但是:①"自愿离婚者中年龄轻、婚龄短、轻率结婚等现象值得注意。"(《文汇报》1986年10月19日)②"尽管丈夫深知,已有5年婚龄的娇妻对他是忠贞不渝的,绝不会假戏真做,但他还是不愿意。"(《中国青年报》1992年3月22日)"婚龄"一词的潜义就已经显义化了,成了一个新的语言事实。再如,"狗美容师",从语法结构方面看,可以做两种切分:(1) 狗 + 美容师;(2) 狗美容 + 师。在大陆地区,美容的对象总是人,还没有专门为狗美容的事儿出现。于是这"狗美容师"是骂人话。但是近年来在香港地区已经出现了狗美容院和专门为狗美容的人——"狗美容师":狗美容 + 师。那么在中国的香港地区,"狗美容师"的潜义就已经显义化了。显然是因为那里出现了"狗美容 + 师"所需要的必要和充分条件。其实"狗美容 + 师"也存在着另一个意思:给狗美容的人。不是真正的狗,而是指的人,是把人当作为狗,即:给你这个狗一样的人来美容。还是一句骂人话。

现代汉语中本来就只有"导演""导航""导游"等显词,却有许多的潜词,如:导吃、导购、导厕、导向、导读、导学、导医、导富、导食、导耕、导农、导卖、导考、导车、导渔、导厨……到了80年代改革开放以后,导购、导读、导学、导吃、导医、导厨、导向、导富、导恋、导婚等潜词就一步步显性化了,成了现代汉语中的新词语,逐步为人们所接受,走入汉语的词汇系统。这就是潜词的显词化。

"汉奸"本是指出卖汉民族利益的坏人,那么中国几十个民族,每一个民族里出卖自己民族利益的人就都可以有个"X奸"的。于是"回奸""蒙奸"等词出现了。同时又扩大了"汉奸"一词的用法,用于出卖中国民族利益的坏人这个意思。再进一步说,全世界的民族那么多,每一个民族都可能有出卖本民族利益的坏人,就有许许多多的"X奸"存在着。于是出现了"俄奸""阿奸(阿尔巴尼亚)""保奸(保加利亚)"等。现在又有了"法奸":"警察在数百名法奸的协助下逮捕了所有被列入黑名单的人,其中包括儿童和病人。"(《参考消息》1995年7月24日)在这里,原先的潜词"法奸"就显性化了。

浙江金华街头有一个招牌是:"摩托车修理配件"。显然是经营两项业务:一是修理摩托车,二是卖摩托车的配件——摩配。如果说"摩托车"是主语,那么动词"修理"和名词"配件"是并列的结构关系,共同充当句子的谓语,这是一个双谓语句。这样的句子是以前所没有过的,但是它符合汉语的句法结构规则。因为在汉语中,(一)名词可以做句子的谓语,(二)名词可以同动词组合成并列结构(如:复印、名片。打字、名片、复印)。也正因为它符合汉语的句法结构规则,人们才没有什么困难就理解了,并没有大惊小怪地去对它说三道四。

潜语言的显性化是交际需要的产物,往往是为了达到某种特殊的交际效果的产物。鲁迅的《阿Q正传》中:"倘在夏天,大家将辫子盘在头顶上或者打一个结,本不算什么稀奇事,但现在是暮秋,所以这'秋行夏令'的情形,在盘辫家不能不说是万分的英断,而在未庄也不能说无关于改革了。""盘辫家"就是作者从许多个"X家"类潜词中临时挑选出来的。林语堂在《论泥作的男人》一文中说:"《红楼》一书,英雌多而英雄少,英雌中又以丫头比姑娘出色。""英雌"的使用,是写作者追求特别强烈的修辞效果的结果。

潜性语言的显性化,都带有强烈的修辞色彩——好的或者坏的。这是因为既然是以前从来就没有过的,那么第一次出现就必然地会给人们以新奇感。但是能够给人新奇感的东西,并不一定就都可以得到人们的认同。

潜语言的显性化是语言的发展之路。当然,显性语言的潜性化,也是语言的一种发展方式。语言的发展道路是潜性化和显性化的统一。语言的潜性化和显性化的道路都是社会的政治、经济、文化、心理、生活方式、风俗习惯等因素对语言的影响和制约的结果。当然这种影响和制约作用又是通过语言的内部机制即它的自我调节功能来实现的。这也可以说是一个修辞现象和语法现象、词汇现象之间的相互对立和转化的问题。

丰子恺在《缘缘堂随笔集·酒令》中介绍过一种传统的语言文字游戏。做三颗大骰子,一颗刻或写上六个表示人物的名词,例如:公子、老僧、少妇、屠沽、妓女、乞儿;一颗刻或写上六个方位名词,例如:章台、方丈、闺阁、市井、花街、古墓;一颗刻或写上六个动词,例如:走马、参禅、刺绣、挥拳、卖俏、酣眠。从理论上说,它可能有的组合形式是:$6 \times 6 \times 6 = 216$ 种。但是语义的零度组合形式应当是:①公子章台走马。②老僧方丈参禅。③少妇闺阁刺绣。④屠沽市井挥拳。⑤妓女花街卖俏。⑥乞儿古墓酣眠。这是人们常说的,可以叫作显性语义。如果所得结果正是这样,合情合理,大家为他满饮一杯。如果是:"老僧古墓挥拳","公子闺阁酣眠"等,虽然是以前没有人说的,但是却也还说得通,有这样的可能性,也不受罚。这就是常规形式的潜义。如果得到的结果是:"老僧闺阁酣眠"、"屠沽章台卖俏"、"乞儿方丈走马",等等,语义荒谬,不合常情,则要受罚了。这些要受罚的语义组合形式,人们平常不说,也不愿意接受,就是偏离式潜性的语义。这游戏的着眼点正是在偏离式的潜义方面。

第三节 显性修辞学和潜性修辞学

一 显性修辞学

修辞学是对人们的交际活动中的规律的总结,当然必须从显性语言事实出发,把自己的探索建立在显性语言事实的基础之上。这就是传统修辞学的基本路线。也可以说,传统修辞学是显性修辞学,它以显性修辞现象为自己的研究对象。

1935年,鲁迅把他批评田汉的文章收入文集的时候,说:"向《戏》周刊编者去'发牢骚',别人也许会觉得奇怪。然而并不,因为编者之一是田汉同志,而田汉同志也就是绍伯先生。"林志浩在《鲁迅传》中分析说:"他把田汉称为'同志',而把绍伯称为'先生',这个区别是很有意义的,它富有革命的人情。因为就田汉的个人说,是个'同志',但他化了装从背后给人一刀,则已经失去了同志之谊,只好泛称'先生'了。"[①]"同志"和"先生"都是非常普通的词语,但是鲁迅在这里精心地加以区别,就达到艺术化的境地了。这就是显性修辞。

显性修辞学在确立修辞规范,指责修辞失误的时候,都必须建立在大量的语言事实之上。因此显性修辞学是一门实证科学。

修辞活动是一种选择过程。这种选择活动主要是在同义手段中间进行的。显性修辞主要是研究对显性同义手段的选择问题。它研究的是各种显性现象:显音、显词、显义、显句、显修辞格、显性同义手

[①] 林志浩:《鲁迅传》576—577页,北京十月文艺出版社.1991年。

段、显性交际环境、显性语体、显性风格、显性效果、显性效果差等。

虽然显性和潜性是对立的、对称的,显中有潜,潜中有显,显和潜互为条件,相互转化;但是,显和潜是两种不同性质的现象,因此对它们就必须采取不同的研究方法。在科学中,研究方法的选择,在很大程度上取决于研究对象的特点。传统修辞学主要是采用了归纳和比较的方法,这是因为它的研究对象是显性现象,是可以观察得到的。研究者首先是收集大量的第一手的语料,排列语料,比较语料,加以分类,总结出规律规则来,建立修辞学体系。对显性修辞学来说,归纳法和比较法是行之有效的。

归纳法是一切科学研究都必须采用的一种最重要的最基本的方法。离开了归纳法,任何科学研究都是很难达到科学的阶段的。但是,归纳法又是有缺陷的,它不能够保证它的结论就一定是科学的。发现了一万只乌鸦都是黑色的,一万条蛇都是没有脚的,于是说:"天下乌鸦一般黑","画蛇添足",但是,很有可能在这个世界上,第一万零一只乌鸦居然是白色的,第一万零一条蛇居然是有足的。现在人们已经发现了白色的乌鸦和有足的蛇,这就说明归纳法不能保证所获得的结论就一定是科学的。虽然归纳法对显性修辞学是行之有效的,但是它还不能够保证显性修辞学就一定是真正科学的。为了显性修辞学达到一个新的高度,在显性修辞学的研究中,除了继续坚持归纳的方法之外,还应当提倡演绎的方法。

二 创新之路:潜语言的开发和利用

布莱克说:打破常规的道路指向智慧之宫。潜性语言的显性化之路正是打破常规之路,就是通向智慧的道路。

姜天民的《第九个售货亭》中写道:"他一边给小孙包手,一边故作正经地开导他:'你也会有媳妇的,可是别作急呀,你还小呢! 等长大了再说,耐心等待。先是'待业',现在呢,是'待婚',不,是'待恋',不,他妈的,总没有个合适的词。""总没有个合适的词"就是说,在显性语言中没有合适的词语,所以才要去开发潜性语言,才用了"待婚"和"待恋"的。可见,潜性语言的开发和利用是交际的需要。

《红楼梦》第十九回中:"黛玉笑道:'再不敢了。'一面理鬓,笑道:'我有奇香,你有暖香没有?'宝玉见问,一时解不过来,因问:'什么"暖香"?'黛玉点头笑叹道:'蠢才! 蠢才! 你有"玉",人家就有"金"来配你;人家有"冷香",你就没有"暖香"去配他?'""金"和"玉"的对立对称,这属于显性语言范围,在显性语言中,"冷香"并没有对立对称的事物和语言符号。聪明的林黛玉为了维护自己的爱情,利用了显性语言同潜性语言的对立和对称的特点,把潜性的语言符号"暖香"开发出来了。

任何潜性语言成分第一次被人们开发出来的时候,当然都是非常新鲜的。美学中有"陌生化"和"距离美"的说法,潜性语言成分的显性化正是在这意义上给人们以美的享受。侯宝林在相声《麻醉新篇》中写道:"乙:我不上那医院去了,我害怕! 甲:医院有什么可怕的? 乙:不是医院可怕,是我有个毛病,很多药我吃了有反应。甲:那就开刀。乙:(摇头)嗯,晕刀! 甲:先住院。乙:晕院! 甲:什么都晕,我看你可能是有思想顾虑。乙:说不定,那次住院,我刚一上手术台就觉得(晃动)……甲:晕台!"在我们的语言中,有的是显词"晕车""晕船"等,并没有"晕刀""晕院""晕台"这些词语,这是相声家侯宝林临时新创造出来的。其实从本质上看待问题,我们也可以说,这些词语原本就是我们的语言中的组成部分,不过是在此之前它们潜藏着没有机会显现罢了。现在相声艺术家临时创造出了一个特殊的语言环境让它们有了一个表现的机会。

陈村的《美女岛》中写道："一夜之间，'美女'这个词变得俗不可耐，臭不可闻。凡形容坏东西都得用上这个词。'那玩意儿，美女！''你别美女了！''那位美女得呀……''要是哄你，我就是美女！'坏了的路灯被称作'美女灯'，破了的鞋被称为'美女鞋'，快倒的房子被叫作'美女窝'，头上的癞疤被叫作'美女花'，放屁被称作'美女笑'，撒尿被叫作'美女哭'，死人被称作'美女睡'。至于强盗、骗子、贩毒者、贼、慕雄狂们，一概被称作'美女人'。美女们听到如此刻毒的语言，个个伤心落泪。时间一长倒也习惯了，说顺嘴时，自己也会带出个这样的词来。"（《美女岛》352—353页）在语言的发展史上，有不少词语是从褒义或中性义转化而成为贬义的，例如"风流""乌龟"等。"美女"等也的确存在着向贬义转化的可能性。作者创造了使得"美女"一词贬义化的特殊语言环境，暂时地实现了这种转化。

交际活动的主体要想实现潜性语言的显性化，就必须打破常规思维方式，即冲破思维的惯性、惰性，运用超常思维、发散性思维。潜性语言的显性化具有陌生化新奇感的审美效应，但是它的这种美感必须具有一定的条件才能够释放出来。一般说来，常规的东西容易被理解和接受，但是缺乏新奇的审美感；反之越是超常，越是具有陌生感新奇感，理解和接受就越是困难。这就是语言创新之路中的矛盾和困惑。在这里，最重要的当然是一个适度性原则，即在这个矛盾之中保持着一种动态的平衡。这就是语言艺术的关键。

三　潜性修辞学

现代修辞学不但要研究显性修辞现象，也应当研究潜性修辞现象：潜词、潜义、潜句、潜修辞格、潜修辞手法，等等。这是一个大有可为的全新领域。对显性修辞的研究运用归纳法为主也就可以了；对潜性修辞,单纯运用归纳就不行了,必须同时运用演绎的方法才有可能比较顺利地进行下去,才有可能取得比较大的成功。

潜性修辞学是以潜语言现象为研究对象的,有两个方面的内容:(一)交际活动中的潜语言的运动学;(二)修辞学未来学。

在交际活动中,潜语言显性化的事实是大量存在的。当然这又分正转化和负转化。

潜性语言的正面值显性化现象,就是语言的艺术化。鲁迅就是一位潜性语言的正面值显性化的大师。他写道:①"我从小就是牙痛党之一,并非故意和牙齿不痛的正人君子们立异,实在是'欲罢不能'。"(《从胡须说到牙齿》)②"新诗'雇人哭丧哼哼体'流行。"(《拟豫言》)③"我那时可暗暗地想:生长在敢于吃河豚的地方的人,怎么也会这样拘泥呢?政党会设支部,银行会开支店,我就不会写支日记么?因为《语丝》上须投稿,而这暗想马上就实行了,于是乎作支日记。"(《马上支日记》)④"大刀队的失败已经显然,只有两年,已没有谁来打九十九把钢刀去送给军队。但文言队的显出不中用来,是很慢,很隐的,它还有寿命。"(《中国语文的新生》)鲁迅创造出一个特殊的语言环境,这些潜词就显示出特殊的艺术魅力,使人耳目一新。

鲁迅在他的作品中,大量运用了这种潜语言的显性化手法,再如:无病呻吟党(《从胡须说到牙齿》)、数麻石片党(《热风·随感录四十一》)、反诗歌党(《诗歌之敌》)、慷慨党(《豪语的折扣》)、随便党(《死》)、袍褂党(《洋服的没落》)、唠叨家(《非有复译不可》)、富家女婿崇拜家(《准风月谈·后记》)、理想经验双全家(《热风·随感录三十九》)、公理维持家(《为半农题〈何典〉后记》)、经验理想未定家(《热风·随感录三十九》)、古今中外文坛消息家(《答〈戏〉周刊编者信》)、皮毛家(《从胡须说到牙齿》)、高等做官学(《谈所谓大内档案》)、文人比较学(《文人比较学》)、拿来主义(《拿来主义》)、送去主义(《拿来主义》)、糊涂主义(《难得糊涂》)、公论不发源于酒饭说(《送灶日漫笔》)、文字游戏国(《逃名》)、探坛(《我的态度气量和年纪》)、止哭文学(《止哭文学》)、谣言文学(《归厚》)、国货文人(《读几本书》)、他信力(《中国人失去自信力了吗?》)、脚坛(《由中国女人的脚,推定中国人之非中庸,又由此推定孔夫子有胃病》)、婆理、狭人、绿林大学……

对潜性语言的显性化现象,修辞学家不能只是做诗文赏析式的描述,而应当研究它的类型、条件和交际功能。如果要想把这个方面的研究进一步上升为一种理论,那么就需要先建立一个潜性语言的理论框架。只有在这理论框架里,才有可能把这一类现象的内部的本质的联系真正地揭示出来。

只有对语言的潜性的层面具有相当认识的人,才有可能在开发和利用潜性语言方面有所成就。王蒙在《冬天的话题》中写道:"朱慎独自幼继承了先人这种叛逆、反潮流、开拓、创新、敢为天下先的精神,于研究生理卫生与闲写'风花雪月'的同时,立志于沐浴学这一新学科的创建。他费时十五年,写下了七卷《沐浴学发凡》,内容包括'人体与沐浴'、'沐浴与循环系统'、'沐浴与消化系统'、'沐浴与呼吸系统'、'沐浴与皮肤'、'沐浴与毛发'、'沐浴与骨骼'、'沐浴与心理卫生'、'沐浴与家庭'、'沐浴与国家'、'工矿沐浴'、'战时沐浴'、'沐浴与水'、'沐浴与肥皂'、'浴盆学'、'浴衣学'、'搓背学'、'按摩学'、'沐浴方法学'、'水温学'、'浴巾学'、'沐浴的副作用'、'沐浴与政治'、'沐浴的历史观'、'沐浴与反沐浴'、'沐浴与非沐浴'、'沐浴的量度'、'沐浴成果的检验'、'沐浴学拾遗'、'沐浴学拾遗续(一)——(七)'等等,堪称洋洋大观走在了世界前列。"作者开发了一大批的"XX学"的潜词,还把一些潜性搭配关系显性化,如:沐浴同国家、历史观、方法论、量度、检验等政治、哲学和科技术语联系起来。从社会生活方面来看,并没有这些潜性语言显性化的条件,所以是荒谬的荒唐的可笑的。但是在作者所创造的特定的语言环境里，它们的显性化又有其合理的一面。整个小说正是一个寓言故事，具有一种象征功能。潜性语言的临时性的开发和利用，增加了小说的艺术魅力。正是这些临时显性化了的潜在的语言使得这篇小说在表面上的荒诞中蕴藏着它的合理的社会文化意义。潜性语言的开发和利用，正是现代新潮小说中的一种最重要的艺术手法。

潜性语言负面值的显性化现象，也就是所谓言语错误。这也是修辞学所要研究的一个重要的方面。这是人们比较重视的。现在的问题是：运用潜性语言和显性语言之间的相互联系、对立和转化模式来揭示其中的规律，建立一个理论的模式，结束就事论事的局面。

潜性修辞学的第二个方面是，在"语言＝潜性语言＋显性语言"这个大框架中，要考虑到修辞的一切的可能性，预测明天可能出现的修辞方式，预测修辞方式发展的可能性。这种预测当然应当具有科学的依据。这个依据就是：(一)潜在的语言宝库；(二)社会文化语用条件的发展现状和前景。在语言中引进潜性概念之后，就可以建立"语言学未来学"和"语言学预测学"。

一手把握住了潜在的语言部分，另一手抓住了社会文化语用条件的发展大趋势，就有了对修辞技巧的发展大方向进行预测的可能性。拿比喻来说，随着中国的改革开放走向世界，喻体的洋化现象将会逐步地增加；随着思维方式的转变，随着现代人心理的异化，比喻表层结构形式将进一步呈现出多样化的格局，比喻结构形式也可能出现一种怪异化趋势。

修辞学预测学，修辞学未来学，可以改变修辞学研究中的"头痛医头，脚痛医脚""放马后炮""做事后诸葛亮"的现象，促进修辞学的科学化。因为一门学问只有在具备了预测能力之后，才能够算得上是真正的科学。

四　潜性修辞学的单位

在进行潜性修辞学研究的时候,应当区别:显音位和潜音位、显音节和潜音节、显语素和潜语素、显词和潜词、显短语和潜短语、显句和潜句、显性结构和潜性结构、显义和潜义等。还应当区别:显性同义手段和潜性同义手段、显性语体和潜性语体、显性风格和潜性风格、显性语言环境和潜性语言环境、显性修辞格和潜性修辞格、显性选择和潜性选择、显性话语和潜性话语、显性效果和潜性效果、显性交际对象和潜性交际对象、显性自我和潜性自我、显性结构和潜性结构、显性所指和潜性所指、显性前提和潜性前提,等等。

说话写文章要看交际对象,交际对象有显性和潜性两种。成功的交际活动不但要看到显性的对象,还应当看到潜性的对象。《宋史·曹彬传》中写道:"初,彬之总师也,太祖曰:'俟克李煜,当以卿为相。'副帅潘美预以为贺。彬曰:'不然,夫是行也,仗天威,遵庙谟,乃能成事,吾何功哉。况使相极品乎?'美曰:'何谓也?'彬曰:'太原未平尔。'及还,献俘。上谓曰:'本授卿使相,然刘继元未下,姑待之。'既闻此语,美窃视彬微笑。上觉,遽诘所以,美不能隐,遂以实对。上亦大笑,乃赐钱二十万。彬退曰:'人生何必使相,好官亦不过多得钱尔。'"如果因此就说曹彬是一个贪图钱财之小人,那就错了。因为他的话语虽然是退朝之后对他人所说的,宋太祖赵匡胤并不在场,但是骨子里头,还是说给赵匡胤听的,是为了使得皇上不要猜疑自己。这时候,赵匡胤就是曹彬的潜性交际对象,正是这个潜性交际对象在影响和制约着曹彬的话语。在《红楼梦》第十七回中,贾政一味地大骂自己的儿子贾宝玉:"你这畜生","胡说!""若不通,一并打嘴巴!"话都是对贾宝玉说的,其实都是说给众门客听的。

任何话语都是交际主体的创造物。交际主体是交际活动中的支配因素。在交际活动中，是自我决定着交际效果的实现。这个自我也有显性的和潜性的两种，显性自我是一个人的自觉的意识；潜性自我是一个人的无意识、下意识、潜意识。在《三国演义》中，曹操下了一个口令"鸡肋"，这正是他潜意识的产物。在日常生活中，大量存在着的说错话、写错字的现象，这正是潜在的意识干预我们的编码活动的结果。在日常生活中，我们都常常会有这样的体会，有时候，我们本没有准备这么说，甚至是本来不愿意这样说的，可不知不觉地说了出来，自己事后也觉得很是奇怪，这其实正是潜性的自我起作用的结果。一个伪装得很好的罪犯，人们在他不注意的时候，提到他的真实姓名，他答应了，便暴露出了他的真实身份。从他这一方面讲，就是他的潜意识——潜自我在起作用的结果。

同义手段也有显性和潜性之分。例如，"须、髭"和"毛"、"长在嘴上的毛"都是"胡子"的同义手段。假如一个人对另一个人说，"你的胡子好叫人害怕！"于是他们就把"胡子"叫作"害怕"，这也就是"胡子"的同义手段，偏离式的，但是在他们使用之前只是潜性同义手段。如果他们懂得英语，在他们的话语中用"beard"来代替"胡子"，用"moustache"来代替"髭"，那么也就是同义手段了，但是在他们这样使用之前只是潜性现象。

说写者对同义手段的选择也有显性和潜性之分。否认同义手段选择的人说，许多情况下，说写者并没有选择同义手段，他就是这么说了，写了，根本就没有有意识地去选择什么。这其实是一种误解。没有自觉地去选择，并不等于就没有选择。事实上，一切说写者的一切交际活动都是一个选择的过程，不过，这种选择有两种，一是自觉的有意识的选择，左思写作《三都赋》花了十年时间，他是积极地自觉地在选择各种同义手段；二是不自觉的无意识的选择，李太白斗酒诗百篇,这里就存在着无意识的选择。

同义手段的选择又有两种类型:一种是按部就班式的选择,另一种是模块式的选择。刚刚学会讲话的小孩子,刚刚学会一种外语的人,中小学生学习作文的时候,往往是自觉地有意识地在选择词语和句子。但是,掌握了母语之后,掌握了这一外语之后,学会了写作之后,滔滔不绝,行云流水,这时候并不是没有选择了,而只是这种选择已经模式化、模块化、集成电路化了。这正如使用电脑的人,只是在敲打键盘,随心所欲,然而在这电脑的内部,每一秒钟里都有无数次的选择。不过这种选择已经是模块化了,使用电脑的人看不见,意识不到,这并不能否认它的存在。李太白出口成章,下笔万言,倚马可待。表面上看,似乎没有选择,他本人也可能不承认这种选择。但是,这种选择是客观存在着的,无法否认的。其实是李白小时候三次模仿《文选》,在诗文方面下大功夫,把诗歌创作的许多程序模式化、模块化了。

语言环境也有显性和潜性之分。当然可以把语言世界和物理世界的环境称之为显性环境,因为它看得见摸得着,而把文化环境和心理环境称之为潜性环境,因为它看不见摸不着。但是这样区分有些简单化,因为在语言世界和物理世界的环境中也是有潜性的一面,而文化环境和心理环境中也有显性方面。因此我们把在交际活动中直接地呈现在交际对象面前的东西称之为显性环境,既包括了语言世界和物理世界,也包括了文化世界和心理世界。交际对象不能直接观察得到的隐蔽在背后的深层的东西,称之为潜性环境。

对语言环境的适应也有显性和潜性之分。一个中学生在毕业典礼上代表学生发言的时候,一个外交官员在外交谈判桌上说话的时候,政治家在万人大会发表施政大纲演说的时候,作为来宾在婚礼上对新郎新娘表示祝贺的时候,一个普普通通的小人物突然间被电视台记者采访的时候……说话人总是自觉地去适应交际环境的。但是,在日常生活中,家人父子夫妻同事邻居好友之间,说话很是随便,仿佛并没有去适应交际环境。其实他还是在适应交际环境的,不过是一种习惯性的行为。说写者自己也没有意识到的对交际环境的适应,可以叫作潜性适应。而有意识地去适应语境,就是显性适应。

话语本身也有显性和潜性之分。凡是已经说出来的、写出来的话语,是显性话语;凡是并没有说出来的、写出来的话语,就是潜性话语。辛弃疾写道:"而今识尽愁滋味,欲说还休,欲说还休,却道:'天凉好个秋!'"显性话语是"天凉好个秋!"很是潇洒。其实,潜性话语却是:"说不尽的万古愁!"

话语的意义也有显性和潜性之分。唐代诗人朱庆余有一首诗,题目叫作《闺意献张水部》:"洞房昨夜停红烛,待晓堂前拜舅姑。妆罢低声问夫婿,画眉深浅入时无?"如果题目叫作《闺情》,也的确是首成功的闺情诗。这就是这首诗的显性意义,它是有独立存在的价值的。但是,他送给张籍,是要表达作者作为一名到长安来应试的举子的不安和期待心情。这是这首诗的潜性意义。张水部就是诗人张籍。他回赠了一首诗《酬朱庆余》:"越女新妆出镜心,自知明艳更沉吟。齐纨未足时人贵,一曲菱歌敌万金。"朱庆余的目的达到了,取得了很好的交际效果。显性意义和潜性意义之间的关系是复杂多样的。有时潜性意义是话语的一个必要的组合部分,失去了潜性意义,这话语也就失去了生命;有时潜性意义同显性意义是游离的,有条件地暂时的联系。朱庆余的《闺情》,并不因为送给了张籍,这一次达到了一个特定的目的,就不再是一首闺情诗了。作者这一次用它来达到这样一个目的只是临时性的,这并不能改变它的闺情诗的性质。如果这首诗不是朱庆余写的,是他抄写出来送给张籍的,也可以达到同样的目的,那么这首诗并不会因为朱庆余的这样一次运用,于是就改变自身的性质。中国古代有引用爱情诗歌来表达政治主张的做法,那些爱情诗都并没有因为这类用法而改变自身的性质。当年刘半农创造现代汉语的第三人称代词"她",写了一首诗《教我如何不想她》,本是一首思念祖国的诗歌,并不是一首爱情诗,但是,人们却都把它当作爱情诗来解读了,这样的解读不能算是错误。这也就证明了话语本身的意义具有独立存在的价值。

从理论上说,任何话语的潜性意义都是很多的,数量甚至是大得惊人的。例如说:"你就守株待兔吧!"这一般说是一句指责性的话语。如果这兔子指的是这个人奋斗的目标,而且他是有必胜的把握的,那时这话就是:"你的目的一定会达到的。等着吧,胜利属于你!"假如说话人是属兔子的,那就是:"你等着我吧!我这只兔子会来找你的!"但是在实际交际活动中,所实现的意义却只能够是其中的一个,大多数的潜性意义往往被忽视了。如果众多的潜在意义全都在我们的话语里显现出来,那么,交际者就苦了,这时候,任何正常的交际活动都很难进行下去。从说写者来说,他有时并无潜义,在编码时就要帮助对方排除潜义的干扰;有时他利用某一种潜义,就要指示听读者不可只提取显性意义;但是在任何情况下,他都得防止那无限多的潜义的干扰。人与人之间的误会,就常常是来自于无数多的潜性意义的干扰。从听读者方面来说,你首先要确定对方的话语是否包含着潜性意义,如果没有,就不可以强加上去;如果有,那就得按照说写者本身所要表达的那种潜义去解读,切不可把说写者并没有表达的那些意义强加到他的头上去。古留加在《黑格尔小传》中写道:"他们对这位老师的敬意扩大到他周围最平凡的琐事上。他讲的每一句话,他们如饥似渴地洗耳恭听,并加以解释,探索每个字所包含的意义。有个学生要到维尔茨堡去,黑格尔说,他在那儿有个朋友,指的是谢林。于是问题马上来了:'朋友'一词究竟应当按照通常意义来理解,还是别有深意?"①这样的结果,问题当然不是黑格尔编码方面的责任,而是听者的事情了。陶渊明主张"好读书不求甚解"。超过了限度的解释,必然会造成正常交际活动的障碍。"红学家"所阐释的意义大都不是曹雪芹的本意,同曹雪芹无关,是红学家的个人的再创造,我们研究《红楼梦》的修辞技巧时是根本不必去理睬的。

交际效果也有显性和潜性之分。交际过程中直接表现出来的效果,是显性效果;没有直接表现出来的,需要过一个时期才表现出来的效果,或者具备一定的条件就可能产生出来的效果,就是潜性效果。曹植七步之内写了一首好诗,于是曹丕不杀他了,这是当时就看得到的效果,是显性效果。但是,这在曹丕的心里引起了更大的猜疑,反而更加严厉地去排斥和打击他,这是潜性效果。《七步诗》的显性效果同潜性效果是不一致的。显性效果好,而潜性效果却不好。

五 潜性修辞学和演绎法

对显性修辞学,由于它所处理的是显性的语言材料,我们可以运用归纳法来研究;而对潜性修辞学来说,由于它所要处理的是潜性语言材料,归纳法就有很大困难了,这时候是非用演绎法不可的。但是,演绎法的运用是必须以归纳为前提的,一点显性语料也没有,那是无法进行演绎的。在这里,我们得向门捷列夫学习。他从已经认识到的元素开始,排列出周期表来,再运用元素周期表来检验物理世界的事实,并且进一步预言事实。后来的科学家运用他的周期表来发现新的元素,或在实验室里人工创造、研制出新的元素。潜性修辞学的研究也应当如此。从某些显性修辞现象出发,逻辑地推导出理

---

① [苏]阿尔森·古留加:《黑格尔小传》42页,商务印书馆,1978年。

论上可能的规则,排列成矩阵,用来检验现在已经存在着的言语事实,解释可能出现的修辞现象,并预言修辞规律规则发展的大趋势,为使用语言的人提供创造性地运用语言的选择模式。

拿比喻来说,根据定义,关键在于两个事物之间的相似关系——有同有异,同中之异,异中有同,而万事万物之间都是既同且异的,那么从理论上,就可以假设说,任何两个事物之间都是具有比喻关系的。例如:①大学生。②白云。③大海。④老虎。⑤青草。⑥鲜花。⑦马褂。⑧高压锅。⑨钓竿。⑩日光灯。这里每两个事物之间都是有同又有异的,在理论上说就都存在着比喻关系,都可以构成一个比喻。如:大学生像白云。白云像大海。大海像老虎。老虎像鲜花。马褂像日光灯。青草像高压锅。钓竿像大学生。日光灯像老虎。大海像高压锅。鲜花像白云。……从物理世界来看,这些比喻都是可以成立的,因为它们都有相异点,也都有相同点。就这个意义而言,打比喻,的确是世界上最最容易的事情,几乎不用花什么力气,就能一口气说出许许多多的比喻来。

在人和马之间具有许许多多的相似点和相异点,就可以毫不费力地打出无数个比喻来。世界上有各色各样的人,男女、老少、高矮、胖瘦、美丑、善恶……也有各色各样的马,公母、老少、高矮、胖瘦、美丑、善恶……那么,在人和马之间就存在着无数个比喻关系,我们就可以毫不费力地打出数不清的比喻来,如:老人像老马;老马像老人;女人像母马;年轻而漂亮的女人就像漂亮的小母马;漂亮的小母马像年轻漂亮的女人;有本事的人就像有本事的马;聪明的人就像聪明的马;蠢笨的马就像蠢笨的人;懒惰的人就像懒惰的马;狡猾的人就像狡猾的马;爱笑的人就像爱笑的马;胆小的人就像胆小的马,等等。这些比喻,仅就物理世界的相似关系和相异关系而言,显然都是合理的。单纯从物理世界来看,比喻宝库是巨大的丰富的,是永远也开采不完的矿藏。

但是，上面的比喻，有许多是我们不说的，至少是到现在还没有人说的。这是因为，交际活动中所要交流的并不是物理世界本身，而是人类对物理世界的一种认识。从本质上讲，交际活动是一种文化行为，所交流的内容是文化，而文化是不能同物理世界简单地画上等号的。比喻虽然建立在物理世界的同和异的基础之上，但是还必须接受文化世界的制约，或者叫作文化世界的过滤。从这个意义上看，构成一个比喻的更重要的条件乃是文化上的同异关系。"老马识途"是用老马来比喻有智慧的老人，这是我们的文化所允许的，而把年轻漂亮的女人比喻成为漂亮的小母马则是我们的文化所不习惯的。

再进一步说，比喻必须是交际双方的心理所能够接受的，于是，是否能够构成一个比喻，是否算是一个好的比喻，还得受到人们的心理可接受性的检验。

对于比喻，我们可以收集一定数量的显性事实，运用演绎法逻辑地推导出一个可能的比喻表格。然后，再收集大量的实际用例，来检验逻辑地推导出来的表格，区分出显性比喻和潜性比喻。在此基础上，研究潜性比喻显性化的文化和心理的制约规律规则。

六　超前性显性化和滞后性显性化

潜性语言的显性化，可以分为两种，一种是全社会的集体的无意识的运动，另一种是某个人的临时性的交际行为。前者满足了整个社会的交际需要，并且逐步地发展而成为全社会的新的语言规范，这也就是新词、新语、新义、新用法和新句式。对它，你往往很难确定出最先的使用者来。后者的个人色彩很浓厚，往往缺乏整个社会大环境的必要性，只是满足了某一个特定的具体交际场景的需要，临时性特强烈,大都是一次性的,因此修辞色彩也就特别强烈而浓厚。当然这两者有时候是很难区分的。有不少时候,后者也可以包容在前者之中。我们之所以坚持这样的区分,是因为,前者是语法学和词汇学的研究对象,而只有后者才是修辞学的研究对象。

拿仿拟来说吧,所谓仿拟,常常听到的说法是:为了达到某种修辞效果,根据一个现有的格式临时性地仿造出一个新的格式来。区分开显性语言和潜性语言,从潜性语言和显性语言的对立和转化的角度上看,这其实正是潜性语言的临时性的显性化,一次性的显性化,超前性的显性化。仿拟,从被仿拟的单位方面来说,可分:词语仿拟、句式仿拟、篇章仿拟、格调仿拟等。词语仿拟——仿词,如果是为了满足社会集体共同的交际需要,是社会集体无意识的创作和选择活动,逐步地把某些潜词显性化,这就是新词语的产生和流行的过程,也就是语言的发展过程。这时出现的就是"新词""新语"。这种手法就叫作"仿拟构词法"。如果说,这种需要并不是社会集体的,只是某个人的,而且是临时的,是某种特殊的交际环境和交际目的所需要的,说写者个人暂时地把潜词显性化了,这就是修辞中的仿拟。仿拟对社会集团来说,是一种"超前行为"。正因为是超前于社会集团的显性化,所以才特别地具有新奇性,具有强烈的修辞色彩。

语言是在不断地发展和演变的。许多词语和它的意义,从显性现象转化为潜性现象,退出了交际活动的大舞台。在某些特殊的交际场景中,某个说话人,某个写作者,为了某种特殊的需要,临时性地把它显现出来,即返回到从前曾经有过的意义上来。例如:①"从此雌鬼便怀了鬼胎,到了十月满足,生下一个小鬼来。"(张南庄《何典》第一回)②"马鬼道:'可惜你们迟来脚短,马已卖完了。'地里鬼见门槛底下露出马脚来,便道:'这门里不是马蹄么?怎么说卖完了?'"(同上,第十回)③"二楼三楼——厂长书记;四楼五楼——亲属、'关系'；工人阶级——顶天立地；知足常乐，咱不生气。"（《某厂六层楼房分配法》）这里用的是这些词语的原先的意义，是社会集团现在已经不再使用的，所以这是一种滞后性显性化，也可以叫作"返源格"。正因为滞后于社会集团，就同样具有新奇性，具有强烈的修辞色彩。

七　转品

　　转品，是对词语的潜在语法功能的开发和利用。词语不但有声音和意义，还有语法功能。这种语法功能，从语法系统的构成来说，叫作"词类"；而从个体角度看，就是"词性"，即个体的归宿。一个词的词性，可以从它的显性用例中归纳出来。"中国"是名词；"最"是副词；"害怕"是动词……这是零度形式。在语法常规中，名词不能接受副词的修饰，不能够说"最中国"。但是，在《爱满天下——陶行知文学传记》中写道："他在纽约可算得上是一个'最中国的留学生'了。"这时候，名词接受了副词的修饰。我们说，名词如果绝对地不可以接受副词的修饰，那么就不可能出现这样的用例。既然在特定的语言环境中，也可以这样运用，就说明名词本来就潜在地具有这种运用可能，不过只是潜能，还没有实现，要实现就得具备一定的条件。所以说，转品其实是一个词的词性的潜在能力在特定交际环境中有条件的实现，即显性化。

　　在显性的语言系统中，动词就是动词，量词就是量词。动词不能够出现在"数词＋（）＋名词"的位置上。这是零度形式。但是，在潜性语言中，动词也是可以出现在这个位置上的，问题是它一旦出现在这个位置上，它的词性就向着量词转化了，就取得了量词的特征了。例如："爱园林一抹胭脂：霜落在丹枫上，水漂著梧叶儿，风流杀带酒的西施。"（马致远《湘妃怨·西湖秋景》）在这个特定的语言环境里，这个动词出现在量词的位置上了,于是它取得了量词的特征,人们说它临时性地转化为量词了,或叫作动词活用作量词,或叫作临时性借用量词。也正因为是临时性的、有特定条件的,所以才更新奇,更有艺术魅力。"抹"这个动词具有出现在量词位置上的潜能,当然其他的一切动词也都同样具有这种潜能。只要具备了它们出现的特定语言环境,就都是可以显性化的。关键是要在这些动作和事物之间寻找到某种联系。胭脂是用手抹在脸上的,"抹胭脂"是动宾关系,"一抹胭脂"是修饰关系(一抹+胭脂)。抹的对象当然也不限于胭脂,还可以是斜阳和云彩:"人老去西风白发,蝶愁来明日黄花。回首天涯,一抹斜阳,数点寒鸦。"(张可久《折桂令·九日》)这就是说,存在着这样的转化模式:动词+名词→数词+动词+名词。

其他动词也同样可以显现出自己的量词用法。例如:"我喜欢踏著闪光的露珠,在山涧里掬一捧清流洗脸,恍惚沾到了冬天的乳汁。"(可风《诗境·画境·心境》)河水是在流动的,河水是用手捧起来的。"捧"在这里就是量词化用法。只要找寻到这样的联系,一切动词都可以实现它的量词化用法。再如:"妩媚的康桥,也望不见踪迹,你只能循著锦带似的林木想象那一流的清浅。"(徐志摩《我所知道的康桥》)

动词具有向量词转化的潜能,名词和形容词也同样具有这种潜能。只要找到名词和名词之间、形容词和名词之间的这种联系,并且具备了特定的语言环境,也就可以实现这样的转化了。例如名词的工具格也可以转化为量词:"每月支与五十斤麦面,一斗大米,三斗小麦,十驴柴火。"(《醒世姻缘传》第四十三回)这"驴"就是工具格名词。因此也可以说:"一肩重担","一刀肥肉"等。再如:①"一弯初月临鸾境,云鬟凤钗慵不整。"(欧阳修《应天长》)②"对一缕绿杨烟,看一弯梨花月,卧一枕海棠风。"(张养浩《小令·咏玉簪》)③"除了天边一弯

新月,没人知!"(巫青《念头》)④"趁春归一瞬流莺,万事夕阳西去,旧婵娟落在谁家?"(冯子振《黑漆弩》)

当然,这种转化不仅出现在动词和量词之间,也可以出现在动词和名词之间,动词和形容词之间。例如:①"滦河水在世界的东方奔流着,甜了天津,甜了街市,甜了人。滔滔,滔滔……甜了东方。"(刘桓志《共和国正在裁军》)②"几叶秋声和雁声,行人不要听。"(万俟雅言《长相思·瑞龙吟》)③"要文凭没文凭,要钞票没钞票,要房子没房子,哪个愿意跟你'爱情'?现代人么,顶顶实惠嘞!"(陆星儿《歌词大意》)④"不错!是个时装模特儿,比那些真模特还模特儿。"(谌容《献上一束夜来香》)

转品和词性的误用,在表面形式上是惊人的相似,都是对显性语言中词性规则的偏离。它们之间的区别在于:把握住了事物之间的某种联系,具备了必要和充分的语用条件,交际对方可以接受的,能够提高表达效果的,才是转品,即正偏离。而混淆了事物之间的关系,误解了词性,没有必要和充分的语用条件,交际对方无法接受,就是言语的失误,是负偏离。

第四节 语言预测学和修辞预测学

一 语言预测学

科学同迷信的区别就在于:迷信是事后诸葛亮,对已经发生了的事情给予一些虚假的解释;而科学在寻觅客观存在的规律规则的基础之上,能够对事物的发展给予一定的预测,指导人们的实践行动。科学的目的不仅仅在于建立规律规则系统,而且要建立预测的规律规则系统。人类发展到今天,对预测的需要进一步加强了,未来学的出现就是一个很好的说明。苏联学者尼基金娜说:"最近十年来,特别是由于科技革命进一步取得成就,对其后果进行预测显得越来越重要,所以人们对预测的兴趣急骤增长起来。这一点既反映在社会预测的专门方法(例如全球性的模型的试验)的建立上,也反映在对预测的理论和方法论的更为深入的研究之中(预测的准确性和可靠性的提高在很大程度上就取决于这些理论和方法论课题的解决)。"[1]预测的功能和作用,竹下寿英在《讲谈社大百科事典》中说:"预测可以帮助人们对人类和社会的发展提出指导性的意见,可以为有效地建造未来提供基础情报。……在社会和个人的价值观念发生变化的情况下,预测可能帮助人们选择最合理的途径,以达到未来的目的。事物总是处于复杂而密切的相互联系之中,人类的行为和科学技术的发展对于未来可能产生什么样的影响,也是相当复杂的,因而就愈加提高了预测的必要性。"[2]

既然现代语言学是一门科学,那么它就不能够只是满足于现象的罗列,而应当具有预测的能力。

语言的预测是很重要的。语言是人类最重要的交际工具和思维工具,是文化的载体和传播的工具,同每一个人都密切相关,是现代社会发展和进步中不可缺少的最重要的因素,那么我们怎么能够忽视了对它的发展演变的预测呢?任何语言政策都是建立在对语言的发展演变的预测基础之上的,完全可以说,没有预测,就没有语言政策,虽然这种预测可能是自觉的,也可能是不自觉的。

语言预测学的建立,是必要的,可能的。语言预测学是语言政策的基础,是语言规范学的基础。没有对语言发展演变的比较正确的

---

[1] 孙小礼、韩增禄、傅杰青主编:《科学方法》上册508—509页,知识出版社,1990年。
[2] 同上,524—525页。

预测,语言政策的制定就缺少了根据;语言规范就失去了依据。

事实上,语言的预测是早就存在了的,语言规范工作、语文评论工作其实正是建立在对语言的预测的基础之上的,不过往往是不自觉的。过去的预测大都是不自觉的,主要凭借的是个人的语感,因此预测有成功,也有失败。现在我们主张建立语言预测学,是要把语言预测的工作提高到一个科学的阶段上来。只有在比较正确的语言观的指导之下,语言预测学才有可能成为一门科学。

语言的发展演变的最基本的形式就是:(一)显性语言的潜性化——一些显性的语言成分消失了,退出了大舞台,到后台去了;(二)潜性语言的显性化——一些潜性的语言成分从后台到了前台,出现在我们的言语生活中。语言的显性化和潜性化过程是受到语言内部和语言外部两方面因素制约的。在语言的内部就是语言自身的自我调节功能,在语言的外部就是社会文化语用的制约因素。社会文化语用因素归根到底还得通过语言的自我调节功能才会发生作用。因此,语言的预测,应当从两个方面着手:第一,从社会文化语用因素着手,一个时代的社会文化语用因素需要哪些语言成分出现,这是语言成分的显性化和潜性化的一个基础;第二,从语言的自我调节功能着手,语言之外的社会文化语用因素必须通过语言自身的自我调节功能才能够得以实现。

当"汽配"出现的时候,我们就意识到汉语的潜性语言中存在着许许多多个潜词:汽配←汽车配件、摩配←摩托车配件、火配←火车配件、轮配←轮船配件、自配←自行车配件、拖配←拖拉机配件、飞配←飞机配件、导配←导弹配件、坦配←坦克配件、潜配←潜艇配件、航配←航空母舰配件、钢配←钢笔配件、打配←打火机配件……从社会文化语用因素看,近些年中,摩托车必将在中国普及,对摩托车配件的需求量日益增大,"摩托车配件"这个短语不能满足交际的需要了,需要一个双音节的词语。从语言的角度上看,在潜性语言中,已经存在着一个潜词"摩配"。根据这两个方面的因素,我们才预测两三年内,中国大地将会流行一个新词语"摩配"。现在"车程"出现了,在潜性语言中也有"机程"和"船程"这两个潜词,社会文化语用角度上看,也有一定的需要。但它是不会出现的,一是因为语言中已经有了"航程"一词,指的是飞机和轮船的行程,"机程"和"船程"同"航程"必然要发生矛盾冲突,而"航程"必然会阻止"机程"和"船程"的出现,这就叫作系统内的压力;二是因为既然有了"航程",而且人们也已经习惯了,对"机程"和"船程"的需要就不那么大了。

语言的潜在仓库为语言的发展演变提供保证。社会文化语用所需要的东西首先得是这个仓库里所具有的;社会文化语用所不再需要的东西,退出前台之后也可以在这个仓库里存放着——如果有了必要,它还可以再次登台表演。许多二三十年代的词语,随着1949年新中国的成立退出了前台,潜性化了,堆放到这个仓库里去了。到了80年代和90年代,社会文化语用条件具备了,对它们又有了需求,于是它们再次显性化,重新登台表演。这就是人们所说的"旧词语的复活"。

如果只是描写语言的显性状态,那么只是运用归纳的方法也就可以了。可是要想对语言的未来进行预测,仅仅只是运用归纳的方法那就不够了,这时候就必须同时运用演绎的方法。我们必须"无"中生"有",把"无"变成"有",这就得运用思辨的方法、演绎的方法。在语言的预测中,我们就要善于从"无"中生出"有"来,即从显性语言中的"无",找到潜性语言中的"有"。同样地要排列出一个包括了潜性语言成分在内的逻辑矩阵,即语言的"元素周期表"。有了这个语言的元素周期表,我们就可以有目的地去发现新的语言事物,去开始对语言的发展演变运动进行某些预测。

具体地说,这种方法包括两个方面:一是潜性语言的拟构方法;二是显性语言潜性化和潜性语言显性化的统筹方法。

在历史比较语言学中,人们运用拟构方法,重建早已经消失了的古代语言的状态。潜性语言的拟构方法,同历史比较语言学的拟构方法,也有许多相同之处。这个相同之处就是从已有语言材料出发,先逻辑地推导演绎出各种各样的可能性来,再根据各种各样的制约因素进行最佳选择。不同在于,历史比较语言学中拟构方法的结果是历史上的确存在过的东西——当然依然具有某种假设的因素在内。而语言预测学中的拟构的结果却是地地道道的还没有出现过的东西。可能在将来某个时刻出现的东西,也许是永远也不会出现的东西。语言预测学中的拟构方法是科学的,它同历史比较语言学中的拟构方法、考古学人类学和古生物学中的拟构方法在本质上是一回事情。从一枚牙齿化石出发,人们拟构出了完整的北京猿人的形象,这就是科学,这就是语言预测的榜样。从有限的显性词语出发,根据汉语构词法规律规则,我们就可以推导演绎(或者说是拟构吧)出一幅潜性汉语中的词语图画来。

统筹选择方法,指的是对显性语言的潜性化和潜性语言的显性化进行判断的时候所运用的一种方法。无论显性语言的潜性化,还是潜性语言的显性化,都受制于两个方面:一是语言内部的自我调节功能,二是社会文化语用条件。语言内部的自我调节功能是复杂的,有多种因素在起作用,这个自我调节是一个多种因素的动态平衡的系统、开放的系统,社会文化语用因素同样也是复杂的多变的,是有多种因素在起作用,也是一个多种因素暂时有条件的动态的平衡系统、开放的系统。只有运用统筹选择方法,才有可能对语言的显性化和潜性化过程做出比较符合事实的判断及预测。以往的语文评论的失误,问题就在于往往只是抓住了某一个方面的因素,忽视了其他因素。例如,50年代指责"匪特"是不规范的,80年代指责"人流、达标、电脑、空姐"等不规范,共同之处是:主观上希望通过人的干预使得它早日潜性化。但是语言的发展演变却走了同语言学家的愿望完全相反的道路,不但没有潜性化,反而大大地发展了。这是因为指责者只是看到了表达意思方面的某些不完善之处,只看到人们暂时的不习惯,而忘记了从古代汉语到现代汉语的发展演变中一条最重要的规律:从单音节向双音节运动的这个大趋势;在今天的汉语中,双音节依然是构词的最重要的规律。这就是现代汉语的自我调节功能的最重要的内容,是制约显词潜性化和潜词显性化运动的最强有力的因素。尽管从科学的角度看,"计算机"似乎比"电脑"更合理更科学一些,但"电脑"是双音节的,"计算机"是三音节的,这就使后来居上的"电脑"具有"计算机"所没有的生命活力。当"博导"出现时,我们看到还存在着:硕导←硕士生导师、大导←大学生导师、无导←无产阶级的导师……我们认为,它们没有必要的社会文化语用条件,是不可能出现的。80年代,一些学者看到了现代汉语称呼语中的"空符号"(或者叫作"空档""缺环")现象,特别不满意于没有一个同"师母"相对的称呼语,就主观地设计出了许多的方案,但是在我们看来,因为并没有这样的社会文化语用需要,设计得再完善也没有用,是不会显性化的。潜词"汽票"之所以不会显性化,是因为同"车票"发生冲突,是"车票"拒绝了"汽票"。

二　修辞预测学

人类社会在不断地发展进步,艺术修辞的生命在于创新,以往的经验虽然是宝贵的,但是在许多情况下却又是不可以再次重复的。修辞学如果只是对以往的修辞现象的一种描写和概括,那是很难满足人们交际活动的实际需要的。仅仅局限于对以往的修辞现象的描述和概括,恐怕很难使修辞学成为真正的科学。修辞学要想成为真正的科学,就不能满足于只是对已经出现了的修辞现象进行描述或追认,还应当对修辞现象的发展演变做出一些预测,并且为交际者提供一些可供选择的修辞方式。这样,修辞学才会对交际活动具有真正的指导作用。因此就需要尽快地建立"修辞预测学"。

修辞预测学是语言预测学的一个重要组成部分。在高节奏高信息的现代化社会里,建立修辞预测学的重要性是很明显的。修辞学和整个语言学的发展也为建立修辞预测学提供了可能性。

现代汉语的词类分实词和虚词两大类。实词又分为名词、代词、动词、形容词、数词、量词、副词等。虚词则分为介词、连词、助词、叹词、语气词。如果每一类词按照它本身的语法特点来运用,这就是零度用法。如果用作其他词类,就是偏离的用法。负偏离就是语言毛病:词性误用。正偏离则是一种艺术化的手段,叫作转品。从理论上看,每一类词除了作为它自身的用法之外,还有其他各种可能性,也都分为两种:一是词性误用,一是转品。如量词,词性误用和转品都有:量词←名词、量词←动词、量词←形容词、量词←代词、量词←数词、量词←副词、量词←连词、量词←介词、量词←助词、量词←叹词、量词←语气词,等等。但是,把虚词当作量词来运用,一般说是不太可能的。这是因为转品本来为的是语言的形象化艺术性,而虚词本身是空虚的,没有实在的意思,所以过去没有,将来大概也不可能转品为量词。也因为虚词同量词的差别太大了,一般说也就不大会发生把虚词当作量词的错误。大体相同的是副词和数词,也是因为太空太虚了,错误地用作为量词的可能性不大,转品为量词的可能性也极小。代词的意义也是虚空的,所以也不会出现误用作量词的现象,也很难转品为量词。所以把别类词错误地用作为量词的主要是名词、动词、形容词,转品为量词的也主要是名词、动词、形容词。如果把名词、动词、形容词分为两大类,一是具体的,一是抽象的,那么,误用为量词、转品为量词的,主要应当是具体的名词、动词、形容词。过去是如此,以后大概也只能是如此。越是具体形象的,转品为量词的可能性就越是大。

薛忠正在《询喻例说》中写道:"陈骙《文则》中的比喻分类很细,但只有诘喻和引喻,而无询喻。我根据王希杰先生的'任何一种语言的基本辞格都是很有限的,但又具有无限的生成能力'的理论,利用王先生提供的辞格纵横交错框架表(见王希杰《修辞的现实和理想》,1991年《修辞学习》第3期),发现设问和比喻结合而生成的询喻,古已有之,今人也常用。"[①]我们的"辞格纵横交错框架表",也可以叫作"辞格的元素周期表"。薛先生运用它有目标地发现了古代汉语和现代汉语中的大量用例,建立了"询喻"一个小格式。这也说明修辞预测是可能的,修辞预测学的建立是可能的。

修辞预测学应当包括这样一些内容:一种语言为我们提供了哪些修辞方面的可能性?即具有哪些潜在的修辞方式?潜在的修辞方式的显性化受哪些因素的影响和制约?根据社会文化语用发展的大趋势,预测修辞现象发展的大趋势,即哪些潜在的修辞方式在不久的将来可能显性化?哪些现在流行的修辞方式在不久的将来会潜性化,即退出舞台?并且对修辞现象的发展演变做出科学的解释,即语言内的因素和语言外的因素是如何影响和制约着修辞现象的显性化和潜性化过程的?

从总体上看,修辞活动将沿着两个相互对立的方向向前发展。一个方面是简化,规格化,统一化,全人类化。这是因为整个世界已

[①] 《修辞学研究》第七辑177页,南京大学出版社,1995年。

经变成了一个地球村了,当今是一个高信息高节奏的时代。中国已经参加到全球的大循环之中来了。另一方面是繁化,多样化,个性化,民族化。这是因为随着社会的进步、科学技术和经济的发展,人们拥有越来越多的业余时间,获得了越来越多的自由,各个民族的文化独特性得到了越来越多的尊重,个体的自我创造得到了整个社会的越来越多的谅解和支持。这样两个相互制约的因素是相互补充的。因此,未来的修辞既不可能一味地简单化,也不可能一味地繁复化,而是简单化和繁复化之中的一个动态的平衡过程。

另一方面,各个民族都要求保持本民族语言文字的纯洁性;另一方面,每一个民族的语言文字又必然地要同其他民族的语言文字相互交融,并且在这种相互交融之中进一步地向前发展。一味强调民族语言文字的纯洁性,而拒绝接受其他民族语言文字的影响,这既不利于本民族语言文字的发展,也是根本做不到的。过分强调各民族语言文字的相互交融,也同样是不利的,将破坏本民族语言文字的发展,不利于整个社会的进步和繁荣。在这里,起作用的将是"适度"的原则。例如,在今天中国的报刊上,开始出现中英文夹杂的现象。如:①他又喊了一声:"勋伯格",然后手舞足蹈地大叫:"I can't remember everything! I must have been unconscious of the time……!"(刘索拉《你别无选择》)②那一天我以一件鲜红的毛衣来配我的深色长裙。在国内我绝对不敢穿这样鲜艳的衣服。"Because I am old woman.""No!"哈拉森夫断然地否定。(《中国青年报》1993年1月17日)③这种在台湾被称为"Show"的表演以精致和每天翻新的综合表演形式吸引观众……别有一番风味。(《青年报》1993年2月9日)

这种现象现在引起了一些争议。从汉语修辞发展的大趋势来看,它的出现是有社会根源的,是中国现代化进程中社会发展必然会出现的现象，对汉语的纯洁性是有一定的破坏作用的，另一方面对汉语的发展也还是有一些好处的。这在初始阶段可能会严重一些，但以后必然会逐步减少，所以不必大惊小怪。从宏观上，在汉语中，外语成分只可能作为一种修辞手段来使用，人们不会真正地把汉语和外语混杂在一起来作为交际工具。

对语体和风格，可以根据其构成要素来排列组合出语体和风格的各种各样的可能性，根据现代社会的发展方向，预测在不久的将来可能出现的新的语体和新的风格。

电脑的普及，将会导致新的文风，出现新的语体和新的风格，出现新的语言文字的运用错误，同样需要进行预测研究。

修辞现象的预测需要大量的数据，数据越大，预测的可靠性越大。如果只是根据局部的少量的数据来预测，那么偶然性太多了，预测就不可能准确。例如，某一个阶段，一些年轻人具有反传统反文化的倾向，提出了"反语法反修辞反逻辑反文化"的口号，这在局部范围内可能是很严重的，但是，如果放大考察的范围，放长考察的时间，就会发现这些口号的实际结果还是很有限的，传统和习惯的势力的确是巨大的。就今天中国而言，话语中混杂英语词语的现象，除了香港地区比较严重之外，台湾地区也很值得注意，在大陆地区，从总体上来看，并不会真正地形成社会风气，只是局部的、短时期的现象。它对汉语规范化是不可能真正地产生大的影响的。这也可以从几千年来汉语发展演变的过程中得到验证：尽管南北朝时期，宋元时期，汉语受到了兄弟民族语言的猛烈冲击，但是，并没有破坏汉语的规范，反而促进了汉语规范的形成。所以说，一个时期里，某一部分社会成员的反修辞传统规范的行为可能激烈一些，但是，汉语修辞还是在按照自己的传统规范形式在向前发展演变。

在建立修辞预测学的时候，应当区分开直观预测和科学预测。

所谓科学预测,德国学者在《哲学和预测学》中说:"我们把下述的预见称之为科学预见:这种预见是一种科学理论在其范围内获得的结果,而这种科学理论的基础则首先是对其规律和实现条件进行系统的科技分析。"A. Bauer 在《哲学和自然科学词典》中说:"一种科学预见的本质特征在于,它立足于规律性认识和可以反复实行的方法上。"苏联学者梅柳欣:"科学预见是对当时尚不能进行试验性研究的无法观察的现象的某种可能的推论或原理系统。"拉基托夫在《哲学百科全书》中写道:"科学预见指的是,在科学中所获得的对于实验中尚未出现的,或者不存在的条件、状况和个别现象的知识。"而直觉性预测取决于许多变化的因素,如主体的素质,他的灵活性、想象力、鉴赏力和个人的经验等,可靠性低于科学预测。蓬格指出:"学者珍视直觉……但不指望它。他们知道,直觉是高度因人而异,而且它经常捉弄人……"

小结

语言,既包括呈现在我们面前的显语言,也包括潜语言。潜语言是有待我们去积极开发利用的。显性语言的潜性化和潜性语言的显性化过程就是语言的发展的道路。潜语言的显性化正是语言的艺术化,是修辞学应当加以研究的重要内容。修辞学因此也可以区分为显性修辞学和潜性修辞学。今天应当重视潜性修辞学和修辞预测学的研究。

复合词的深层结构和表层结构及其理据性

(2002年)

按：乔姆斯基的生成转换语法学区分了句子的深层结构和表层结构。我们运用于修辞学，区分了比喻的深层结构和表层结构。这一区分也可以运用到词汇学研究中来。复合词也有其深层结构和表层结构的区别。

从其深层结构向表层结构转化的时候，由于音节的制约，可能发生结构变形和扭曲现象，再加上历史演变的结果，仅仅从其表层结构就难以揭示其理据性。对复合词的分析，不但不可混淆深层和表层两种结构，还要揭示两种结构之间的联系和区别。

1989年的《癌变的语义结构》(《学语文》1989年第4期)一文中，我就讨论了词的表层结构和深层结构，不过没有明确提出表层结构和深层结构的对立与联系。

进一步说，不仅词和句有深层结构和表层结构的对立与联系，话语文本也有深层结构和表层结构的对立与联系。寓言就是一个典型。

本文原刊于《扬州大学学报》2002年第3期。

一 复合词的结构有深层和表层之分

汉语中有些复合词，常常显得有些荒谬，不合逻辑，无理据可说。

这其实是这些复合词的深层结构和表层结构之间的矛盾所造成的。美国语言学家乔姆斯基提出句子的深层结构和表层结构的学说。其实不但句子有深层结构和表层结构之分，复合词也有深层结构和表层结构之分。例如：

复合词	父母官	钟鼓楼
深层结构	偏正结构	并列结构
表层结构	偏正结构	偏正结构

"父母官"的深层结构和表层结构是一致的，都是偏正式。"钟鼓楼"的深层结构和表层结构却是不一致的，深层是：钟楼＋鼓楼。是两座建筑物，钟和鼓分别放置在这两个建筑物的里面，而不是一个楼，同时放置钟和鼓的建筑物。所以是并列式。而其表层：(钟＋鼓)＋楼。当然是偏正式。

成语往往不能从字面上来简单化地理解，其原因就在于它的表层结构和深层结构的严重脱节。例如"杯弓蛇影"的表层结构是并列关系：杯＋弓＋蛇＋影。但其深层结构中，这四个事物的关系却不是并列的。"弓影"和"蛇影"是偏正关系，"杯"同"弓影"和"蛇影"之间是领属关系。从内容上说，把杯中的"弓影"当作"蛇影"，这是一种错觉。这种错觉的产生和消解在表层结构中没有直接表现出来。表层结构只是理解这一成语的一个识别的标记而已，真正把握这个成语的含义必须回到其深层结构中去。

复合词的深层结构和表层结构不是一回事情，而且有时是不一致的，因此在分析复合词的时候，其深层结构和表层结构是不能混淆的。例如有人说："'口罩'，既可以理解为宾动结构('罩口'的倒装)，又可以理解为偏正(口上的罩、遮口的罩)，还可以理解为主谓结构(口被罩住)。"(王艾录、司富珍：《汉语的词语理据》86页)其实，作为表层结构,"口罩"只能分析为偏正结构,其中心语素为"罩","口"是修饰性语素。这个"罩"是名词性语素,"口罩"的词性等同于中心语素的词性,是名词,不可能理解为主谓结构或宾动(动宾)结构的。但是在其更深层次的逻辑关系上,"口"和"罩"可能有三种语义组合的方式:

  A. 偏正结构:"罩"为名词性语素,戴在口上的罩。
  B. 主谓结构:"罩"为动词性语素,口(被)罩住了。
  C. 动宾结构:"罩"为动词性语素,罩上了口。

在这三种逻辑关系中,只有 A 转化为一个表层的名词,其余两种逻辑关系只是转化为短语或句法结构,例如:他的<u>口</u><u>被</u><u>口罩</u><u>罩</u>住了。‖他的<u>口</u><u>被</u>手巾<u>罩</u>住了。‖<u>口罩</u><u>罩</u>住了他的<u>口</u>。‖手巾<u>罩</u>在他的<u>口</u><u>上</u>。B 和 C 类用法并没有词汇化,其结构和意义并没有进入"口罩"一词,所以"口罩"的结构不能分析为主谓结构或宾动结构。同类的词语还有"眼罩、灯罩、床罩""枕套、被套、沙发套"等。混淆了一个复合词的深层结构和表层结构,就很难正确理解其表层结构。例如:"'使节'的中心成分是'使'而不是'节','使'是使者,'节'是符节,古代使者持符节做凭证。它的内部形式应是'持节之使者',而不应该是'使者持的节',所以'使节'结构方式不是偏正,而应该是'正偏'。"(王艾录、司富珍:《汉语的词语理据》87 页)在古代汉语中,"使"首先是一个动词,是派遣、命令、出使的意思,然后转化为名词,表示使者。"使节"的深层结构其实是:手持符节出使到他国去。其结构模式同"司令、将军"是相同的。都是动宾式名词,由动作而转指人。汉语中的正偏结构,其实是后补结构,通常只是:A. 谓词性语素+补充成分,如"扩大、说明、打倒"等。B. 名词性语素+量词性语素,如"车辆、马匹、船只"等。

两个名词性语素构成的复合词,意义也有复杂的一面,例如:A.酒瓶——装酒的瓶子。B.瓶酒——用瓶子装的酒。其表层结构同深层结构是一致的。但是,也有这样的现象:

A式	B式
棒冰(上海)	冰棒(南京)
盒饭(中国大陆)	饭盒(新加坡)
砂锅鱼头	鱼头砂锅

A式和B式是同义形式。"我吃冰棒"等同于"我吃棒冰","我吃盒饭"相等于"我吃饭盒","我吃砂锅鱼头"等于"我吃鱼头砂锅"。A式的表层结构是偏正式。B式的表层结构也是偏正结构的。B式的表层结构是不能分析为后补结构的。如果硬是把B式分析为后补结构(正偏结构),那就是用意义分析来代替了结构分析,而在句法分析中,构词法的分析中,是不能混淆意义内容和结构方式的,是不能用意义内容替代结构方式的分析的。

所以说,只有正确把握深层结构,才能看清并妥善处理表层结构。

二 复合词的深层结构和表层结构的不一致

大量的复合词的深层结构和表层结构是一致的,分析其表层结构就可以直接推导出其意义来。例如:心上人、意中人、知心人、知情人、人民币、人情味、同心结、连心锁、连理枝、比目鱼、日光灯、文字狱、文字禅、乡土气、植物人、木头人、鬼门关、国字脸、瓜子脸、鸭蛋脸,等等。这些复合词的理据性是很容易把握的。

由于大多数词语的深层结构关系和表层结构关系是一致的,是人们所熟悉的,比较习惯的,它就成了一种强势格式。这一来,语言的使用者和研究者很容易忽视另类现象的存在,那就是:有些词语的深层结构和表层结构也可以是不一致的,甚至是矛盾的。

深层结构同表层结构相矛盾的复合词,如果是成批量地出现的,至少是有一定数量的,不是个别的偶然的,理解并不困难,寻找其理据性也还算方便。特别是已经形成了一种比较固定的模式之后,例如,(A+B)+N式——表层结构为偏正关系,深层结构为并列关系。例如:管弦乐(管乐+弦乐)、青红帮(青帮+红帮)、上下文(上文+下文)、中西医(中医+西医)、东西方(东方+西方)、青白眼(青眼+白眼)、教职工(教工+职工)、错别字(错字+别字)、阴阳历(阴历+阳历)、中西餐(中餐+西餐)、南北朝(南朝+北朝)、南北货(南货+北货)、东西德(东德+西德)、红白喜事(红喜事+白喜事),等等。再如,(A+B)+V式——表层结构为附加式样,词根加上后缀。例如:指战员(指导员+战斗员)、教职员(教员+职员),等等。由于这些模式已经为人们所普遍接受,于是人们往往就忘记了其中深层和表层彼此矛盾的现象。

如果这一矛盾只是出现在个别的或极其少数复合词之中,这就会给语言学分析方面带来麻烦,也往往会误导语言的使用者。例如,"花生",其表层结构仿佛是主谓结构,或者是状中结构(花着生,品种齐全)。其实深层结构是一个复句:花落了(落入地下),然后生出果实来。作为一种文化现象,花生被作为生育的象征,其实是建立在对表层的曲解的基础上的。这是复合词表层结构多义性的非深层结构意义的产物。

这类复合词的理据存在于其深层结构之中,因此只有揭示出其深层结构,才能把握它的理据性。忽视了它的深层结构,仅仅从其表层结构出发,就会陷入困境。例如,"肉骨茶"是新马地区华人所喜爱的食品,中国内地的旅游者在实际品尝之前,往往以为是一种加上茶叶烹饪的食品,如同"奶茶""酥油茶""咖啡茶""人参茶"等一样。这是"肉骨茶"的表层结构误导的结果。在表层结构中,"肉骨茶"只能分析为偏正关系:"茶"是中心成分,"肉骨"是其修饰成分。依据这一表层关系,其意义似乎也只能是:肉骨的茶。其表层是很难分析为并列结构的:肉骨+茶。其实,它本来是:同时供应两种食品——肉骨汤和工夫茶。这两者当然是并列关系。在其深层结构中,"肉骨"是"汤"的修饰成分,"茶"的修饰成分是"工夫"。"肉骨"同"茶"没有语义联系,两者不发生结构关系,两者不能相互构成直接成分。

词语的深层结构关系和表层结构关系的不一致现象,是多种多样的。只有揭示出其深层结构的特殊性,才能发现其理据性。例如,"蛇人"是养蛇、玩蛇的人,"蛇头"不是蛇的头,是一种人。"蛇岛"上蛇特多,或以蛇为特色。"兽医""鱼医""植物医生",修饰成分表示的是受事。"儒医"的修饰成分表示医生的身份。但是,蛇医是给被蛇咬伤的病人进行治疗的医生。在其表层结构是偏正结构,"蛇"是"医"的修饰成分。但是,蛇不是医生,医生也不给蛇进行治疗。这是因为,在其深层结构中,"蛇"同"医"并无直接的语义联系,在其结构上不能构成直接成分。"医"只同"病人"发生结构关系,"蛇"只同"病人"发生语义联系。例如,2002年10月11日《周末》上有个小标题,叫作《海洋"鱼医"》。文中说:"海洋生物学家近来发现,生活在海洋中的鱼类也有自己的医生……一种普通的小鱼。这种'鱼医'体态小巧,行动轻盈。"这个"鱼医"是给鱼医治疾病的鱼。它不同于"兽医"——给兽治疗疾病的人,兽是接受治疗的对象。它不同于"儒医"——具有儒家修养或风度的医生,"儒"是医生本人。更不同于"蛇医"——给被蛇咬伤的人治疗疾病的人,蛇不是治疗者,也不是被治疗者。

三　深层和表层不一致的内因和外因

复合词的深层结构和表层结构之间的矛盾的产生，是有其内部原因和外部原因的。

其内部原因指的是语言系统内的因素对从深层结构到表层结构的转化的制约作用。例如，复合词音节的长短是有严格要求的，最受限制的，压缩复合词的音节数量是复合词产生演变中的一个重要内容。这种压缩过程，往往会改变复合词的表层结构方式。例如：

A. 白条子

B. 绿条子、红条子

表层结构都是偏正关系，"白、绿、红"等颜色词都是"条子"的修饰成分。但是在其深层结构中，却是：

C. 绿（白条子）、红（白条子）

"绿"和"红"同"条子"不发生结构关系，彼此不是直接成分。在这一过程中，"白条子"中的"白"的消失，其中的低等级成分的"条子"在表层结构中上升了一个等级。

"仙人棒、仙人球"和"仙人掌"，表层结构似乎是相同的，都是偏正关系，仿佛其中的"仙人"分别是修饰"棒、球、掌"的。其实，"仙人掌"的深层结构和表层结构是一致的，而"仙人棒、仙人球"的深层结构和表层结构是不一致的，其深层语义是："仙人掌科中的形状像棒的植物"，或"样子像球的仙人掌（仙人掌科中的一种植物）"。

"师母"，是常用词语，普通人是完全明白其含义而从不思索的。但是它却叫语言的研究者困惑。有一个海外研究生问我："'师母'分析为偏正结构，那该是老师的母亲了，然而却是老师的妻子呀！"研究词语理据的语言工作者认为:"'师母',意为师傅或老师的妻子,把它看作偏正结构(师的母亲)是错误的,看作是并列结构(师和母)却又不能尽如人意。"(王艾录、司富珍:《汉语的词语理据》87页)这里首先有一个结构关系同语义内容之间的非等同性、不一一对应性问题,结构总是简单的,其所蕴含的语义内容和类型总是多种多样的。简单化地把偏正结构的语义内容统统都归结为领属关系,这未免简单化了一些。例如"东坡肉",恐怕是只能分析为偏正结构的,但是其语义内容可绝不是指苏东坡身上的肉!

这个麻烦其实是其深层结构同表层结构的矛盾所引起的。"师母"的表层结构是偏正关系,不是同位关系。可是其含义不是老师的母亲,而是老师的妻子。其意义内容同结构关系很难对得上号,不好解释。要想比较合理地解释其中的奥秘,就得深入到它的深层结构中去——老师的妻子,我的母亲(比喻式尊称):

A. 是我的老师的妻子。(不是老师本人,不是老师的母亲。)

B. 我尊称为"母"(我尊我的老师为"父"。父和母是相对称的。)

在其深层结构中,"母"同"师"不构成直接结构关系。同"师"有结构关系的是"妻",但是,"妻"字在表层结构中没有出现。在其深层结构中,是有一种同位关系,那就是:"师妻"(老师或师傅的妻子)和"母"(我的母亲)的同位,然而"师傅"(老师)并不同"母"(母亲)构成同位关系。从深层结构转化为表层结构之后,由于压缩(省略)了"师"字,其同位关系就很难为人所接受。

现代汉语中有两个"给"字,一个是动词,一个是介词。在句子的深层结构中,本是:"他给给她一本书。"但是,在其表层结构中却是:

"他给她一本书。"深层结构中的两个"给"字因为相同语音的连续而省略或重叠了。这种现象也出现在复合词中。例如,"大姐夫"一词,有两种切分方式:A. 大姐‖夫,B. 大‖姐夫。其意义好像是一样的。但是,似乎不能因为是否实体意义的基本相同,就认为两种切分同样都是合理。这正如:A. 爸爸的‖爸爸的爸爸,B. 爸爸的爸爸的‖爸爸。两种切分的意义基本相同,但不能认为两种切分都是合适的。虽然"大姐夫"的两种切分可以指同一个人,但是 A 式是从其配偶角度来限制修饰的,而 B 式则是从他自身利益来限制修饰的。

与"大姐夫"同类的,再如:大姑妈——大‖姑妈,大姑‖妈。大舅妈——大‖舅妈,大舅‖妈。大姨奶——大‖姨奶,大姨‖奶。

但是,有的似乎并不是两种切分都可以的,例如:

表姐夫——表姐‖夫　　表‖姐夫(?)
姨姐夫——姨姐‖夫　　姨‖姐夫(?)
外孙女婿——外孙女‖婿　　外孙‖女婿(?)

因为具有姨表关系的只能是姐妹本人,而不是她们的配偶,所以后一种切分是难以成立的。但是,前一种切分有的也很难成立,因为"姐夫、舅妈、姑妈"等结合是固定的,为社会所广泛接受了的,而外孙是男人,他不可能有丈夫(女婿)的!

词是一个有机的整体,不可再分割。其中的语素不能独立地接受修饰或限制,例如"布头""小布头、新布头",修饰的是词,不是其中的某个语素。如果要修饰其中的语素"布"就得说:"新布布头、土布布头、麻布布头、印花布布头"等。再比较:

大气压←大气‖气压

可以认为,表层的"大气压"在其深层其实是"大气气压",从深层向表层转化的时候,因为两个"气"字的连续出现,为发音方便而省略了其中之一,于是造成了这种表层结构的重合。"印花布头"可以认为是"印花布‖布头"的重叠省略。

因此,似乎也可以认为:

<pre>
大姐夫←大姐‖姐夫   表姐夫←表姐‖姐夫
姨姐夫←姨姐‖姐夫   堂姐夫←堂姐‖姐夫
外孙女婿←外孙女‖女婿   侄女婿←侄女‖女婿
</pre>

这也是语言系统内部原因所引起的复合词的深层结构和表层结构的矛盾。

有些深层结构和表层结构之间的矛盾是由外部原因引起的。由于社会的演变,构成复合词的理据的环境消失了,也会导致一些语素意义的变动,相应地出现了深层结构同表层结构之间的矛盾。例如:胡说、胡搅、胡搞、胡来、胡闹、胡说八道、胡言乱语、胡作非为、胡搅蛮缠,等等。其表层结构都可以分析为偏正关系,其中的"胡"字是不讲道理、蛮横无理的意思。在其共时平面上,这一分析没有错。但是究其产生的原始含义来说,这"胡"字指的是胡人,中国北方的少数民族。这些复合词的结构本是主谓式:"胡"为主语,其中的动词性成分是其谓语。这些词语中都有民族偏见的因素。但是汉语在发展,在现代汉语中,"胡"已经从民族的称谓,逐步转化为形容词性语素了,那就不必甚至不能再分析为一个表示民族的名词性语素了。

四 表层结构的多义性及误解

复句式复合词的深层结构和表层结构也往往不一致。

汉语中,有些复合词,居然是一个复句——复句的紧缩,或者是紧缩的复句。例如:花生,其实是:花落了,果实生出来了。或:花落了,生出果实来了。第一个分句的谓语省略了,第二个分句的主语省略了。在其深层结构中,"花"同"生"是没有结构关系的。两个汉字竟然是一个复句,真的不可想象。这可以叫作"复句式复合词"。

三字格中的复句式复合词比较多。例如:生死恋,其意思是:"生(活着)相恋,死也继续相恋。"这就是一个复句。要构成一个复句,按理说,起码得有四个汉字(其实是"语素"!),于是复句式三字格都是省略复句。例如,两个分句的主语是相同的,而省略其中之一的"鬼见愁"——两个分句的主语都是"鬼",第二分句主语承前省略了。就是:"鬼见了,鬼也发愁。"两个主语相同而全都省略了的,例如:"随身听"——主语是某人,省略了。即指:他随身带着,随时都可以听。

两个主语不同的,省略其中之一的,例如:

人来疯——第二个分句省略,指小孩。可以是条件复句,也可以是因果复句。

胃痛宁——第一个分句的主语是"胃",第二个句子主语是"人",省略了。

夜来香——第一个分句的主语是"夜",第二个分句的主语是"花",省略了。

两个主语都省略了的,例如:

开门红——某人开门,门外是一片红。

三字格复合词中,谓语也是可以省略的,例如:龙虎斗,其实是"龙争虎斗",是一个并列句。第一个分句的谓语省略了"争",因为"争"和"斗"是同义词,承后省略。

表层结构往往是省略的结果。省略之后的表层结构常常是多义的,例如"老来俏、老来瘦、老来福、老来穷"等,其深层也可以看作是:两个分句的主语相同而省略了的复句。但是就其表层结构而言,如果分析为偏正结构,应当说是合适的:老来‖俏、老来‖瘦、老来‖福、老来‖穷。

表层结构的多义性,很容易造成误解。例如因为"龙虎斗"的表层结构是主谓结构,本来是"龙"和"虎"的联合短语做主语——"龙争虎斗"(像龙和虎那样地争和斗),但是,"龙虎斗"在许多人的心目中,其表层的主谓关系而变成了:"龙"为主语,它去同虎争斗。"介词+虎"做状语,介词省略了,没出现。"龙同虎去相互争斗"于是就成了一种流行的文化现象,于是出现同中国传统文化中的龙虎同义意象的龙和虎相互对立、互不相容的另类文化意象。

其实,许多复句式复合词,就表层结构而言,分析为偏正结构是比较适合的,例如:人来‖疯、龙虎‖斗、鬼见‖愁、开门‖红、夜来‖香、随身‖听、胃痛‖宁、老来‖俏、生死‖恋,等等。既然深层结构和表层结构是不同的层面,对其结构分别采用不同的分析方式,也是应当的吧。

五　结论:复合词结构研究的方法论原则

词汇学是语言学中比较落后的一个部门。改变这一状况,需要寻找新的视角,需要加强方法论原则的建设。本文的目的是:寻找词汇学研究的新视角,探讨复合词研究的方法论原则问题。

(一)乔姆斯基提出的深层结构和表层结构的概念,是语法学的概念,构词法本可以认为是语法学中的一个部分。在汉语中,复合词、短语和句子,在其结构方面是很一致的,是互通的。因此把原先用于句子的深层结构和表层结构的概念扩大到复合词的内部结构方面,我们以为是行得通的。

(二)更重要的是,由于存在着复合词的深层结构和表层结构的不一致现象，仅仅就表层结构往往很难真正把握住复合词的结构方式。因为，表层形式中的语素同深层结构中的语素不完全一样，深层结构中的结构关系常常不能在表层形式中得到真实的表象。这就是一些词汇学家反对运用句法结构模式来分析复合词的理由。但是，复合词表层结构分析所遇到的麻烦，并不能证明复合词的表层结构就是不可运用句法模式分析的。所以在复合词的分析中，引进深层结构和表层结构是可行的。

（三）引进复合词的深层结构和表层结构之后，不仅要求给复合词确立合理的深层结构，而且要研究从深层结构向表层结构运动中的规律规则。从深层结构向表层结构的转化中，制约因素有语言世界本身的，也有非语言的，如物理世界、文化世界和心理世界的因素，应当区别对待。

（四）在复合词的研究中引进深层结构和表层结构的概念，其实就是复合词结构分析从纯静态分析走向动态研究的一个开始。

我们相信，复合词研究中的新视点的引进，是有利于复合词研究的科学化的。

显性语言和潜性语言
（2003年）

按：朋友们不满意我总是在修辞学范围内谈显性潜性，希望我跳出语言文字问题来探讨显性潜性问题。一来，我是语言学教师；二则语言文字非常重要；三者，语言文字的显性潜性还没有闹明白，去谈其他也不合适。所以，一个时期里，我只关注语言文字问题中的显性潜性的事情。

人贵有自知之明。物理世界、文化世界、心理世界的显性潜性问题，太复杂了。说清楚物理世界、文化世界、心理世界的显性潜性，是我心有余而力不足的。没有必要的学识是不能信口开河的。所以能对语言世界的显性潜性说清楚一点点，我就很满足了。

本文原刊于《阜阳师院学报》2003年第3期。

一 显性和潜性的对立联系的普遍性和相对性

显性和潜性是一组对立的概念。对潜性的重视是从现代自然科学开始的，现代哲学也很重视潜性问题。罗嘉昌在《从物质实体到关系实在》一书的第三章第四节《场和实物、能量和质量、潜存和实存》中说："按照前苏联哲学家凯德洛夫的看法，二十世纪中期开始的科学革命的实质在于：从实存性到潜存性，亦即放弃把对象看作现实存在着的东西，而承认它只是可能的东西，只是潜在地存在着的东西。"[①]在第五章中又介绍说:"基元客体不再被看成是已经存在的有形物体,其'实在本身'只是潜在可能性的总和。由可能变为现实、潜在变为物理实在,有赖于观测类型和方式。"[②]

引进显性和潜性的概念是非常重要的,是具有方法论意义的。这是因为潜性和显性的对立和联系具有普遍性,存在于语言的一切方面,甚至也存在于文字之中。形声字是汉字中的老大,已经出现的汉字是显性汉字,不应忘记的是还存在大量的潜性汉字。其实,每一个形旁都可以同任何一个声旁相结合而组成一个新的汉字。现代化学家之所以能够非常容易地创造出许多的简化汉字,原因就在这里。识字不多的人可以非常容易地创造出许多的简化汉字来,其原因也在于此。那些声旁同形旁的可能的组合,而现代还没有开发的,就是潜性汉字,其数量比我们所想象的要多得多。

语言世界中的显性和潜性可以有多种理解。显性和潜性的相对性,指的是它不能做简单的理解,其实随着观察点的变化,两者的关系是变动着的。例如:

A. 语言:言语——潜性:显性

B. 语言中:潜性——显性(如:潜语法形式——显语法形式,潜语法意义——显语法意义,等等)

C. 言语中:潜性——显性(如:潜话语——显话语)

D. 共时态:潜性——显性

E. 历时态:潜性——显性(潜性化——显性化)

F. 亲属语言中:潜性——显性

G. 非亲属语言之间:潜性——显性

---

① 罗嘉昌:《从物质实体到关系实在》178页,中国社会科学出版社,1996年。
② 同上,231页。

换句话说,潜性和显性的对立与联系具有多样的特征。

二　显性——偏离,潜性——零度

在《修辞学通论》中,我们说:"理论零度,可以称为绝对零度。从哲学上讲,就是一般和个别中的一般,具有高度抽象的品格,看不见也摸不着。在语言世界里,理论上的零度就是语言系统中的规律,即音位系统、语义系统、语法系统等等。"[①]既然理论上的零度是一个看不见摸不着的东西,它也就是潜性。而同零度相对的偏离则是看得见摸得着的,直接呈现在人们的面前的东西,那么它显然是显性的。所以,显性和潜性同零度和偏离,是两组不同的观念,不能混为一谈。但在更高层次上,它们也有同一性,在某种意义上它们其实是同一个东西。因此在有些时候,零度和偏离同潜性和显性可以局部地等同起来,但它们是不能简单地完全等同的。

在操作术语中,零度和偏离是不能等同的。因为操作的零度是看得见摸得着的。其实还是理论上的偏离,不过其偏离的程度极其细微,细微到感觉不到的地步。操作的零度事实上只是理论零度的一个化身,一个代表,化身和代表是不能同本体等同的。例如,在操作零度中,"你买票"是一个零度形式,"票你买!""你票买!""买票你!"和"票,买,你"等是偏离形式。但在理论的零度上,"你买票"也还是一种偏离形式。

---

① 王希杰:《修辞学通论》185 页,南京大学出版社,1996 年。

三 语言—潜性，言语—显性

语言和言语的区分，是现代语言中的一个重要的方法论原则。这个区分是由索绪尔最先提出来的。索绪尔说，区分语言和言语之后的语言，"是通过言语实践存放在某一社会集团全体成员中的宝库，一个潜存在每一个人的脑子里，或者说得更确切些，潜存在一群人的脑子里的语法体系；因为在任何人的脑子里，语言都是不完备的，它只有在集体中才能完成存在。"[①]

这就是说，语言本质上是一种潜性的存在，它看不见摸不着，它并不直接呈现在我们的面前。音位是语言的，但它是看不见也摸不着的，谁也发不出一个音位来，一旦发了出来，它就不再是音位了，而是言语中的一个声音。而同语言相对立的言语，则是显性的存在，它是看得见摸得着的，它是直接呈现在我们的面前的。话语中的词语和句子都是可以直接观察的。

从显性和潜性的角度来看，语言是潜性的，言语是显性的。人类的语言其实是显性的言语和潜性的语言的统一。语言的研究是一个从显性的言语到潜性的语言，再从潜性的语言回到显性的言语的过程。索绪尔区分了语言和言语，重视潜性的语言系统，这是很正确的，大大促进了现代语言学的发展。但是一定程度上忽视了言语现象，就不很妥当了。在语言和言语的讨论中，有些坚持区分语言和言语的学者过分强调从言语中排除非语言的成分，统统称之为"超语言的剩余部分"，认为都不是语言学的研究对象。例如发音错误等，都是同语言系统无关的。这就把问题简单化了。其实，发音错误既然

---

① [瑞士]索绪尔：《普通语言学教程》35页，高名凯译，商务印书馆，1980年。

是语言的语音系统在运用中出现的错误,怎么能够说同这个系统就全无关系呢?不同的语言会出现不同的语音错误,这说明这些语音错误同这些语言系统本身是有某种联系的。因为汉语是有声调的语言,所以,声调错误就常常会在汉语的言语交际中出现,德语是没有声调的语言,所以德语的言语交际中就不会出现声调错误。或者说,声调错误在汉语中是一个问题,而在德语中就不是一个问题。言语错误和语言艺术其实是一个问题的两个方面,从形式上看,都是对语言系统的偏离,不过一个是无根据的没有必要的,文化上和心理上不能接受的;另一个是具有某种必要而充分的理由的,是文化上和心理上可以接受的。语言艺术化同言语失误,其实本是相同的事实。某个语言中语音的艺术化用法,显然也是同这一语言的语音系统具有密切关系的。语音失误或艺术化用法也是有可能转化为语音常规的,换言之,言语中的"超语言剩余部分"也是有可能进入语言系统中去的。

语言是显性的言语和潜性的语言的统一,因此把语言学定位为从言语现象中寻找语言系统,把言语现象中超出语言系统的一切都排除出语言学的研究范围,这是不妥当的。例如在语法研究中,有学者认为,语法学的最高的、唯一的任务就是建立句型系统。这一主张的理论依据就是:只有语言系统才是语言,言语不是语言。其实,寻找和建立句型系统的确是语法学的重要任务,但并不是唯一的任务。同理,既然语言是语言和言语的统一,那么当然也就不需要在语言学之外再建立所谓的"言语学"了。

强调语言是语言和言语的对立和统一,这将促进我们重新认识语言学的对象和任务。

四　语言中的显性和潜性

语言系统中也有显性和潜性之分。

索绪尔区分了"句段关系"(组合关系)和"联想关系"(聚合关系)。这组对立的概念是今天许多人文学科中广为流传的。这两种关系的对立也是显性和潜性的对立。

索绪尔说:"句段关系是在场的(in praesentia);它以两个或几个在现实的系列中出现的要素为基础。相反,联想关系却把不在场的(in absentia)要素联合成潜在的记忆系列。"①这是高名凯文的译文。裴文的译文是:"横向组合关系是显在的(in praesentia);它以两个或几个同等地出现在实际系列中的辞项为基础。相反,关联聚合关系把潜在的(in absentia)辞项结合在一个虚拟的记忆系列中。"②在我们看来,在某种意义上,"显性"和"潜性"同"在场"和"不在场"是对应起来看待的:显性的就是在场的,潜性的就是不在场的。

日本学者田中春美在《语言学漫步》中把聚合关系理解为潜性关系。他说:"所谓组合关系,是在声音语言先行这一制约中存在的一种关系,因而也是现实说话中经常明显存在的一种特征。与此相关,各单位中还有另外一种经常潜在的关系。——假定把组合关系称作横的关系,那么,此种潜在的关系即专门的聚合关系(in absentia),也可以称为纵的关系。"③"由聚合关系结合起来的单位之间的关系是潜在的,此外还应该注意两者处(按:当为'在'字)相互排斥的关系

---

① [瑞士]索绪尔:《普通语言学教程》,高名凯译,商务印书馆,1982年。
② [瑞士]索绪尔:《普通语言学教程》,裴文译,江苏教育出版社,2002年。
③ [日]田中春美:《语言学漫步》15—16页,陕西人民出版社,1986年。

之中。"①

有些学者把聚合关系归于语言,而把组合关系归于言语。其实,索绪尔已经明确指出:"一切按正规的形式构成的句段类型,都应该认为是属于语言的,而不属于言语。"②早在1941年,陈望道在《答复对于文法革新讨论的批评》一文(《复旦学刊》复刊第一期)中,在介绍索绪尔学说的时候,就说:"这两种关系有分子(按:应为'又分为'为正)有定限和无定限的差别:配置关系是有定限的,会同关系是无定限的。又有关系是显在,是隐存的差别:配置关系是显在的,会同关系是隐存的。"③叶蜚声、徐通锵在《语言学纲要》中说:"组合关系和聚合关系是语言系统中的两种根本关系。不但语言符号(词、语素)处在这两种关系之中,而且构造符号的音位和意义也都处在这两种关系之中。"④这一理解是正确的。既然组合关系和聚合关系都是属于语言的,而且是语言系统中的两种根本关系,那么在语言的世界中就同时存在着显性关系(组合关系)和潜性关系(聚合关系)。换句话说,语言系统是由显性关系和潜性关系所构成的,是潜性的聚合关系和显性的组合关系的统一。

语言系统的本质就是组合关系和聚合关系的统一,就是说显性和潜性的统一是语言的本质,忽视了、丢掉了显性和潜性中的一个,就不能真正把握住语言系统,就是对语言系统的一个歪曲。

---

① [日]田中春美:《语言学漫步》,16页,陕西人民出版社,1986年。
② [瑞士]索绪尔:《普通语言学教程》173页,高名凯译,商务印书馆,1982年。
③ 陈望道:《中国文法革新论丛》256页,商务印书馆,1987年。
④ 叶蜚声、徐通锵:《语言学纲要》34页,北京大学出版社,1997年。

五 从共时看语言中的显性和潜性

语言是一种历史的现象,是处在不断地演变之中的。对语言的观察可以采用历时和共时两种角度。这时候,可以在历史的长河中选取一个特定的时点来作为语言的显性和潜性的区别的坐标。

作为符号系统的语言,从共时的观点来观察,在所观察的时点上,它呈现在观察者面前的,也就是此时此刻在场的,是显性的语言。而可能具有的、可能出现的,却并没有出现的,也就是不在场的,就是潜性的语言。《挥麈录》中写道:"唐高宗改门下省为东台,中书省为西台,尚书省为文昌台,故御史台呼为南台。赵璘《因话录》璘又云:'武后期,御史有左右肃政之号,当时亦谓之左台、右台,则宪宗未曾有东台、西台之称。'"在高宗时代,东台、西台是显词语,但在宪宗时代则是潜词语——"则宪宗未曾有东台、西台之称"!"南台"和"北台"本是潜词语,"故"是说因为有了"东台"和"西台"导致了潜词语的"南台"的出现。没有"北台",它还是一个潜词语,其实尚书省叫作"文昌台",如果叫作"北台",其实也无不可的。既然有了"左台、右台",似乎也应有"前台、后台"的。

在今天的汉语中,"学托、书托、婚托、医托、药托、鞋托、布托、话托、房托","水霸、电霸、路霸、菜霸、鱼霸、学霸","白条子、绿条子、红条子"等都是已经存在着的词语,是显词,而"鱼托、电托、车托、水托","婚霸、医霸、药霸","黄条子、黑条子、蓝条子"等,是直到我们写作的时刻还不存在的词语,但是,它符合现代汉语的构词规则,也是合乎逻辑的,并且也是有使用价值的。这些词语可以叫作"潜性词语",这种现象是潜性语言现象。20世纪后期我们所讨论的潜性语言现象主要是这一类现象。

从共时角度上看,一种语言的历史上曾经有过的词语和句式,早已经消失,现在不再使用,或者说,没有保存在现在的语言系统之中,那么对于现在的语言系统而言,它们就是潜性成分。复辅音在古代汉语中是显性现象,而在现代汉语中则是潜性现象。入声在古代汉语中是显性现象,在现代汉语普通话中则是潜性现象。"咖啡、克隆、走俏、看好、B超、AA制、BB机、卡拉OK、马克思列宁主义"等,在现代汉语中是显性现象,但是对古代汉语而言,则是潜性现象。

六 从历时看显性和潜性

语言世界的这种显性存在和潜性存在,是可以相互转化的。语言的演变发展其实就是显性语言和潜性语言之间的相互转化:显性语言的潜性化和潜性语言的显性化。从古代汉语到现代汉语,许多词语消失了,一些语法规则消失了,其实是潜性化了。新的词语和新的语法规则的出现其实就是潜性语言现象的显性化。

现代汉语语音系统中没有复辅音,但古代汉语中存在过。林语堂在《古有复辅音说》一文(《语言学论丛》,开明书店,1933年)中论证过。那么复辅音在古代汉语中是显性语音现象,在现代汉语中是潜性现象,发展方向是由显而潜。又如现代汉语中人称代词没有格的变化,高本汉说古代汉语人称代词有格的变化。人称代词的发展方向也是逐步地潜性化。现代汉语中有丰富的量词,但上古汉语中量词并不发达。这是一个逐步由潜到显的演变发展的过程。量词大量出现是在魏晋南北朝时期,到唐宋时期进一步发展并稳定了,形成了现代汉语中的量词系统。这是一个由潜到显的演变发展过程。

显性现象的潜性化和潜性现象的显性化的动力和原因,有两个方面,一是语言之外的,二是语言之内的。物理世界、文化世界和心理世界是导致语言世界的显性和潜性的相互转化的重要原因。大量的潜词和潜义的显性化现象,都可以从物理世界、文化世界和心理世界中找到原因。维持语言系统内部的平衡和稳定,语言系统内部的整合,或者说语言的自我调节机制,也是语言的显化和潜化的重要原因。例如语言的语音系统、词汇系统和语法系统之间的相互制约关系,是汉语语音和词汇的显与潜相互转化的一个重要因素。汉语语音的历史发展大方向是语音的逐步简化,许多语音从显向潜在转化,这同词汇的双音节化是相辅相成的。语言的潜性化是加强了词汇中的双音节化的进程。就是说,语音的潜化是双音节词的显化的推动力量。

七　从空间看语言的显性和潜性

时间和空间是物质存在和运动的两种基本形态。语言的存在和运动也依赖于时间和空间,也只能在时间和空间中展开。语言一方面是在时间中延续着,另一方面分布在特定的空间上,在特定的空间中展开。

从空间观念来观察语言,就是语言的地方变体——方言土语。既然存在着地方变体,不同地方变体之间就不能构成一个系统。语言本身是一个符号系统,语言学研究的目标就是寻找和建立这样一个系统,这时候研究者往往就要选择某一个特定的点,而且这个点是越小越好。20世纪90年代初,语法学家朱德熙一再提出:现代汉语书面语是不纯粹的,内部充满矛盾的,不成系统的,以书面语为材料是很难建立现代汉语的语法系统的。他主张研究方言语法。其实,方言内部也还是有矛盾的,也是不纯粹的。有时,一个小小的县城,居然有好多种不同的方言。

从空间角度上说,我们可以在空间上选择某一个特定的点,以它为坐标来确定显性和潜性。这个点上存在的就是显性的,这个点上不存在的就是潜性的。入声,对南方方言来说是显性现象,对北方方言而言则是潜性现象。"有+动词"对闽方言是显性现象,对北方方言则是潜性现象。"咱、咱们"在北方方言中是显性现象,而对南方方言则是潜性现象。

语言的演变发展是不均匀的,有"时间差"和"地域差"。时间差和地域差有区别又有联系。汉语中的时间上的"古——今"和地域上的"南——北"之间有某种对应关系。南方方言比较接近古代汉语,北方方言离开古代汉语更远一些。

地域角度的显性和潜性之间也是可以相互转化的。各方言之间、方言和普通话之间的相互借用,就是这种转化的表现形态。对普通话和北方方言来说,"生猛"这个粤方言中的显词原来只是潜词,现在却成了显词,这种"借用"其实就是地域性潜词的显性化过程。

语言世界上存在多种多样的语言,不同的语言分布在不同的地域。不同的语言之间也有显性和潜性的问题。汉语中,兄弟姐妹,有四个词,印欧语系诸语言中只有两个词,那么"兄、弟、姐、妹"这些汉语中的显词,在英语等语言中,就是潜词。韩语中对哥哥和姐姐的称呼,各有两个,弟弟和妹妹得分别用不同的称呼语来称呼哥哥和姐姐。韩国语言中的两个不同哥哥和姐姐,是汉语所没有的,是潜词。

八 语法中的显性和潜性

语法现象中也有显性和潜性之分。语法学中所说的"深层结构"和"表层结构"其实就是显性和潜性的对立。向语言世界中的潜性现象进军,这是20世纪后期语言学的一个新的动向。

乔姆斯基的生成转换语法学提出了句子的深层结构和表层结构,其深层结构就是潜性语言现象,而表层形式就是显性语言现象。他提出的"空语类"的观念,其实就是一种潜性现象,在表层是"空",在深层是"有",即显性的"空"、潜性的"有"。他寻找和建立从深层结构向表层结构转换的模式,其实代表了语法研究从显性语法现象向潜性语法现象的一个重大的转折。

20世纪最后20多年,朱德熙等在汉语语法研究中,重视对隐性语法意义的研究,所谓隐性的语法意义其实就是潜性语法现象。语法结构的语义关系的探索成了汉语语法研究中的一个热点,语法结构是显性的,看得见摸得着,而语义关系则是潜性的,看不见摸不着。可以认为,对潜性语法现象的重视,是20世纪最后十多年间,汉语语法研究的一个特点。伍铁平主编的《普通语言学纲要》中第四章《语法》第三节《句子》第三点"显性结构与隐性结构"中对这一探索做了理论的总结。他们说:

> 我们可以把这种关系叫作显性语法关系,显性语法关系的特点概括起来有三点:1.成分之间是连续的;2.是直接成分之间的关系;3.成分之间的关系是单一的。
>
> 为了同显性语法关系区别,可以把这种关系叫隐性语法关系。隐性语法关系的特点是:1.可以是非连续的;2.可以是间接成分之间的关系;3.一个成分可以同其他成分发生多种关系。[①]

他们说的"隐性"其实就是我们所说的"潜性",不过是所用术语的差异而已。

---

① 伍铁平:《普通语言学纲要》106—107页,高等教育出版社,1993年。

语法学研究语法形式(语法手段)和语法意义(语法范畴)。从一种观点上说,语法形式和语法手段是语法世界中的显性现象,因为它直接呈现在观察者的面前,而语法意义和语法范畴则是语法世界中的潜性现象,因为它是隐蔽的隐藏的。换一个观点来说,分别就语法形式和语法意义来看,它们都有显性和潜性之分:显性语法形式和潜性语法形式,显性语法意义和潜性语法意义。

在语法形式方面,显性和潜性的对立也是多样化的。例如:"说话的脸上通红。""我给他一本书。"深层结构本是:"说话的的脸上通红。""我给给他一本书。"其中的一个"的"和"给"是潜性成分。再如,直接成分关系转换式则是一种潜性的语法形式。

在语法意义方面,例如主语是陈述对象,这是显性语法意义;施事和受事,有定和无定,周遍和非周遍等则是潜性语法意义。定语的显性意义是修饰、限制,施事和受事关系则是它的潜性意义,例如:"开刀的人"可以是施事,也可以是受事,这是潜性语法意义层面上的多义性。

九 语音中的显性和潜性

人类的发音器官能够发出的声音的数量是巨大的,口技表演者就充分地显示出人类发音器官的巨大潜能。任何一种具体语言中实际所利用的声音是非常有限的。一种语言中所采用的全部声音,就是显性语音,而它没有开发利用的声音则是潜性语音。所有被人类语言所采用的声音,是人类语言的显性语音,所有人类语言都没有采用的声音,则是人类语言的潜性语音——至今还没有被开发和利用,并不等于它就永远不会被开发和利用。

在两种语言的对比中,最容易看出语音的显和潜。汉语中的送气和不送气的对立,是显性语音现象,在英语中则是一种潜性现象。在英语中元音的长和短的对立是显性语音现象,在汉语中则是潜性现象。方言的对比中同样可以显示显和潜的对立。在区分[n]、[l]的方言中,这一对立是显性的,在不分[n]、[l]的方言中,这时对立是潜性的。中国古代的韵图中,有汉字的格子是显性的,没有汉字的空格子则是潜性的。

语音不是一成不变的。语音的演变其实是一种潜性和显性相互转化关系。在古代汉语中,[-p]、[-t]、[-k]等以辅音结尾的音节是一种显性现象,没有声母 jqx,可以认为是潜性语音。对现代汉语来说,前者则是一种潜性语音,后者却成了显性语音。比较不同历史时期的韵图,其中的变化就是显和潜的转化,先前没有汉字的空格子中出现了汉字,就是由潜向显转化了。相反,如果有汉字的格子里的汉字消失了(没有再发这个声音了),那就是从显向潜转化了。

原始汉语中并没有声调,或者说声调在原始汉语中是一种潜性现象。在汉语发展史中,声调由潜而显,成为一种显性的语音现象。这其实也只有两千多年的历史。对汉语来说,声调是一个从无到有、从少到多、从潜到显的发展过程。同时也存在着从多到少的演变过程,在古代汉语中,入声是一种显性语音现象,现在的北京话中,入声已经消失,这就是入声的显性事实的潜性化。在汉语的新疆方言中,有的只有三个声调,甚至有的只有两个声调,这是受到没有声调的维吾尔语和哈萨克语的影响的结果。

十 语言的词汇和言语的词汇

区分语言和言语之后,也可以区分出语言的词汇和言语的词汇。词汇是一种语言全部词语的总汇。一种语言的词汇系统可以分为:

显性词汇和潜性词汇。所谓显性词汇，指的是这一语言系统中所有词语的总和。它是由进入这一语言的词汇系统的所有的词语所组成的个人所拥有的词汇，就是个人词汇。个人词汇也有显性和潜性之别。如果就言语作品而言，也同样可以区分出潜性词汇和显性词汇。

所谓语言的词汇，指的是构成这一词汇系统的所有的词汇单位。言语的词汇指的是在交际活动中实际上被运用着的词汇单位。语言中的某一个具体的词汇单位，不一定就非出现在某一次具体的交际活动中，但不能因为它的不出现就取消它作为词汇系统的必要的组成成分的资格。言语中所出现的、所使用的单位，也不一定就有资格作为词汇系统的必要的不可缺少的成员。日常生活中说："你又吹毛求屁了！""请别'心不在马'！"这"吹毛求屁"和"心不在马"的确是话语中的词汇单位，是言语事实，但谁也不会因此就认为它是现代汉语中的词汇单位，它也决不会因此进入现代汉语的词汇系统。然而却不能因此就不承认它是言语词汇单位的身份。

如果说，语言是潜性的，言语是显性的，那么，语言的词汇系统是潜性的，言语中的词汇则是显性的。在实际的交际活动中，任何人都不可能实现一种语言中的所有的词汇，只能运用其中的一小部分，同时还会运用一些语言词汇系统中没有的词汇成分，临时创新一些词汇成分。语言中已经具有的，但言语作品中没有出现的词汇，在语言的词汇系统是显性词汇，对言语作品是潜性词汇；语言词汇系统中所没有的词汇，表达者临时创新或借用的成分，对言语作品而言是显性词汇，但对语言的词汇系统则是潜性成分。例如，鲁迅的《立论》中没有出现"心力交瘁、心猿意马、心旷神怡"这些词语，不等于现代汉语词汇系统中没有这些词语，对现代汉语来说，它们是显性词语，对鲁迅的这一言语作品而言，则是潜性词语。鲁迅作品中出了"no"，郭沫若的《雪朝》中写道：

> 我全身心好像要化为了光明流去，
> Open-secret 哟！
> ……
> 哦哦！大自然的雄浑哟！
> 大自然的 symphony 哟！
> Hero-poet 哟！
> Proletarlan poet 哟！

这些英语词语在这些言语作品中是显性成分，但对现代汉语词汇系统来说则是潜性成分。

复合词也有显性和潜性之分。在词中出现的是显性成分，没有出现的是潜性成分。例如"花生"，显性成分只有动词性语素"花"和名词性语素"生"。其潜性成分还有：动词"落"和名词"果"。其深层结构是：花落，果生。"松塔"中有一个潜性语素"果"：(松＋果)像＋塔。不是松树像塔，是松树的果实像塔。复合词的结构关系也有显性的和潜性的两种，在表层，"松"和"塔"是偏正结构，在深层，"松"同"塔"不发生直接关系。"拆违"一词中的在场者是动词性语素"拆"和"违"，动词性语素的真正的宾语其实是"建筑物"：拆——违章＋建筑物。"拆"的对象不是"章"(章程)，更不能是动词的"违"。问题是建筑物之所以要拆，关键在于它的"违章(违背章程)"。

十一　词语中的显成分和潜成分

复合词中有显成分和潜成分、显性结构和潜性结构的区别。20世纪80年代初，张志公说："煞有介事"本是：像煞＋有介事。他指责这个成语不规范。这其实是词语的表层结构同深层结构的不一致或矛盾所导致的。它的显性成分是"煞有介事"，其深层结构中的"像"

没有出现在表层结构中,是其潜性成分。

其实,复合词的构词成分都可以分为显性的和潜性的两种。出现在字面中的是显性结构成分,没有出现的则是潜性构词成分。例如,"江南、江北","江、南、北"是显性构词成分,其所指范围是中国,而且是接近长江的地区。人家不会把黑龙江省理解为江北,当然更不可能把北极理解为江北的。这虽然是一个模糊的范围,其范围是从长江边逐步推移的,距离长江越远,同江南江北的关系越小。这个范围没有出现在这两个词语的字面上,所以是潜性构词要素。相对的是"苏南、苏北",所指范围是江苏,已经出现在词语的字面上了,是显性构词成分。但苏南同苏北的界限——长江——并没有出现在词语的字面上,就是潜性构词成分。真正地把握复合词语的意义,就不但要看到它的显性构词成分,还要把握住它的潜性构词成分。

成语"杯弓蛇影",表层结构是"杯、弓、蛇、影"四个名词性语素的并列。其深层结构中,必不可少的成分有:

某甲——误会　　某乙——释疑

但,某甲、某乙、误会、释疑等,都没在表层结构中出现,是潜性成分。在深层结构中,"杯、弓、蛇、影"之间的关系是一种领属关系:杯——影。弓——影。蛇——影。这是一种潜性关系。但这种语义关系没有反映到表层形式中来,也只是一种潜性语义关系。成语之所以不能照字面来理解,就是因为成语的意义不完全取决于它的表层结构(显性成分和显性结构),而是由其深层结构(潜性成分和潜性结构关系)所造成的。

十二　显词和潜词

词有显词和潜词之分,词义有显义和潜义的区别。显词是已经出现的,作为人们的一种经验事实的词汇现象。例如:"高学历热、出国热、托福热、尼采热、集资热、霍金热、健身热、美容热、时装秀热"和"学托、医托、药托、布托、房托、婚托"等,是已经出现、正被使用的词——显词,似乎还有许多个"X托"呢,它们合乎逻辑,合乎构词法,也是人们能够接受的,例如:花托、书托、帽托、草托、菜托、树托、狗托,等等。这些合乎逻辑,但暂时还没出现的,或者永远也不出现的词,是潜词。再如:

私车猛增商机涌

汽车"保姆"热苏州

本报讯 今年,苏州平均每天有近300辆私家车排队上照。红火的汽车销售催热了苏州一个新行当——汽车美容店,车主们亲切地称这些美容店为"汽车保姆"。

(南京《扬子晚报》2002年9月5日)

这个标题也可作:汽车"保姆"热在苏州,或者作:苏州的汽车"保姆"热。这个现在还没有出现的"汽车保姆热"就是"X热"家族中的一个潜词。

有些动词(动宾短语),逐步产生了名词的意义,成了名词。例如:司令、将军、指挥、游击、买办、跑堂、采购、督察、导演、制片、发行、调度、安检、总指挥、副总指挥、舞台监督等。这是汉语词语演变发展中的一个规则。那么依照这一规则,调拨员、调研员、保洁员、环保工、维和人员等词语中,本来必须有表示人的后缀或成分,才能表示人。但这些动词组合本身都有潜性的名词用法,直接表示从业人员某种职业(工作)的人:调拨(员)、调研(员)、保洁(员)、环保(员)、维和(人员)等。逐渐失去后缀成分,而直接指称人。但是现在还没有出现这种用法,虽然它是合法的,但只是一种可能性,所以是这些词语的潜词和潜词义。

十三　显义和潜义

词义有显义和潜义的区别。例如：

水利部部长提醒百姓
盖房要挑"风水"

据《中国青年报》8月30日报道，水利部部长、国家防汛总指挥部副总指挥汪恕诚日前提醒老百姓，盖房要挑"风水"。这位水利专家出身的官员解释说："我所说的风水要加引号，指的可是'盖房选址要讲科学'。这样挑'风水'，可以减少泥石流，滑坡等地质灾害的发生，保障老百姓生命财产安全。"（上海《报刊文摘》2002年9月4—7日）

现代汉语中的"风水"一词的意义不是：风＋水。《现代汉语词典》（2002年增补本）中解释说："指住宅基地、坟地等的地理形势，如地脉、山水的方向等。迷信的人认为风水好坏可以影响其家族、子孙的盛衰吉凶。"（377页）这位水利专家兼官员所说的"风水"的含义同《现代汉语词典》是全然不同的。如果他的解释是全无根据，胡说八道，那么不会如此叫人喜欢，广为流传。其实，把"风水"解释为风和水的问题，是有其合理性的。这一解释可以看作是"风水"的潜义，这里就是这一潜义的临时性的积极的开发。

有人把"美景"和"美女"修辞地用为：美国的风景、美国的女子。这其实是对其潜性意义的开发。那么"法律、德意志"也可以被修辞地用作为：法国的法律、德国的意志。这种完全不同于"法律"和"德意志"本义的意义，虽然是一种歪曲，但是也非无中生有，的确是这些词语的构成成分中所隐藏着的，这种歪曲用法其实也是一种"去除遮蔽"——揭去习惯势力的遮蔽,给人一种惊诧感。

十四 言语中的显性和潜性

言语世界中也有显性和潜性之分。言语世界中的潜性和显性的对立与联系是一个更加复杂而难以把握的现象,是目前的科学很难加以科学分析的课题。

话语有显话语和潜话语之分。已经说出的是显性话语,没有说出的是潜性话语。话语的形式和内容也都有潜性和显性之分。例如,某人的目的是去看李四,不是看张三。他对李四说:

(A) 我是专门来看你的,不是看张三的!
(B) 我是来看张三的,顺便看一下你的。

他对第三者也可能有不同的说法:

(C) 我是看李四的。
(D) 我是看张三的,不是看李四的。

在(A)和(C)显性的话语同其内在的意义是一致的。(B)和(D)中两者则是不一致的矛盾着的。

在话语分析中,潜性成分有时候比显性成分更为重要。例如程乃珊的《女儿经》中的女主人公的话语中一再出现的是"wife"这个英语词汇,其实重要的不是这个"wife",而是那没有出场的"妻子""爱人""老婆"等词——那是她所不能容忍的,具有刺激性的。不能让这些具有刺激性的词语出现(在场)是最重要的,至于有什么东西来代替,那还是第二位的。用"他的那个她"或"他的那个人"也是可以的。关键是决不能说出"妻子""爱人""老婆"等词语!

显性和潜性对立的普遍性和相对性
（2003年）

按：显性潜性的对立与联系，我们最初观察的是词汇学，谈得多的是修辞学，再进入语法学。其实，显性潜性的对立与联系的现象是普遍存在的，存在于各个领域。这其实早就被人们认识到了。哲学家说："区分物质和事物不仅靠它们显现的质，而且靠它们的因果力，这依赖于它们的内部构成。"[①]"显现的质"是显性的，"因果力"、"内部构成"，是潜性的。

随着观察点的变化，显性和潜性之间的界限就相应发生了变化。这就是显性潜性对立和联系的相对性。显性和潜性之间的界限是可变的相对的，不是固定不变的。这可以从共时和历时两种角度上来认识。

本文原刊于《长江学术》第五辑，2003年出版。编入钟玖英主编的《语言学新思维》（中国文联出版社，2004年），以及王未主编《语言学新思潮》（中国社会科学出版社，2005年）。

一　显性和潜性的普遍性

显性和潜性是一组对立的概念。显性和潜性是具有方法论意义

[①] ［英］罗姆·哈瑞：《科学哲学导论》127页，辽宁教育出版社、牛津大学出版社，1998年。

的。人类的认识论活动的特点就是从显性到潜性的,逐步扩大显性的范围。

在中国,显性和潜性的对立早在先秦就提出来了。《道德经》中说:"无,名天地之始;有,名万物之母。故常无,欲以观其妙;常有,欲以观其微。此两者,同出而异名,同谓之玄。玄之又玄,众妙之门。"在我们看来,这"无"和"有"的对立,其实就是显性和潜性的对立和联系。

唐代禅师青原惟信说:"老僧三十年前来参禅时,见山是山,见水是水。及至后来,亲见知识,有个入处,见山不是山,见水不是水。而今得个休歇处,依前见山只是山,见水只是水。"[①]所谓"见山是山,见水是水",指的是:抓住了显性世界,忽视了潜性世界。"见山不是山,见水不是水"说的是:认识主体已经进入了潜性世界,但却丢弃了显性世界。这两个阶段都是不完全的。经过"见山不是山,见水不是水"这一阶段之后的"见山只是山,见水只是水",在我们看来,其实是兼顾了显性和潜性两个方面,这个新阶段表明认识主体已经进入了一个高层次的境界。换句话说,只抓住显性或潜性,都是片面的,全面的认识需要把显性和潜性结合起来。

现代自然科学很重视潜性现象的研究,现代哲学也很重视潜性问题。罗嘉昌在《从物质实体到关系实在》一书的第三章第四节《场和实物、能量和质量、潜存和实存》中说:"按照前苏联哲学家凯德洛夫的看法,20世纪中期开始的科学革命的实质在于:从实存性到潜存性,亦即放弃把对象看作现实存在着的东西,而承认它只是可能的东西,只是潜在地存在着的东西。"[②]在第五章中又介绍说:"基元客

---

① 普济:《五灯会元》下册1135页,中华书局,1984年。
② 罗嘉昌:《从物质实体到关系实在》178页,中国社会科学出版社,1996年。

体不再被看成是已经存在的有形物体,其'实在本身'只是潜在可能性的总和。由可能变为现实、潜在变为物理实在,有赖于观测类型和方式。"①

在语言研究中引进显性和潜性的概念,是语言研究的科学化的必然。1870年,俄国学者博杜恩·德·库尔德内在《语言学与语言综述》中把人类的语言区分为两种,一种是汇集了所有个人特征的统一的语言,它是潜在的;另一种是人们相互之间交谈的语言,它是显现的。美国语言学家沃尔夫的语法研究中最常用的一对范畴是:显性范畴和隐性范畴。在《语法范畴》(Language 1921年21期)一文中,他说:"我们首先可以区分显性范畴和隐性范畴。""一个显性范畴是一个具有形式标志的范畴","词的隐性类别一般是看不出来的"。② 在未完成的手稿《原始社群思维的语言学考察》中,他说:"我将这一种语言分类成为'隐性类别'(overt class),同诸拉丁语中性别表达的'显性类别'(covert class)形成对比。"③显性范畴和隐性范畴的对立贯穿在沃尔夫语言研究的始终,可以看作为他的一个方法论原则。他所说的显性和隐性,同我们所说的显性和潜性是大体一致的。20世纪最后20年间汉语语法研究中,朱德熙等学者提出了"隐性"的概念(隐性语法意义),把汉语语法研究从显性深化到隐性范围。这个"隐性"其实就是我们说的"潜性"。这说明,从显性到潜性,这是汉语语法研究的一个历史进程。

潜性和显性的对立和联系在语言世界中也是具有普遍性的,存在于语言的一切方面,甚至也存在于文字之中。假如说已经出现的汉字是显性汉字,那么,还没有出现的、还没有被开发利用的就是"潜

---

① 罗嘉昌:《从物质实体到关系实在》231页,中国社会科学出版社,1996年。
② [美]沃尔夫:《论语言、思维和现实——沃尔夫文集》63页,湖南教育出版社,2001年。
③ 同上,64页。

性汉字",汉字的数量的扩大,其实就是这些潜性汉字的显性化过程。形声字是汉字中的老大,其实,每一个形旁都可以同任何一个声旁相结合而组成一个新的汉字。现代的化学家之所以能够非常容易地创造出那许多的新汉字,例如:氦、氘、氩、氖、氮、氡、锶、锂、钠、铷、铱、铊、铼、硼、酞等,原因就在这里。识字不多的人可以非常容易地创造出许多的简化汉字来,其原因也在于此。汉字构件有大量的可能性组合,而现代还没有开发的,就是潜性汉字,其数量比我们所想象的还要多得多。

显性和潜性,不仅是修辞学中的一组概念,而且是语言研究中的一组概念。语音和语义、词汇和语法,语言的各个层面上,都有显性和潜性两个方面。语言的各个层面的演变,其实都是显性和潜性的相互转化的过程。而且,显性形式总是有限的,而潜性形式几乎是无限多的。例如梵语中的 buddha,翻译成汉语,有:佛、佛陀、佛头、浮图、浮屠、母陀、没陀、部多,其实还有更多的潜性形式的:佛途、佛屠、父陀、父图、富陀、福陀、福头,等等。再如 leser(英)Laser(德)laser(法)лер(俄),翻译成汉语的显性形式有:激光、镭射、莱塞、莱泽、莱塞耳等,同样有许多的潜性形式:赖思、来司、籁赛、来事,等等。

二 显性和潜性的相对性

显性和潜性,作为方法论原则,运用于语言世界,其实是可以有多种理解的。这就是显性和潜性对立的相对性。换句话说,它不能做简单化的理解,随着观察点的变化,两者的关系是变动着的。

语言和言语的区分,是现代语言学中的一个重要的方法论原则。这个区分是由索绪尔最先提出来的。索绪尔说,区分语言和言语之后的语言,"……是通过言语实践存放在某一社会集团全体成员中的宝库,一个潜存在每一个人的脑子里的,或者说得更确切些,潜存在一群人的脑子里的语法体系;因为在任何人的脑子里,语言都是不完备的,它只有在集体中才能完全存在。"①

这就是说,语言本质上是一种潜性的存在,看不见摸不着,并不是直接呈现在我们的面前的。音位是语言的,看不见也摸不着的,谁也发不出一个音位来,一旦发了出来,它就不再是音位了,而是言语中的一个声音。语言中的词语是潜性的,加达默尔在《真理与方法》中说:"人类的词语在被实现之前只是潜在的。"②而同语言相对立的言语,则是显性的存在,看得见摸得着的,直接呈现在我们的面前的。话语中的词语和句子都是可以直接观察的。语言隐藏在言语的背后、深层,看不见也摸不着。所以说,语言是潜性的,言语是显性的。人类的语言其实是显性的言语和潜性的语言的统一。

语言的研究必须兼顾显性和潜性两个方面,从显性的言语到潜性的语言,从潜性的语言回到显性的言语。索绪尔区分了语言和言语,重视潜性的语言系统,这是很正确的,大大促进了现代语言学的发展。但是一定程度上忽视了言语现象,就不很妥当了。在语言和言语的讨论中,有些坚持区分语言和言语的学者过分强调从言语中排除非语言的成分,例如发音错误等,都是同语言系统无关的,统统称之为"超语言的剩余部分",并认为都不是语言学的研究对象。这就把问题简单化了。其实,发音错误既然是语言的语音系统在运用中出现的错误,怎么能够说同这个系统就全无关系呢?不同的语言会出现不同的语音错误,这说明这些语音错误同这些语言的语音系统本身是有某种联系的。例如汉语是有声调的语言,所以,声调错误

---

① [瑞士]索绪尔:《普通语言学教程》35页,高名凯译,商务印书馆,1982年。
② [德]加达默尔:《真理与方法》下册605页,上海译文出版社,1999年。

就常常会在汉语的言语交际中出现。德语是没有声调的语言，所以德语的言语交际中就不会出现声调错误。或者说，声调错误只有在汉语中才是一个值得注意的问题，而在德语中则是一个无关紧要的事情。言语错误和语言艺术其实是一个问题的两个方面，从形式上看，都是对语言系统的偏离，不过一个是无根据的没有必要的，文化上和心理上不能接受的，另一个是具有某种必要而充分的理由的，是文化上和心理上可以接受的。语言艺术化同言语失误，其实本是相同的事实。某个语言中语音的艺术化用法，显然也是同这一语言的语音系统具有密切关系的。语音失误和语音的艺术化用法不仅同语音系统密切相关，而且也是可以相互转化的，某些语音失误或艺术化用法也是有可能转化为语音常规的，换言之，言语中的"超语言剩余部分"也是有可能进入语言系统中去的。

但是，换一个角度说，语言是在运用者运用之前就已经存在了的，是全语言社会所公认的、客观存在的，所以是显性的。而言语在表达者的表达活动之前是不存在的，而且是有几乎无限多的可能性的，从这一观点来看，言语反倒是潜性的。俗话说："一样话百样说。""一样话"是显性的，"百样说"是可能的潜性的。对语言和言语的关系的这两种理解，都是合理的，分别表现了语言和言语的某些方面的特征，都有助于我们的研究活动。

语言是作为人类的思维工具和交际工具的任意的符号系统。语言学的任务包括两个方面，一是研究语言内部的结构系统，二是研究它的社会功能。语言是显性的言语和潜性的语言的统一，语言学的任务也可以从两个角度来定位，一是从言语现象中寻找语言系统，把言语现象中超出语言系统的一切都排除出去，二是研究语言系统是如何转化为言语事实的，即言语的产生规则。在语法学研究中，有些学者认为，语法学的最高的、唯一的任务就是建立句型系统。这一主张的理论依据就是:只有语言系统才是语言,言语不是语言。其实,寻找和建立句型系统的确是语法学的重要任务,但是并不是语法学的唯一目标和任务。语法有说话人的语法和听话人的语法之分。说话人的语法:从语法系统到具体的话语。听话人的语法:用语法系统来揭示和阐释具体的话语。因此,既然语言是语言系统和言语事实的统一,那么当然也就不需要在语言学之外再建立所谓的"言语学"了。

强调语言是语言和言语的对立和统一,这将促进我们重新认识语言学的对象和任务。

语言和言语的区分,在实际操作中必然会遇到许多困难。如果区分:语言的词和言语的词,语言的词汇和言语的词汇,那么,两者显然不能简单地相等的。例如:马相伯译 Abstraction(抽象)为:玄摘,这是一个显词,但只是现代汉语中的一个言语的词,并没有进入现代汉语的词汇系统。再如:aufheben(扬弃)译为奥赫伏变,Compradore(买办)译为刚白度,freedom(自由)译为勿黎达姆……都只是言语中的词,不能算作现代汉语语言中的词语。

知识是可转化为方法的。语言和言语的区分是索绪尔提出的,是现代语言学的新知,也逐步成为现代语言学的方法论原则。苏联学者写道:以概念、定律、理论等形式来表述的知识,是科学发展的最高成果。但是这些成果不仅是科学活动的产物,而且也是科学活动的最重要的工具。认识发展的辩证法是这样的,即正是已达到的知识水平成了只能继续向未知领域挺进的支点。在已获得的知识基础上,制定了新的研究方法。运用理论知识本身就是理论研究的一种最重要的方法,因为它起着凝聚的作用,并为整个科学探索提供了方向。①

---

① [苏]Ю. В. СаИКDВ:《哲学问题》1977 年第 10 期。转引自孙小礼等主编《科学方法》(上册)66 页,知识出版社,1990 年。

知识不仅是对现实的一种反映,而且是研究现实的一种最重要的方法。①

把知识转化为方法是科学探索的重要任务之一。

《华严经》中说:"若看狮子,唯狮子无金,即狮子显金隐。若看金,唯金无狮子,即金显狮子隐。若两处看,俱隐俱显,各秘密隐显俱成门。"(《金狮子章》)这"秘密隐显俱成门"就是一个认识论问题。显性和潜性是一个方法论问题,通俗点也是视点问题。

---

① [苏]Ю. В. СаИКDB:《哲学问题》1977 年第 10 期。转引自孙小礼等主编《科学方法》(上册)67 页,知识出版社,1990 年。

诗歌章法(句法)的显和潜
（2004年）

按：唐代诗人许浑的《湖上》："仿佛欲当三五夕，万蟾清杂乱泉纹。钓鱼船上一尊酒，月出渡头零落云。"第一句是时间，月夜。第二句说许多的蟾蜍。第三句，钓鱼船，船上有一尊酒。第四句，此时此刻的风景。诗中所显现的就是这些，然而最重要的是人——诗人，却没有出现在诗中。诗歌的艺术，诗歌的创作和解读（欣赏）中最重要的就是显性和潜性的相互关系。

诗歌章法(句法)研究中需要区分开潜性结构和显性结构。诗歌语言的特点就是显性结构和潜性结构的不一致性。揭示从潜性结构到显性结构的转换模式，是语法学和章法学研究共同的任务。

本文原刊于《扬州大学学报》2004年第6期。

一　句法和章法

句法是语法学术语。句法指的是句子的语法结构方式，语法结构同语义结构之间的对应关系。传统语法学把句子当作语法学的最大单位，现代语法学把语法学的研究范围扩大到篇章，把句际关系和句子的衔接也当作语法学的研究对象。

章法是文章学、章法学中的术语。句际关系和句子的衔接是所谓章法中的重要内容。句法和章法两个术语分别从属于两个不同的学科。其对象不相同，但是有交叉的地方。

句际关系和句子衔接也是话语语言学的研究对象。

这里讨论的章法是章法学和语法学中的章法和句法交叉的内容，主要指句际关系和句子衔接的规律。我们之所以把讨论的对象确定在诗歌上，是因诗歌的特点就是显性结构同潜性结构的不一致性。

二 显性和潜性

显和潜的对立，就是：在场的和不在场的、看得见的和看不见的、有形式标志的和没有形式标志的、说得出的和说不出的、深层的和表层的对立。在某种意思上，也就是中国传统文化中的"有"和"无"的对立，"有"就是显，"无"就是潜。

显和潜的区别其实是日常生活中的常识。我们看到的是一个人的外形，听到的是他的话语，观察到的是他的行动，这些是显性的；我们看不到的是他的心，那是潜性的。当那个人在我面前长时间地交谈，是显性的；他离我而去，到了千万里之外的一个地方，我看不到他，听不到他的声音，则是潜性的。正常人在同他人的交往中其实都是努力把握住显和潜两个方面的。当朋友对你说"我喜欢你……"的时候，你的反应取决于对对方的潜性因素的把握，如果你认为，他是心口如一、言行一致的人，你一定非常满意非常高兴；如果你认定对方是口是心非言行不一的人，那么你会说："你哄人，骗我的！我不相信，我不会受骗上当的！"

从理论上说，任何一个话语都有显和潜之分。三岁小儿随口说的一句话，也有潜在的成分。但是为了操作方便，我们把许多日常生活的常规话语当作是没有潜在成分的。例如平常的客套话语："你到哪里去呀？""吃过饭了吧？"再如陌生人的问答话语："请问，几点啦？"

"两点十五分。""那是什么时候?""二月十五日。"换一句话说,当话语的显性结构和潜性结构比较一致,差别没有超出常规的时候,就可以忽视其潜性的成分。只有当显性形式无法理解的时候,我们才强调其潜性结构的存在。

我们可以把话语(文本)分为两种:(1)常规话语,特点是显性结构和潜性结构基本是一致的;(2)超常话语,特点是显性结构和潜性结构的不一致性。就语体而言,日常生活语体、公文事务语体和科学技术语体的共性是显性结构和潜性结构的一致性。文学艺术语体区别于它们的地方就在于:显性结构和潜性结构的不一致性。

如果我们把日常生活话语(或者科学技术话语、公文话语)当作零度形式,那么就可以假设日常生活话语的基本形态是显性结构和潜性结构的一致性。作为对日常话语的一致偏离形式的诗歌话语的特征就是显性结构和潜性结构的不一致性。

话语解读,首先要把握潜话语的有无。明明有潜话语,解读者解读时全然忽视了潜话语的存在,在日常生活中就是傻;在学术研究中则是浅薄。在的确没有潜话语的时候,解读者却偏偏要寻找潜话语,是一种过度阐释。例如黑格尔说他要去某地,弟子们认为大哲学家的言谈都是具有深意的,纷纷挖取、猜测其中的深文大意。过度阐释是中外学者经常性的一种行为。

区别诗歌的显性结构和潜性结构,是阅读和鉴赏诗歌中的一个重要问题。例如:"谢公最小偏怜女,嫁于黔娄百事乖。"(元稹《遣悲怀三首之一》)元稹的这两句诗也是经常举的语序颠倒的例子。其正常语序是:谢公偏怜最小女,嫁于黔娄百事乖。第二个句子的主语承前句省略,是前一句的宾语(最小女)。这时候,显性结构和潜性结构是不一致的。

但是,在我看来,这不是颠倒语序,而是正常语序,整个句子是一个偏正结构,意思是:"谢公的最小的疼爱(偏怜、偏爱)的女儿。""偏怜"不一定非得充当谓语,也可以做定语的。这时候,第一个句子是主语,第二个句子是谓语(动词短语加主谓短语)。这时候,显性结构和潜性结构是一致的。

三 章法结构的显和潜

章法也有显和潜之分。例如,有一个小孩子对人说:"我父亲到过峨眉山,峨眉山的猴子站在游人的肩膀上,让人照相……"就其表层而言,是不合乎章法常规的,"我父亲到过峨眉山"同"峨眉山的猴子……"之间没有逻辑联系,是无法衔接的,就是全无章法。但是在其深层是很合乎逻辑的,第一句是后面话语的来源和依据,小孩子是在强调话语的权威性和真实性:我是小孩子,小孩子的话语你们可以不相信,但是,这不是我说的,而是父亲对我说的,——对小孩子来说,父亲是世界上最大的权威人士!——你们可以不相信我,但是不能不相信我父亲。我父亲也不是乱说的,是他在峨眉山亲眼见的!

听话人之所以不反驳小孩子的话语,是因为他们自动补充出了这个孩子没有说出的话语——潜的话语,因此认为是合乎逻辑的,是有章法的。换句话说,听话人用自己的潜在的章法校正了显性章法。

作为历史文本的陈寿《三国志·蜀书·先主传》写道:"先主姓刘,讳备,字玄德,涿郡涿县人,汉景帝子中山靖王胜之后也。"其显性结构和潜性结构是一致的。作为诗歌文本,魏徵《述怀》写道:"古木鸣寒鸟,空山啼夜猿。"我们可以如此分析:

> 显性结构:古木鸣寒鸟,空山啼夜猿。
> 潜性结构:寒鸟鸣古木,夜猿啼空山。
> 转换模式:语序颠倒。

制约原因:韵律节奏。

其实诗人也可以写作为:

A. 古木鸣寒鸟,夜猿啼空山。
B. 寒鸟鸣古木,空山啼夜猿。

也就是说,对于同一内容,写作者完全可以采取多种多样的章法结构——潜性章法。显性章法其实是写作者从众多的潜性章法中选取的一种形式,或者说是潜性章法中的某种形式的显性化。

章法学研究还需要说明,写作者是如何从众多的潜性章法中进行选择的?他所选择的形式对他放弃的形式有哪些优势?而不会写作者的章法失败的根由,其实就是他不善于写作,在众多潜性章法结构中,选择了不应当选择的形式,被他放弃的形式其实胜于他所选择的章法结构。诗歌中的显性结构和潜性结构尤其值得重视。

语序颠倒是诗歌语言中最常见的一种现象。其实是诗歌的韵律规则、诗歌语言的意境美在潜性结构向显性结构转换中的制约作用的必然结果。例如:

① 让忏悔蒸成湿雾,/糊湿了我的眼睛也可;/但切莫把我们的心,/冷的变成石头一个。(闻一多《谢罪之后》)

② 香稻啄余鹦鹉粒,碧梧栖老凤凰枝。(杜甫《秋兴八首》)

闻一多为了押韵,第二句采用了颠倒的语序。杜甫的这两句诗,是文艺学家最喜欢提起的例子了。杨义说:"按常规写法,它们也许(注意:是'也许'!)是:'鹦鹉啄余香稻粒,凤凰栖老碧梧枝。'但是如此颠倒错综,使啄者被啄,栖者被栖,香稻与鹦鹉、碧梧与凤凰之间形成一种你中有我、我中有你、我亦使你、你亦使我的魔幻感觉。这种魔幻感觉是顺溜的词序难以产生的,唯其魔幻,就把昔日出游长安郊区的回忆,写得鲜艳华丽、光怪陆离、碎金闪烁了。"①这就是说,杜甫为了造成这种特殊的意境才故意颠倒语序的。

作为诗歌语言中最常见的现象、最典型的格式——语序颠倒,有力地证明了诗歌句法中潜性结构和显性结构的不一致性的客观存在。

四 诗歌中的显句和潜句

显和潜的对立,对诗歌语言来说,是尤其重要的。

阅读和鉴赏诗歌语言的时候,需要建立显句和潜句的概念。所谓显句,就是出现在诗篇中的句子,在场的句子。所谓潜句,就是在诗篇中没有出现的句子,不在场的句子,例如陆机的《猛虎行》:"渴不饮盗泉水,热不息恶木阴。恶木岂无枝,志士多苦心。"

这里有一个潜句:"恶木岂无枝"。如果没有这个潜句,就是疏漏,照应不周。换句话说,在其潜性结构中,本当是:"渴不饮盗泉水,热不息恶木阴。盗泉岂无水,恶木岂无枝。——志士多苦心。"这是非常简单的常识,陆机当然是知道的。但是他却违背了普通人的常识,因为他是诗人,他在创作诗歌!读者并不指责诗人,阅读时不自觉地补充出了这个潜句。

《木兰辞》中写道:"旦辞爷娘去,暮宿黄河边;不闻爷娘唤女声,但闻黄河流水鸣溅溅。旦辞黄河去,暮至黑山头;不闻爷娘唤女声,但闻燕山胡骑声啾啾。"按照逻辑结构,在其深层,应当是:"旦辞爷娘去,暮宿黄河边;不闻爷娘唤女声,但闻黄河流水鸣溅溅。旦辞黄河去,暮至黑山头;不闻黄河流水鸣溅溅,也不闻爷娘唤女声,但闻燕山

---

① 杨义:《李杜诗学》817页,北京出版社,2001年。

胡骑声啾啾。"诗人之所以如此处理,不仅服从于诗歌的韵律,也为的是满足主人公的心理世界的要求。换句话说,是诗人服从主人公的特定的心理才做如此选择的。

五　诗歌章法的显性结构和潜性结构

显性和潜性也可以用深层和表层来表达。在乔姆斯基的生成转换语法学中,句子有深层结构和表层结构之分。从句子的深层结构到表层结构的转化过程中,需要遵守许多的规则,这导致了句子的深层结构和表层结构之间的不一致性和复杂性。有的句子的深层结构和表层结构是基本或大体一致的,有的句子的表层结构同深层结构严重脱节,或者说是严重地扭曲了。于是,就出现了:深层结构相同而表层结构不同的句子,深层结构不同但表层结构相同的句子。例如:

① 你我相逢在黑夜的海上,
　　你有你的,我有我的,方向。(徐志摩《偶然》)

如果把日常生活的语言、把散文语言当作是零度语言,那么徐志摩的诗句就是对这种零度句法的一种偏离,①或者是,那零度句法即是这种偏离句法的潜性结构:

　　A. 你有你的方向,我有我的方向。
　　B. 你我各自有自己的方向。

而"你有你的,我有我的,方向"就是以 A 或 B 为深层结构所进行的转换的结果——表层结构。诗歌中的句子是深层结构和表层结构最

---

① 王希杰:《修辞学通论》185 页,南京大学出版社,1996 年。

严重脱节的句子,最严重扭曲了的句子。这是因为诗歌句法需要遵守诗歌韵律规则,或者说,诗歌中句子在从深层结构向表层结构转换的时候,除了接受一般的转换规则的制约之外,还须接受诗歌句法的特殊规则的制约,主要是诗歌的韵律的制约。例如:

② 红粉佳人白玉杯,木兰船稳棹歌催,绿荷风里笑声来。
(欧阳修《浣溪沙》)

"木兰船稳""棹歌催"和"绿荷风里笑声来"都是主谓结构,"红粉佳人白玉杯"是两个名词短语,从句法结构方面看是:名词短语＋名词短语＋主谓结构＋主谓结构＋主谓结构。因此,不能组合为一个有机的整体,显然,是残缺不全的。这是对修辞原则的偏离。修辞的原则是整体性、和谐性,整体大于部分,整体统一并统率着各个组成部分。语篇中最主要的是句子之间的搭配或衔接。上例显然违背了话语的衔接常规。

由于残缺,便会产生一连串的问题:"红粉佳人"和"白玉杯"有什么关系?"红粉佳人"和"木兰船、棹歌、绿荷、笑声"等又有什么关系?……

读者、欣赏者大概会产生这样的意念:红粉佳人手捧着珍贵的白玉的杯子,她站在高贵华丽的木兰船中。木兰船很平稳。红粉佳人正在歌唱。她的歌声"催","催"什么?催人饮酒?赋诗?催船开得更快点?催日月快点?……船边是碧绿的荷叶,微风轻轻地吹拂,船上的人笑声不断,随风飘拂在绿色的荷叶之间。

这里有两个人:红粉佳人和诗人。是否有其他人,应当是有的,但是可以暂且不管。其间的关系大概是:

(A) 红粉佳人—白玉杯　　施事—受事
(B) 红粉佳人—棹歌　　　施事—结果

(C) 诗人—笑声　　　　施事—结果
(D) 棹歌—笑声　　　　原因—结果
(E) 船夫—木兰船　　　施事—受事
(F) 木兰船—稳　　　　事物—状态

船夫操作船的运行,是棹的行动主体,木兰船稳是船夫劳动的结果。这船夫不是棹歌的行为主体,也不是笑声的发出者。

如果这样理解,大体正确,那么其潜性结构就是:红粉佳人(手捧)白玉杯,(船夫驾)木兰船(驶得)稳(佳人唱)棹歌催,绿荷风里(诗人)笑声来。这就是这三句词的深层结构,但不是诗歌句法。欧阳修的三句词是从这个潜性结构转化来的,是显性结构。

六　诗歌中的显潜句的等级

科学技术语体,主要由显性话语构成,潜性话语比较少,甚至是没有,信息就是在显性话语之中,一般不需要到潜性话语中去寻找信息。而诗歌语体的最大特征却是:显性话语的数量是非常有限的,信息往往隐藏在潜性话语之中,或者说,仅仅抓住显性话语还是无法真正理解诗歌的真实含义的,每一行诗句都需要有相应的潜性话语来支持,显性的诗句才是合理的,才是可以理解的,才是美妙的。这类潜性话语,也就是所谓言外之意,却又不能简单地等同于言外之意。因为潜性话语由两个部分构成:(1)理解诗句的前提;(2)诗句所产生的特定的含义。通常说的言外之意指后面的部分,不包括前一部分。例如"秋也蝉过了",其潜性话语是:

A. 秋天,蝉儿在鸣叫。
(这是秋天的特性特征。这是正常人的常识,是不用、不必说的。)

　　B. 秋天过去了,蝉儿的鸣叫也过去了。

这是这句诗的前提——生活常识是解读这诗的基础。诗人用秋天的特征蝉儿的鸣叫来代替秋天,这是借代手法。语法学上说是词性活用。这也是语义的错位,是秋天和蝉儿之间的互相换位。这样做,为了满足诗歌的审美需要,采用了陌生化手法,表现的形式是词性的活用和借代手法。

以潜句的有无和多少,我们可以把诗歌分为四种。

第一种,原则上是没有潜句的,从显句中就可以把握诗歌的。例如:"假如我们不去打仗,敌人用刺刀,杀死了我们,还要用手指着我们的头颅,说:'看!这就是奴隶!'"(田间《假如我们不去打仗》)

诗人的意图全部表现在显句之中了。所谓豪放派的、直抒胸臆的作品,是属于这一类。标语口号式诗歌也是属于这一类的。

第二种,由一些潜句支撑着的诗歌,只有把握了它的潜句,才能把握诗歌的含义。大多数诗歌都属于这一类。这就是诗歌语言的含蓄美。例如:"我父亲为了一大写的'人'字,用胸膛堵住了敌人的火力。"(舒婷《风暴过去以后》)

第三种,必须的潜句数量比较多,但读者还能够把握,即所谓含蓄风格。

第四种,必须的潜句太多,读者无法把握,就是所谓晦涩,例如李商隐的无题诗和现代的朦胧诗。

七　句法结构和语义结构

有一种看法是,汉语没有形态,没有形式标志,汉语的句法结构非常简单,概念(意义)可以相互组合——"意合法",汉语分析可以全然不管句法结构,只考虑意义之间的相互关系。这在理论上是说不通的。意义加意义,还是意义——复合的!意义本身是不可能被接受者所直接感知的,只有借助一定的形式载体,意义才能被接受者所感知。句法结构是显,表层的;语义结构是潜,深层的。

　　句子的句法结构同语义结构不是简单一一对应的。仅仅把握了句子的句法结构还不可能真正地把握句子的真实含义,还必须把握好句子的语义结构。所以对句子进行语义结构的分析是非常必要的,但是问题在于,语义结构的分析必须依据句子的结构。忽视了汉语的句法结构,特别是诗歌语言中的句法结构,就很难真正地把握句子,特别是诗歌中的句子的语义结构。因为诗歌语言中的句子结构也必须依托于句法结构。如果认为,诗歌语言是不能进行句法层面分析的,完全丢掉句法结构的分析,语义结构的分析也就没有了根据,其随意性就太大了。例如中国古代诗歌中的名词和名词的直接结合,因为没有动词,有人就认为是不能做句法结构分析的。于是就常常在没有进行句法结构分析的时候做语义结构分析,我以为这样做是很冒险的。

　　陈克在《临江仙》中写道:

　　　别愁深夜雨,孤影小窗灯。

这两行诗中的六个名词:别愁/深夜/雨,孤影/小窗/灯,其实是四个名词(或名词短语);别愁/深夜雨,孤影/小窗灯。是什么结构关系?什么语义关系?其实是:

　　　别愁—深夜雨　孤影—小窗灯
　　　主体—客体　　主体—客体
　　　感情—景物　　感情—景物
　　　话题—陈述　　话题—陈述

心理联想：相似关系

这是一个主谓结构。主谓结构在主语和谓语之间可以有也应当有较大的停顿，所以朗诵起来，应当是：别愁（呀）——深夜雨，孤影（呀）——小窗灯。

这是一个名词谓语句。汉语的名词可以充当句子的谓语，例如：老王江苏人。小张大眼睛。或者更严密一点说，是名词短语做谓语，不是光杆名词，这正如，"把"字句的动词不能是光杆动词一样。或者说，汉语中的名词充当谓语是有条件的，是受到限制的，而名词充当主宾语是无条件的，不受限制的。

汉语中的比喻，常规情况下是需要比喻词的，但是，也可以省略比喻词，例如：骆驼——沙漠之舟，儿童——祖国的花朵。

比喻式复合词则更经常是没有比喻词的，例如：象鼻山、蝴蝶结、鸡冠花……

可对比：

枯藤老树昏鸦，小桥流水人家，古道西风瘦马。（马致远《秋思》）

这是两重并列，首先是三个名词的并列，形成了并列名词句。三个事物之间是一种伴随关系，或者说是共现关系。由共现关系组成了一幅图画。因此三个名词之间是不能做较大的停顿的。然后是三个并列名词句的并列，也可以叫作：并列名词句的并列句，或并列的并列名词句。于是，就构成了一幅更大的图画。

八 转换制约和转换模式

诗人创作诗歌的过程，是从潜性结构向显性结构的一个转换过程。阅读者的解码活动是一个同诗人逆向的过程:从显性结构到潜性结构。这里都有一个转化制约和转化模式的问题。所以诗歌创作和欣赏的基础是显潜转换制约和转换模式。这一转换模式也是语法学和章法学的重要研究对象。

诗歌转换直通的诸因素中最重要的是韵律和意境。例如崔颢的《黄鹤楼》中的名句:"晴川历历汉阳树,芳草萋萋鹦鹉洲。"王力在《诗词格律》中分析说:"'晴川历历汉阳树,芳草萋萋鹦鹉洲'这里有四层意思:'晴川历历'是一个句子,'芳草萋萋'是一个句子,'汉阳树'与'鹦鹉洲'则不成为句子。但是,汉阳树和晴川的关系,芳草和鹦鹉洲的关系,却是表现出来了。因为晴川历历,所以汉阳树更看得清楚了;因为芳草萋萋,所以鹦鹉洲更加美丽了。"

诗无达诂。仁者见仁,智者见智。王力的解释其实是四个句子:(一个主谓句+残缺句)+(一个主谓句+残缺句)。是两个因果复句构成的句群。他说的"不成句"其实是不成句的句子!其实也可以做另一种解释的。例如:"晴川的汉阳树历历在目,鹦鹉洲的芳草萋萋。""晴川"和"汉阳树"、"鹦鹉洲"和"芳草"之间是领属关系。这是词序颠倒问题。如果不颠倒:"晴川汉阳树历历,鹦鹉洲芳草萋萋。"节奏是:2—3—2,缺乏音乐美感。汉语诗歌最佳节奏是:2—2—3。词序颠倒是为了诗歌音乐美的需要。这是诗歌语言的一个特点。从语义上看,事实上,在诗人的意念中,历历在目的,不是整个的晴川,而只是汉阳树,是鹦鹉洲的芳草萋萋,不是别处的芳草萋萋。

理论阐释要求遵守简洁性原则。王力的解释给语法分析造成了不必要的麻烦,结果是:句法分析在诗歌语言上是无能为力的。我们的解释是最简单的,用现有的语法分析方法是完全可以解决问题的。我们的解释语义逻辑也是最简明的,不需要转一个弯子。思维需要遵守最简单的原则,能够用简单的方式解决问题的,就决不用复杂的方法。

诗歌转换模式中比较常见的有：倒序、省略、借代、词类活用等。

借代转换是诗歌创作中常见的手法。唐人张志和的《渔歌子》："西塞山前白鹭飞，桃花流水鳜鱼肥；青箬笠，绿蓑衣，斜风细雨不须归。"鉴赏者评论说："鹭在飞，水在流，鱼在泼剌地嘻逐。一切都是那么新鲜、清丽、秀润。"[①]"西塞山前"是"白鹭"的修饰语，"桃花流水"同"鳜鱼"之间是什么关系呢？说是"流水"中的鳜鱼，可以；说是桃花映衬着的鳜鱼，似乎勉强了一些。说是"桃花流水"时节，更通顺一些。中国古代诗歌很重视时空关系，这里前一句是空间——西塞山前；后一句是时间——春天。这两句诗，其实是互文：春天（桃花流水），西塞山前，白鹭飞，鳜鱼肥。这一时空关系是贯穿全诗的，"青箬笠，绿蓑衣，斜风细雨不须归"，也是春天时节、西塞山前的事情。"桃花流水"也是借代——用季节的特征来代替季节。

这里的"青箬笠，绿蓑衣"在潜性结构中是什么东西？其实是：

潜性结构：

A. 人　斜风细雨不须归；

　　主语　谓语

B. 人　特征：青箬笠，绿蓑衣。

显性结构：

青箬笠，绿蓑衣，斜风细雨不须归。

　　主语　　　谓语

这就是一种借代转换。这同刘禹锡的《竹枝词》中"银钏金钗来负水，长刀短笠来烧畲"是同一类型的，"银钏金钗"是妇女的服饰，用

---

① 吴调公：《唐宋词鉴赏词典》26页，江苏古籍出版社，1986年。

来代替妇女。"长刀短笠"是男人的服饰和工具,用来代替男人。那么,用"青箬笠,绿蓑衣"来代替渔人,就是非常合理合适的了。

词类活用也是常见的转换模式,例如洛夫的《今日小雪》:"夏也荷过了,/秋也蝉过了,/今日适逢小雪。"这就是常说的无理而妙。语法不通的句子——无理,却是诗歌中的佳句——巧妙之极。其关键就在于它的显性结构和潜性结构的分裂和对立:

显性结构:夏也荷过了;

深层结构:(夏——荷开)荷开过了,夏过去了;

转换模式:词性活用,借代(特征代替季节);

制约原因:审美情趣——求异,陌生化。

所谓无理指的是其表层结构,而无理的东西是决不可能给人以妙感的,读者只有在把握了它的深层结构之后,并且把深层结构和表层结构相对照的时候,才有可能感受到它的美妙,即产生美感。

作为方法论原则的显潜理论
（2004年）

按：显性潜性理论其实是一个方法论原则。

一　从禅宗语录说显和潜

山就是山，水就是水，山不是水，水不是山……这是常识，是形式逻辑。同样，手帕就是手帕，羽毛扇子就是羽毛扇子！唐代有一位禅师说："老僧三十年前未参禅时，见山是山，见水是水。及至后来，亲见知识，有个入处，见山不是山，见水不是水。而今得个休歇处，依前见山只是山，见水只是水。"（《五灯会元》卷十七）《续古尊宿语录卷一》中说："知有底人，见山是山，见水是水，见僧是僧，见俗是俗。不知有底人，见山是山，见水是水，见僧是僧，见俗是俗。二人见处一般，作么生辨知有不知有？"

显和潜是佛教哲学中的一个方法论原则。《金刚经》中说：

佛告须菩提："凡所有相，皆是虚妄。若见诸相非相，即见如来。"（第五品）

"须菩提，诸微尘，如来说非微尘，是名微尘；如来是世界非世界，是名世界。须菩提，于意云何？"（第十三品）

在佛看来，一般人看到的只是显性世界，只是执着于显性世界；佛看到了潜性世界；佛要求信徒否定显性，摆脱显性世界，追求和进入潜性世界。

在现实世界中到处碰壁的人,容易相信佛教,就是因为他们对显性世界已经感受到了失望和绝望。不过,尽管山可以不是山,水可以不是水,山可以变成水,水可以变成山……但是眼前的山还是山,水还是水!香罗帕还是香罗帕,还是可以用来擦汗水的,羽毛扇子还是可以用来扇风的,羽毛扇子是不能够拿来擦汗水的。这就是佛教最后还是不能够解决问题的地方。

只看到、只把握显性世界,是不行的。手帕(香罗帕)不是擦汗的工具,而是中国年轻女性的爱情符号;羽毛扇子不是扇风的工具,而是诸葛亮的标志,所以冬天借东风的时候他也拿着羽毛扇子。把香罗帕只是当作擦汗工具的人,把羽毛扇子仅仅当作扇风的工具的人,是不会看戏的人,不会读小说的人。应当特别把握显性和潜性两重世界。山不是山,水不是水,山就是水,水就是山,山可以变成水,水可以变成山……这是更高层次上的道理,是辩证法。

二 语言学和非语言学的传统语文学

当初没有学习现代语言学的时候,我的确是"见山就是山,见水就是水"。

后来,大三时,进入语言专门化阶段的学习,跟随方光焘老师学习现代语言学,学习索绪尔学说和结构主义的三个流派,认同了传统语文学和现代语言学之间的区别,相信索绪尔对传统语文学的批评——看到的只是语言现象的物理的、生理的、心理的、社会的层面的东西,索绪尔说:"我们无论从哪一方面去着手解决问题,任何地方都找不到语言学的完整的对象;处处都会碰到这样一些进退两难的窘境:要么只执着于每个问题的一个方面,冒着看不见上述二重性的危险;要么同时从几个方面去研究言语活动,这样,语言学的对象就像乱七八糟的一堆离奇古怪、彼此毫无联系的东西。两种做法都将为好几种科学——心理学、人类学、规范语法、语文学等等——同时敞开大门;这几种科学,我们要把它们跟语言学划分清楚,但是由于上述的错误的方法,它们都将会要求言语活动作为它们的一个对象。"①

就是说,以往的语文学所研究的其实都是"非语言"的东西!因此那种研究不能够算是真正的语言学研究,因为没有把握住真正的语言,所以是不科学的。这种研究局限于、迁就于、受制于、迷惑于语言世界的表面的、外界的现象,只注意看得见摸得着的东西。索绪尔的作为语言学的真正的唯一的对象的语言,其实是潜性的,看不见摸不着的,它只存在于人们的大脑里、意识之中。他说:"语言以许多储存于每个人脑子里的印迹的形式存在于集体中,有点像把同样的词典发给每个人使用。"②

叶尔姆斯列夫在《语言理论导引》中说:"真正的语言学家应以自足的整体、语言的特殊结构作为研究对象。这样的语言学通过一个纯粹形式的前提体系,寻找语言的特殊结构,在考虑语言变迁的同时必不能给予这些变迁以任何重要性。言语学说在寻找一个常体(constant)。常体不存在语言之外的什么'实在'里,它就是语言之所以成为语言的东西,某种语言在它所有特点里显示其为某种语言的东西。常体找到之后,可以投射到语言之外的'实在'上去——物理的,心理的,逻辑的,本体论的实在,那么,即使在研究实在时,语言依旧是主要对象,不是作为非语言现象的集合体,而是作为以语言结

---

① [瑞士]索绪尔:《普通语言学教程》29—30页,高名凯译,商务印书馆1980年。
② 同上,41页。

构为重要原则的有组织的整体来研究。"①

那时候,"见山不是山,见水不是水"使我兴奋,进入到隐蔽在表层现象之后的本质——一种关系,看不见摸不着的关系模式,真正的语言——其实是一种潜性世界。叶尔姆斯列夫把语音和语义排除在语言学的研究范围之外的,真正的语言学只研究语音和语义之间的关系模式。这对我来说,是一种解放,用现在的术语说就是"去蔽"。索绪尔、叶尔姆斯列夫、方光焘要求我"看山不是山,看水不是水",语言不是物理的、生理的、心理的、社会的因素的综合体或者堆积物。于是在相当长的时间里,我坚持"看山不是山,看水不是水",我醉心于纯粹的关系系统——那才是语言,真正的语言,那样的研究才是真正的科学的语言学。

年轻时,我虽然并不很贬低传统语文学,但的确是不很甚至是很不重视的。对传统语文学的"看山是山,看水是水"是很不以为然的。我在《略论语言和言语及其相互关系》(1964年)中强调的是,语言是看不见摸不着的,是潜在的。换句话说,看得见摸得着的东西并不是语言,用禅宗的话说就是"山不是山,水也不是水"! 用《金刚经》的说法就是:"凡所有相,皆是虚妄。若见诸相非相,即见如来。"(第五品)

但丁在贝亚德的引导下走进天堂;歌德在《浮士德》的结尾处高歌:"永恒之女性,引导我们前进。"年轻时代,我渴望在索绪尔的指引下走向语言学的天堂——"山不是山,水不是水"的境界,排除了一切非语言的纯净纯洁的所在。

---

① [丹麦]叶尔姆斯列夫:《语言理论导引》,吴棠选译,上海《现代外国哲学社会科学文摘》1961年第12期。

三　山还是山,水还是水

德国库萨的尼古拉有一本书,叫作《论有学识的无知》,青年时代,我以为,传统语文学是一种"有学识的无知"。索绪尔善于打比喻,我喜欢他关于象棋的比喻。在象棋游戏中,最重要的当然是象棋的规则,各个棋子之间的关系,实体不重要,象牙的棋子、木头的棋子,全都是外在的。但是,中年以后,20世纪80年代中期以后,我逐渐有些变化了。我真傻,我只知道传统语文学的有知识的无知,我不知道现代语言学也是有知识的无知!当然,到我老年的时候,我知道,一切学问其实都是有知识的无知——相对的,绝对的有知是人所不能够达到的,起码是今天的人。

中年以后我逐步重视传统语文学,重视中国传统文化,注意到语言和非语言的相互关系,重视语言世界中动态的一面,更加关注语言的社会功能。我不反对而且依然坚持索绪尔的"为语言就语言而研究语言"的口号,但是我相信也可以、也应当补充一点,同时"为了人联系社会来研究语言"。语言是人的创造物,语言是为人类社会服务的,语言的生命在于交际,语言是作为交际工具而存在的。忘记了这些,同样是对语言的误解,也不可能真正地把握真正的语言。换句话,我最后是"见山还是山,见水还是水"。这个过程,在我,是通过许多语言随笔小品的写作来完成的。

山东年轻学者孟华教授在《汉字:汉语和华夏文明的内在形式》的后记中说:"南京大学王希杰教授也是一位具有原创性的学者,他的'在语言事实的呈现中展现语言学的治学方法教本人始终对语言学界的现成结论保持反思态度'。"[①]

[①] 孟华:《汉字:汉语和华夏文明的内在形式》324页,中国社会科学出版社,2004年。

是的,我的语言随笔小品谈论的是语言事实,是现象,但不是"见山就是山,见水就是水"。天津南开大学宋玉柱教授在《"雕虫并非易事"——读说写的学问和情趣》书评中说:"以杂文、散文、小品的形式来写语言学的内容,这种文体也可以说是王希杰同志的一种创造吧。这不禁使我想起秦牧的《艺海拾贝》。……希杰先生的关于语言学的这些随笔式的文章同样有这种魅力,它的读者也决不限于语言学工作者,而是拥有广大读者。"①

饶长溶说我的随笔中有一种"思想的火花"。于根元、周洪波等不同意宋玉柱把我的随笔当作科普读物的主张,认为其实是一种语言学研究的。孟华强调我的随笔是"理论的碎片"。在我自己,我是当作科普读物来写的,是应编辑刊物的朋友之请的应付之作,"遵命语言学"。可能是因为,这些刊物不是专门性的语言学刊物,不是纯学术性的,而是普及性的,我不能够为难编辑朋友,必须面对广大读者朋友,于是我只能且必须说"山就是山,水就是水"。但因为我是从"见山不是山,见水不是水"的状态中回到"见山是山,见水是水"的语境中来的,在我谈山谈水的时候,在我说"山就是山,水就是水"的时候,我都没有忘记"山不是山,水不是水",也许这就是我的语言随笔是科普读物又不全是纯粹的科普读物的原因吧。

我从"看山不是山,看水不是水"走向"看山还是山,看水还是水",这个过程主要体现在课堂教学和随笔小品的写作上。

如果说,传统语文学是"见山是山,见水是水",索绪尔和叶尔姆斯列夫等的现代语言学是"见山不是山,见水不是水",那么我们今天需要的语言学是"见山还是山,见水还是水"的语言学。叶尔姆斯列夫的大弟子、接班人约恩荪——"有趣的是,约恩荪的观点同她的老

---

① 聂焱主编:《王希杰修辞思想研究》505页,中国文联出版社,2004年。

师的不同。叶氏专重理论而不相信实验,因此他的系里毫无实验设备;而她则跟方特交往,迷上了语言的生理和物理实验"。①

但是你不能够说约恩荪是属于传统语文学的。我以为,约恩荪之所以取得如此之大的成功,就在于她是从"见山不是山,见水不是水"之后回到"见山还是山,见水还是水"的阶段的。

四 同一性和示差性

索绪尔和叶尔姆斯列夫学说中有两个最重要的概念,在我看来,就是同一性和示差性。

在卓别林的《大独裁者》中,就物理世界而言,只有一个卓别林,他同其他演员(非卓别林)对立,他扮演了两个角色:大独裁者和犹太理发师。从电影艺术角度上看,这一电影中有两个对立的角色:一个是大独裁者,一个是小理发师,两者是绝不可以混同的!

语言是一个音义结合的符号系统。索绪尔认为,语言不是实体,而是关系。仅仅就声音或者意义角度来把握语言符号,确定两个单位的同一性,这不是语言学的研究。声音相同的不一定是语言学上的同一个词,意义相同的也不一定就是同一个语言单位。在叶尔姆斯列夫看来,语音和语义都不是语言学的对象,语言学要研究的是它们两者之间的关系,只有语音的改变引发了意义的变化;或者意义的变化引起了语音的相应的变化,才是语言学家应当注意的。语言学上的同一应当成为语言学的标准——关系。语法学的同一只能够依据语法关系。

现代汉语中的"的",多么简单!朱德熙的《说"的"》,非语言学家

---

① 吴宗济:《吴宗济语言学论文集》591页,商务印书馆,2004年。

谁关心它？吃饱了肚子撑的？但是，在语法学中，却非常不简单，是现代汉语研究史上的重要文献。一般人见"的"，就是"的"！朱德熙抛弃了常识的同一性标准，他是语法学家，他要引进美国描写语法学家的观念和方法，在他的现代语法的同一性的标准之下，"的"不是同一个语法单位，而是语法上对立的、本质上全然不同的几个观念。传统语法学见山是山，见水是水，"的"就是"的"，"的"不是"非的"。朱德熙慧眼识"的"，"的"非"的"！他的论文的出现，传统语法学家迷惑迷惘；熟悉现代语言学的人则认为对呀，本当如此，不过，不是山不是水那是什么，你也没有看明白——这是方光焘老师当时的想法。我回来想，也许是还没有进入山还是山水还是水的境界吧？

现代语言学家区分了汉字中的"字"和语言学上的"词"。我以为这就是从见山是山见水是水到见山不是山见水不是水的进步。所以要取消"词"，回到"字"上面来，我是不敢恭维的。

同一性和示差性是符号学的最基本的概念。在物理世界的层次上，蝴蝶、鸳鸯同红豆、同心结、连心锁、连理枝等是各不相同的事物，是相互对立的。在符号学的层次上，在文化世界中，蝴蝶、红豆、鸳鸯、同心结、连心锁、连理枝等具有同一性，是同一个意象的符号，是爱情的象征。

五　显潜对立和联系是方法论原则

青年时代，我参与了语言和言语的讨论，我把语言和言语的区别当作是现代语言学的基本方法论原则。那时候，我的想法是，既然是方法论原则，就应当贯彻到语言研究的一切方面去，不可以只是空谈；语言是看不见摸不着的，是潜在的；言语看得见摸得着，是显性的。传统语文学，只看到显性现象，忽视了潜在的本质，算不上真正的语言学;索绪尔的现代语言学的高明之处就在于把握了预言家世界的潜在的本质。学生时代,我注意到"X奸"问题,"汉奸",显性的,实际上存在许多个可能的"X奸"!在它们没有出现的时候是潜在的。我逐步形成了一种观念:显和潜是语言学研究的方法论原则。

只注意语言世界中的显性现象,不能够叫作语言学;只重视潜在的东西,忽视了、否定了显性的事物,也是不完全的。真正的语言是从显到潜、再回到显,是显和潜的总和、综合。语言的动态和静态,其实是显和潜的关系,在历时画面上,其实是显和潜的相互转化问题;在共时平面上,是显和潜的相互制约的网络。这显和潜是普遍的,存在于语言世界、物理世界、文化世界和心理世界中。

显和潜是普遍性的。元代诗人马致远的《天净沙·秋思》:

> 枯藤老树昏鸦,小桥流水人家,古道西风瘦马。夕阳西下,断肠人在天涯。

枯藤就是枯藤,老树就是老树……如此而已,这是潜,也是浅——浅薄。知道了枯藤不是枯藤,老树不是老树……才读懂了这首诗的立意,才会被感动,才会共鸣。但是诗人的立意只是同"枯藤老树……"密切相联系的,不可分割的。只有在进入"枯藤不是枯藤,老树不是老树……"之后,再回到"枯藤就是枯藤,老树就是老树……"明白枯藤和老树等是不能够被其他东西替代的,才真正体味到这诗的妙处。

显和潜是相对性的。一滴水,用肉眼看和运用显微镜来观察,显和潜的界限是不相同的,其原因在于观察的手段不一样。

六　瞎子摸象

成语"叶公好龙"中的叶公被人嘲笑,可我认为,他没有错,区分开生活真实和艺术真实是对头的,很有必要的。天文学家一心观察天文天体现象,掉到枯井里去了,也被人们嘲笑。我佩服他的敬业精神,真正的科学家就应当如此。"瞎子摸象"的故事里的瞎子是人们嘲笑的对象,可我敬佩他们,身为盲人,还努力探索未知世界,可贵。就他们所摸到的局部来说,他们都没有错,他们没有为了名利而胡说八道!他们没有把他人的发现盗为己有。有什么好责备的呢?至于不全面,非盲人就真正的全面了么?和尚种芝麻——未见得!

印度的圣雄甘地说,世界由七个面组成,一般人只能够看到一个面,只有圣人才能够看到七个面。我从十九岁开始摸语言这头大象,现在年过花甲,我知道,我只摸到了大象的一个面,是像扇子一样的耳朵,还是像柱子似的大腿?我不知道。因为我不是圣人,我只是一个一般的人。我做了我应当做的事情,我就很满足了。

2004 年 10 月 13 日 南京江宁岔路口碧水湾

语言和文化的深层结构和表层结构
（2005 年）

按：1963 年前后，在方光焘老师的指导下学习索绪尔的《普通语言学教程》和叶尔姆斯列夫的《语言理论导引》，1963 年秋翻译乔姆斯基的《句法结构》。索绪尔的语言和言语的区分，叶氏的形式和内容的再次区分：形式的形式和形式的内容与内容的形式和内容的内容，乔姆斯基的深层结构和表层结构的区分，深深地影响了我。乔氏的深层结构和表层结构的区分理念是我的显性潜性观念的来源之一。我试图把深层结构和表层结构运用到词汇学、修辞学、诗歌研究中来。本文是把深层结构、表层结构运用到文化世界中来的一个尝试。

宗守云教授的《深层结构和表层结构理论的借鉴和发展》一文最后说："王希杰对深层结构和表层结构理论也表现出了某种程度的偏好，从最近几年他在语言学各领域的探索可以看出这种倾向。……由于王希杰深谙结构主义语言学和转换生成语言学的理论，又能把这些理论同自己的研究对象很好地结合起来，因此他的研究促进了语言学学科的发展，也丰富和发展了他自己的'三一语言学'理论。"（李名方、钟玖英主编《王希杰和三一语言学》189 页，中国文联出版社，2006 年）

本文原刊于《池州师专学报》2005 年第 3 期。

引　言

在考察语言和文化的关系时,应当区别:语言的深层结构和表层形式,文化的深层结构和表层形式。语言和文化的互动是在不同的层次之间发生的,不可以混为一谈。语言形式同文化内容之间,文化的深层结构同其表层形式之间,有时显示出的是毫无理据,仿佛是不可解释的,也容易给人以误导。仅仅从语言和文化两者的表层现象来考察它们之间的联系,是很难真正把握它们之间的关系的。语言的表层形式往往是某些文化现象产生的重要原因,是某些文化现象的深度同表层不一致甚至相互矛盾的根源。

一　语言的深层结构和表层形式

语言现象有深层结构和表层形式之分。表层结构同深层结构可以是一致的,也可以是不一致的。"白马"的表层结构是偏正结构,形容词"白"修饰名词"马"。其深层结构是事物的属性(颜色,白色)同事物(马)之间的修饰关系。

语言的深层结构和表层形式之间可能是一致的,也可能是不一致的。表层结构同深层结构的不一致,例如,"杯弓蛇影",表层结构是并列式的,但其深层中,这四样事物并不是并列的:杯子中有一个弓的影子,被误会为蛇的影子。"弓"和"蛇"同"杯"的关系都不是并列关系。再如,同一表层"白条子、红条子、绿条子"等,其表层形式,都是偏正结构,颜色词素"白、红、绿"都是"条子"的修饰语,"条子"是中心语素。它们之间具有结构的同一性。但是,在其深层结构中,却是:

A. 白——条子:"白"是不可兑现的意思。

B. 红——条子:"红"指的是流通的范围:政府机关。
　　　绿——条子:"绿"指的是流通的范围:邮政系统。

B式其实是:"红[白条子]"(政府机关流通的不可兑现的条子)、"绿[白条子]"(邮政系统流通的不可兑现的条子)。这三者之间具有结构上的同一性。它们属于全然不同的结构类型。由于B式表层结构中在场的只有"红(绿)"和"条子",而表示不可兑现的"白"不在场,是潜性的,所以往往容易引起误解。

　　语言的深层结构同表层结构不是一一对应的。值得注意的是两种现象:一种是不同的表层形式可能是同一深层结构的转换物,例如:(一)二十个人吃一锅饭,(二)一锅饭吃二十个人。表层不相同,但其深层结构是相同的。施事:二十个人。受事:一锅饭。这就是所谓的同义形式。另一种是同一表层形式其实是不同的深层结构的转换物。例如,"三个半小时"←(一)三个+半小时,(二)三个半+小时。"出口"←(一)偏正结构,进出的地方;(二)动宾结构,进入港口。这就是多义形式,同形异义结构。

　　语言的表层形式往往容易给人以误导,特别是那些同其深层结构不一致的表层形式。例如"铅笔、英伦三岛",表层是:铅+笔。英伦=三个+岛。但是其深层:铅笔并不是用铅制造的一种笔。英国也不是由三个岛所组成的国家。"墨水"表层是黑色的水,其深层现在是书写用的水,包括各种颜色,不一定是黑色的。

二　文化现象的表层形式和深层结构

　　文化现象也有深层和表层之分。例如给女孩子命名为"招娣、莱睇、望棣、迎弟"是文化的表层现象,其深层是:对生育男孩的渴望。重男轻女的传统观念,儒家的"不孝有三无后为大"的传统。

文化的表层形式往往是多种多样的，复杂多变的，但是深层结构就比较稳定，而且也比较集中，相对说来是比较单一的。中国古代盛行的谶谣文化，其表面是五花八门的，其实都是以阴阳五行学说为其深层结构的，这一深层结构很稳定，而且是经久不变。

表示深层含义的多种多样具体的事物，其实只是文化的表层表现形式。这些事物所表达的意义内容是它的深层结构。文化的传承，一代又一代，往往所改变的只是其表层形式，而其深层结构古今不变地流传下来了。有时候保存下来的只是其表层形式，后代人却早已经忘记了它的深层含义了，就成了某种纯形式化的行为。

文化上的同一深层结构，其表层表现形式可能是多种多样的。例如：

A. 表层形式：(a)南山(b)松(c)鹤(d)猫(e)龟

深层意义：长寿

B. 表层形式：(a)鸳鸯(b)红豆(c)蝴蝶(d)同心结(e)连心锁(f)比目鱼(g)连理枝

深层意义：爱情

C. 表层形式：(a)橄榄枝(b)和平鸽

深层意义：和平

这可以叫作"文化的同义形式"。文化的同义形式，往往随着民族、时代、地域表现出巨大的差异。例如，爱情的象征，在西方，是玫瑰花、巧克力，在日本甚至也可以是臭袜子，等等。中国古代用龟象征长寿，现代基本消失不用了。

不同的深层结构可能运用相同的表层形式，例如：

A. 表层形式：白色服装

深层结构：(a)丧事(中国传统)

　　　　（b）婚事（西方文化的影响）
　　B. 表层形式：棺材
　　深层结构：（a）死亡（不吉物）
　　　　（b）升官发财（吉祥物）
这就是文化上的多义形式。

同一表层现象在不同的民族文化中可能对应着不同的深层含义。例如：

　　A. 表层形式：白色
　　深层含义：（a）汉民族：丧事，不吉利，丧服，反革命。同红对立。
　　　　（b）西方文化：吉祥，喜事，婚服。
　　　　（c）伊斯兰文化：纯洁、吉祥、安全。同黑对立。

中国传统婚礼上一切皆红，图的是一个吉利。现在的婚礼上，新娘穿白色的婚服，戴白色的装饰物，这是西方文化。这种文化表层现象的矛盾其实是两种文化的冲突的表现，是两种文化的并存现象，是中华文化的宽容精神的体现。马来西亚总理马哈蒂尔说马来西亚是"白区"，他遵循伊斯兰文化，这是让中国人很容易误解的，中国人容易联想到"白色恐怖"。

文化的深层同表层的联系有两种，一种是自然的内在，其间存在着必然联系。另一种是假设、象征的，两者之间的联系是人为的，有条件的。用金元宝象征财富，这是自然内在的联系，用发菜来表示，则是人为的象征，是有条件的。

文化的深层和表层可以是一致的，也可以是不一致的。用龟来象征长寿，其表层和深层是一致的。胡萝卜——友好行为，大棒——敌对行动（暴力行动）。表层和深层是比较一致的。而棺材象征死亡,其表层和深层则是不一致的,棺材本是死亡的象征,用来作为升官发财的象征,显然是表层同深层相互矛盾的现象。

民俗绘画中,往往用猫蝶相戏图案表示长寿,但是,蝴蝶的生命是很短暂的,猫的寿命也不比人更长。其表层和深层是不一致的,甚至是矛盾的:短命的蝴蝶同长寿是矛盾的。给孩子取贱名,这是中华文化中的表层现象。其深层正表示对孩子的珍爱,取贱名为的是他的安全,避免损害。

同样是男左女右,在汉民族文化中,其深层结构是阴阳观念,男为阳,阳为左,女为阴,阴为右。而在云南永宁纳西族文化中,男左女右则是女尊男卑观念的表现形态。女人坐在火堂的右边,男人坐在火堂的左边。严汝娴、宋兆麟在《永宁纳西族的母系制》(云南人民出版社,1983年)一书中说:"无论是日常起居、吃饭和举行成人仪式,两性都按照女右男左的规矩分开。死后,骨灰袋的安置也以此为序:女人的,放在墓地的右边,男人放在墓地的左边。"

文化的表层形式是五花八门、光怪陆离的,往往使人眼花缭乱,常常迷惑人、误导人。文化的表层形式容易变化,改变起来比较容易。其深层结构相对要稳固得多,要改变它就比较困难。

三 语言的表层形式同文化现象

语言的表层最明显的是声音和结构,它的相同或相似对文化现象产生了广泛的影响。例如,在相似律的作用之下,语音相同相似的词语便取得了某种对应关系,就形成了谐音文化现象。例如:

    语言形式 鱼——裕 鲢鱼——年+裕 同音现象
    文化现象 鱼=富裕 鲢鱼=年年富裕 象征符号

在物理世界中,鱼同富裕,鲢鱼同"年年有余",本是互不干涉的东西。但是通过语言的表层结构的相似性,导致了文化上的认同,形成了文化世界的象征符号系统。大量的文化现象就是这样产生的,例如:发菜——发财。分梨——分离。苹果——平安。花生——花着生(有男有女)。枣子——早生贵子。

文化的表层是猫同蝶的游戏图案,对应的语言表层是"猫、蝶"二字。通过谐音转换之后,就是:猫——耄(年老,八九十岁年纪)。蝶——耋(年老,七八十岁年纪)。在"人生七十古来稀"的时代里,七八九十岁的年纪,当然是长寿的了。在物理世界里,猫和蝶同长寿之间没有必然的联系。借助于汉语世界的谐音转换,才使得中华文化中出现了猫和蝶同长寿的文化联系,才有猫蝶相戏的工艺品。

谐音甚至能够改变物理世界中事物之间的正常关系,造成客观世界中本无任何联系的事物之间出现了某种全新联系——象征。例如:在物理世界中,棺材同死亡相联系,是不吉祥之物,但是在谐音的作用下,棺材——升官发财,于是作为死亡的象征的棺材又成为一种旅游纪念品——吉祥物。

象征可以分为两大类,一类是根源于物理世界的相似性,例如用青松来象征长寿。另一类则来自于语言世界,例如:用猫来表示长寿,用马、马蜂、猴子来表示马上封侯。太平天国的绘画中用老鹰和狗熊作为英雄的象征。

对语言表层形式的误解,往往也能导致某些文化现象的产生。例如:"花生"原名"落花生",原意是花落入泥土之中,在泥土里生出果实来。"花生"的表层结构可能是:(一)紧缩复句(花落入泥土,然后结出果实)。(二)主谓结构(花生出了果实)。(三)状中结构(花着生。花表示多品种,有男有女,不是单一的品种)。第三种解释本不符合"花生"的深层结构,但是它适应了人们的心理需要,于是被接受了,而且广为流传,形成了婚床上摆设花生的习俗。

在中国文化中,龙和虎本是互补意象,并不对立。成语"龙盘虎踞、龙骧虎步、龙吟虎啸、龙争虎斗"中的龙和虎都不是对立的,而是同义互补的。三字格"龙虎斗"本是成语"龙争虎斗"的紧缩形式。"龙虎斗"的表层意义可以是:(一)龙和虎一样地斗。(二)龙跟虎斗。第二种解释本不符合这一三字格的深层意义,但却广为流传,于是形成了龙和虎犯冲的文化观念。

相同的语言形式可以对应着、表现着不同的文化内容。例如,用某物词语来命名,通常表示对这事物的崇拜,南北朝时期风行的佛教人名,都表示了命名者的佛教信仰。但是反佛教的儒家信徒欧阳修给自己的儿子命名为"和尚",他的解释是贱称,正如把孩子叫作"狗蛋"一样。

语言的表层形式是许多文化现象产生的根源。例如:"西王母"的演变,大小姑山传说的形成,语言的表层形式都是非常重要的起因。

"名词+名词"的语义内容是多种多样的,并不限于领属关系。"东坡肉"并不是苏东坡身上的肉,这是很明显的。但是"东坡肉"的笑话很多,李渔在《闲情偶记》甚至大发议论。这就是语言的表层结构所导致的文化现象。

四 语言的深层结构和表层形式同文化的深层结构和表层形式

语言和文化的关系,可以、也需要联系它们各自的表层和深层之间的关系来探讨。语言的表层和深层同文化的表层和深层之间的关系,是相互联系着的。例如歇后语说:"外甥打灯笼——照舅(旧)。"

这一说法就是在中国普遍流行的春天闹灯会习俗基础上产生的。这里就有两者的表层和深层之间互动：

> 文化的表层——灯（事物）——灯（词语）——语言的表层
> 文化的深层——生育↔丁（男子）——语言的深层

在深层，文化世界中有一种对生育的渴望："男孩""生男孩""添丁"。在语言世界中，是谐音手段运用："灯"——"丁"（男子）。"添丁"（生男孩子）——"添灯"。"送子"——"送灯"。"偷丁"——"偷灯"。"接连生育"——"莲花灯"。"花着生"（有男有女）——"花生灯"。所以是"外甥打灯笼"，因为存在着舅舅给外甥送灯的习俗，文化的表层是送灯笼，其深层是送子（使已经出嫁的女儿怀孕生育）。①

文化深层的"送子"生育观念，在其表层还有另一种表现形式：偷瓜、送瓜。中国南方有"偷瓜"和"送瓜"的风俗，《中华全国风俗志》下篇第八卷中说："贵州之中秋节，有一种特别之风俗，——偷瓜送子是也。——将瓜偷来之后，穿之一衣服，绘以眉目。庄（装）成小儿之状。乘以竹舆，用锣鼓送至无子之妇之家。受瓜之人，须请送瓜之人食一顿月饼。然后将瓜放桌上，伴睡一夜。次日清晨，将瓜煮而食之，以谓自此可以怀孕也。"《保靖志稿辑要》中说："八月，中秋节——有新娶者，亲友则择小儿捧南瓜，饰以花红，金鼓随之，谓之'送瓜'。或以此为来年生子之兆。"《常德府志》说："（中秋）是夜，城中妇女祈嗣者，或于园圃采瓜为验，谓之'摸秋'，亦有亲邻会聚送瓜者。"湘西土家族流传有送瓜得子的传说故事。（巫瑞书《南方传统节日与楚文化》18页—189页）《诗经》中早就有："绵绵瓜瓞，民之初生。"（《大雅·绵》）"瓜瓞"一词就是"子孙繁衍"的意思。

---

① 周星：《灯与丁：谐音象征，仪式与隐喻》，收入王铭铭、潘忠党主编《象征与社会——中国民间文化的探讨》，天津人民出版社，1997年。

灯和瓜是中华文化中的同义符号，是文化中的同一深层观念的表层的不同表现形态，前者是谐音的产物，后者是由比喻辞格和词的比喻义所构成的。

五　文化的深层结构和语言现象

文化的深层结构是导致某些语言现象产生的原因。例如阴阳五行八卦观念是中华文化的一种深层结构，五行、五色、五官、五脏、五味、五谷、五虫、五声、五帝、五德——是中国文化中的一种宇宙模式，万事万物都被置于这一模式之中。在其制约之下，在语言世界中原本没有同义关系的、不能互换的语素和词语就可以相互替代。例如：玄武门＝北门。金秋门＝白虎门＝西门。朱雀门＝南门。云龙门＝东门。江东＝江左。青宫＝东宫。东帝＝青帝。东风＝春风。汉语中许多词语都是在阴阳五行模式下产生的。例如："青春"、"心火"、"肾水"、"女墙"等。离开中华文化的深层结构，就很难揭示这些词语的表层结构。

中华文化的深层结构，讲求天地人合一，天地大宇宙人体小宇宙。人体器官同政治组织，人间秩序同天体星辰，有着对应关系。人体器官同社会生活中人的地位的类比，就产生了"元首、爪牙、耳目、心腹、手足、帮手"等词语。天上的星辰同人间的社会制度的类比，就把北极星叫作"天枢"作为帝王的象征。"天子面南"、"北面称臣"，就是因为北斗星的帝王含义的产物。

中华文化中，木——东——春——青——阳——龙——男——主——尊——生，金——西——秋——白——阴——虎——女——客——卑——死。因此许多含有"东"的词语多有好的积极的意义。"东家、东道主、做东、房东、东人"等词语中的"东"都是主人的意思。

而"日薄西山"则是死亡的象征。

  语言和文化都是复杂的多层次的,是不能简单化的。例如,"寿比南山,福如东海",是因为中华文化中,东尊西卑,东主生,西主死;南尊北卑,南主生,北主死,故"生者南向,死者北向"。(《孔子家语·问礼》)这是汉文化的深层结构对汉语的影响。但是,由于中国历史上,政治文化中心经常是在北方,于是就有了"南为下、北为上"的观念,"南迁"、"南下北上"就是这一观念的产物。政治经济文化的中心,是可变的,相对于中华传统文化观念来说,其实是属于文化的表层现象。

潜词和空符号的再认识与空符号学
(2011年)

按：上个世纪我先后提出"潜词"和"空符号"。"潜词"已获得比较广泛的认同。"空符号"也引起了一些学者的关注。有学者一再问我："潜词"和"空符号"是同一概念么？不是。两者是什么关系？潜词和空符号不能等同。潜词，具有所指和能指，是一个有待开发的词，如"丹奸"（出卖丹麦国家利益的奸细）。空符号则仅仅有其所指，没有能指。如汉语中学生对女教师的丈夫的称谓，对青春期少男少女的称谓。西方语言中，中华文化所特有的概念就是空符号。空符号是翻译的难点，是跨文化交流的难点。在对"潜词"和"空符号"的一些新思考之后，我认为可以也需要建立空符号学。潜词和空符号的区别在于：潜词具有所指与能指，是词，尚未被开发使用的词。空符号有所指无能指，其实不是词。爱斯基摩人语言中关于雪的词有许多个不同的词，表示风吹着、堆积的、烂泥样子的等；菲律宾的Hanunoo人的语言中，稻子的种类有92个词；阿拉伯语言中，表示骆驼的词多达6000个。这些词所表示的概念在汉语中是空符号。

本文原刊于广西大学《文化与传播》创刊号。

一　潜词

我对潜词的关注是从大学生时代开始，最早注意的是"回奸"（电影《回民支队》)。"潜词"这个术语最早是在《论潜词和潜义》(《河南大学学报》1990年第2期)中提出来的。这篇文章起先的题目是《论潜词和潜义及词汇学的研究对象》,《中国语文》编辑请我修改,要求尽量减少理论论述,增加例子。我没有修改,给了河南大学校长陈信春教授。《河南大学学报》发表的时候,去掉了最后论述词汇学对象的那个部分,我那个时候主张潜词和潜义也是词汇学的研究对象。我以为,词汇学的研究对象当然首先是显词显义,可是也应当研究潜词潜义。如果把潜词潜义也作为词汇学的研究对象,那么仅仅依靠归纳法就很难完成任务。因此必须更新词汇学的研究方法,在词汇学研究中引进演绎法。

从潜词和潜义出发,逐步形成了显潜理论。这一理论集中地体现在《修辞学通论》(南京大学出版社,1996年)第六章《显性和潜性》中。赵蓉晖在我的《语言本质的再认识》的"评析"中说:"其中对语言的显性和潜性特质的阐释,已经在国内学者(特别是汉语学者)中产生了相当的影响,引起了一定范围内的共鸣。这种敢于反思历史,敢于提出理论创见的精神是我国普通语言学研究走向创新阶段的重要标志。"[①]

最早接受潜词学说的是语用所于根元教授和他指导的社会语言学研究室的同仁。于教授把显词和潜词的理论,运用到新词语研究中,提出"占位、待显"说。于教授还把显潜在学说作为他的应用语言学的重要理论基础与方法论原则。在他主编的《应用语言学理论纲要》(华语教学出版社,1999年)中有一章《语言的潜显理论》。其第四节为《语言潜显理论的意义与地位》,从五个方面加以论述:(一)语言观的大调整;(二)规范服务观;(三)语言的预测观;(四)语言研究

[①] 赵蓉晖:《普通语言学》,上海外语教育出版社,2005年。

方法的更新;(五)丰富完善全息理论。于根元主编的《应用语言学概论》(商务印书馆,2003年)有《应用语言学的基本理论:潜显论》,执笔人是夏中华教授。显性和潜性的研究论文比较多,如:于根元《语言的潜、显及其他》、夏中华《语言的潜显理论初探》、朱峰《显性和潜性——语言学中新概念——读〈修辞学通论〉》、孟建安《语言理论的新贡献——王希杰"潜性"和"显性"语言理论评介》、雷斌《王希杰先生的潜语言理论》、陈谨《王希杰先生的潜、显理论》、向琼《语言潜显理论与语言预测观》、钟玖英《潜显理论研究述评》等。

潜词被一些学者运用到英语、韩语等研究之中。南京大学张俊翔先生在俄罗斯攻读副博士研究生期间,参加俄罗斯科学院语言研究所主办的语言学研讨会,宣读论文《"显性语言现象"和"潜性语言现象"》,引起俄罗斯学者浓厚的兴趣。他的论文编进俄罗斯科学院语言研究所主编的论文集中。他是主要依据《修辞学通论》来谈论显性和潜性的。

从潜词和潜义继续前进,我们认为显性和潜性的对立与联系及其相互转化其实是一个方法论原则。《语言世界中的显性和潜性对立的普遍性和相对性》(钟玖英主编《语言学新思维》,中国文联出版社,2004年)等论文就是作为方法论原则来认识显性和潜性的。

我提出潜性概念,可能是不自觉地接受了中国传统文化中的阴阳学说。阴就是潜性,阳就是显性。阴中有阳,阳中有阴,阴阳是相互转化的,显性和潜性也是有条件地相互转化的。同时也是不自觉地接受了索绪尔的影响。我年轻时发表的《略论语言和言语及其相互关系》(《南京大学学报》1964年第1期)中,强调语言和言语的区别在于:言语直接呈现在我们面前,看得见摸得着;语言是隐藏在言语后面的,看不见摸不着。换句话说,言语是显性的,作为体系的语言则是潜性的。但是,我的显词和潜词的理论绝不等同于索绪尔的语言和言语的区分。我的显词和潜词的思考最早来自电影《回民支队》,这部电影里出现了"回奸"一词,坐在南京大学的大礼堂里观看的我,立马想到,我国有五十六个民族,那么,理当有五十六个"X奸"的。全世界有那么多的民族与国家,那么就应当有那么多的"X奸"的。那些还没有被人们使用的"X奸"就是潜词。那是20世纪60年代里的事情。那以后我就特别注意这类语言现象。

二　空符号

《语言中的空符号》发表在广州《语文月刊》1989年第2期中。全文只有1700个字。我指出:"千真万确的事实是:有许多事物千真万确地存在着,但却的确并没有相应的语言符号。初学英语的人,被现代英语中的Φ(鸡):[horse(马)——ox(牛)——sheep(羊)——Φ(鸡)——dog(狗)]惊呆住了,在现代英语中没有一个与现代汉语中的鸡等价,与现代英语中的horse——ox——sheep——dog可以并列的符号,所以只好写作Φ——空符号。""任何一种语言中都有空符号,而且数量很大。也许有人认为,这是因为交际活动中并不需要,所以才没有出现。这是不恰切的,有许多空符号所表示的事物是人们日常生活所不可缺少的,现代英美人,真是差不多天天都要与鸡打交道的,然而就是没有表示鸡的语言符号。"[①]我是以英语动物名词和亲属称谓为例,讨论空符号问题的。文章最后,我提出:"语言的研究,不但要研究实符号——实际存在的语言符号,实符号中也包括假符号,如:仙女、观音菩萨、维纳斯,等等。同时,也应当研究空符

---

① 仇小屏、钟玖英主编:《灵活的语言——王希杰语言随笔集》298页,万卷楼出版社,2004年。

号。对空符号的研究也应当是语言学的一个任务。应该研究有哪些空符号,为什么会出现空符号,空符号对于思维和交际有什么不便之处,人们是怎样绕过空符号来思维与交际的,空符号和实符号的相互转化,空符号在外语教学中的影响与对策,等等。我相信,空符号的研究既有理论意义,也有实用价值。"[1]

空符号,就是空档、缺位,这个观念的提出可能是受到传统的韵图的启发,也可能是不自觉地受到了索绪尔的启示。赵毅衡在《新批评——一种独特的形式主义文论》中,比较索绪尔和格雷马斯的时候,写道:"索绪尔把文本中词句间所形成的词与词关系称'横组合'(paradigmatigue),把整个语言体系形成过程称为'纵组合'(syntagmatigue),因此词义的确定,实际上是靠'空位'而形成的,也就是说,当我们从词的纵横关系中抽调这个词时,整个语言系统出现了空缺,这就是这个词的特殊必要性。"[2]在我看来,任何系统都有非系统性的一面,我写了《语法系统的非系统性》(《丹东师范专科学校学报》1991年第1期)。我以为,对称永远是相对的,凡是对称的,必然有非对称的一面,我很注意语言世界里的非对称性现象。我看到,非系统、不对称,就是空档、缺位,就出现了空符号。我写的《义素组合论》(《浙江师范大学学报》1991年第2期)和《概念生成论》(《固原师范学校学报》1991年第1期),其实就是在讨论空符号,虽然这些文章中没有出现"空符号"的字眼。1990年前后,空符号是我思考的一个重点问题。这些文章之所以发表在较小的刊物上,可能是因为我以为乃探索性的意见,需要时间考验,不必过分宣扬。

---

[1] 仇小屏、钟玖英主编:《灵活的语言——王希杰语言随笔集》302页,万卷楼出版社,2004年。
[2] 赵毅衡:《新批评——一种独特的形式主义文论》126页,中国社会科学出版社,1986年。

同潜词相比,阐述空符号及其相关问题的这些文章反响不是很大。引起我注意的是安徽《池州师专学报》主编方武教授曾发表文章讨论过这个问题(刊发在《语文月刊》上)。裴文博士《索绪尔:本真状态及其张力》一书的第四章《索绪尔语言观:原始生态与现代形态》的第四节《语言符号的任意性》中写道:"第六,语言符号的任意性解释空符号和语言规律的例外事实。……倘若没有语言符号的任意性这一根本性的命题,语言空符号和语言规律的例外就不可能永远合法地存在。语言空符号的存在和语言规律的例外事实从另一个角度指认了语言符号的任意性。"[①]

出版过《汉语-逻辑相应相异研究》和《校园逻辑》等专著的韦世林教授(云南师范大学)请我为其即将出版的新著《空符号论》写序。韦世林教授在专著的前言中说:"在中国,'空符号'这个汉语语词是南京大学的王希杰教授最早使用的。但是王先生使用'空符号'这个语词的含义并不是指某一类符号,而是指'某些符号缺失'的语用现象。"[②]韦世林教授认为我所说的"空符号",应当叫作"符号空":"'空符号'与'符号空',是不同的两个语词,也是不同的两个概念,更是不同的两种现象,二者不应该混淆,也不能混淆。"[③]韦世林教授的意见是有道理的。但是,我暂时不急于更新术语。这一来,"空符号"在汉语文献中就是多义的。本文中的"空符号"是我所理解的那个意义,不同于韦世林专著《空符号及其三大价值》中那个意义。既然韦世林教授的"空符号"同我们的"空符号"不是一回事情,因此,我们可以不予过问。严格地说,"空符号"其实不是符号。韦世林教授在其即将出版的专著中说,这"空符号"不是符号。建议改名为"符号空"。是

---

① 裴文:《索绪尔:本真状态及其张力》200—201页,商务印书馆,2003年。
② 韦世林:《空符号论》4页,人民出版社,2012年。
③ 同上。

有道理的。但是,"符号空"不适宜做术语。我暂且保存"空符号"的术语,是因为既然"无标志"也是"标志",那么"空符号"就也可以称呼为"符号"的。我把广义的符号分为三种:符号、潜符号(潜词)、空符号。潜符号(潜词),本身是符号(词),但是还没有被当作符号(词)来使用的符号(词)。空符号,自身还不是符号,却可以被符号化的符号。

三　空符号和潜词的区别

符号是所指和能指的结合物、统一体。空符号和潜词的区别就在符号的内涵方面。

潜词具有所指和能指,汉语里,"中医中药"和"蒙医蒙药""藏医藏药"等词,是显词,"哈医哈药、布医布药、拉医拉药"等则是潜词,它们具有能指和所指,所指就是:哈萨克族的医学医药、布依族的医学医药、拉祜族的医学医药。《参考消息》2006年9月21日:"哈利仕说,尼泊尔人对传统医药认同程度较高。75%尼泊尔人患病时愿意到尼医或中医就诊。"如果出现"印医、孟医"等潜词显性化了,其所指也是很明白的:印度医学医药、孟加拉的医学医药等。可以说,潜词就是词,是尚未开发利用的词,是等待显性化、有待开发使用的词。因为潜在是词,具有能指和所指,因此显现化是很容易的。

笑话、曲艺、诗歌、日常生活中都可以轻松自如地进行开发与加以利用。就是因为潜词具有所指和能指,就容易把握。我从20世纪60年代初就注意"汉奸"一词了,每一个民族与国家都可能出现出卖本民族、自己国家利益的人,对这类人的称呼,可以有两种方法。第一种是,扩大"汉奸"的外延,缩小其内涵,运用到其他民族与国家中去。在中国,"汉奸"经常用于非汉族,这个时候,语素"汉"指的是中华各民族,可以看作是修辞学的借代,在语义学上,可以分析为语素"汉"的消失。把"汉奸"的外延扩大到中华各个民族,任何民族中出卖中国的人,都是"奸",都是"汉奸"。甚至进一步扩大到中国之外,世界上任何民族或国家里的出卖民族或国家利益的"奸",都可以叫作"汉奸"。第二种是为其他民族与国家——创造新词,即开发利用潜词,于是媒体上就出现了"韩奸、伊奸、美奸"等。因为说这些民族或国家出现了"汉奸",总有些那个,而开发潜词又很容易。例如:2011年4月24日《扬子晚报》标题:《被视为"伊奸"遭人恨 忍辱只为一纸签证 伊拉克女翻译屡遭性骚扰》。从伊拉克想到阿富汗,阿富汗的就叫作"阿奸"?利比亚的——利奸?叙利亚的——叙奸?也门——也奸?马来西亚——马奸?《花城》1994年第4期上说:"汉奸共通的特征,或者说一切美奸、法奸、俄奸、日奸、德奸之类人的共同特征,就是势利。"一口气说出了这么多的潜词,可见潜词很容易发现与把握。

潜词是词,所以在提出潜词概念时,我就主张,潜词与潜义也是词汇学的研究对象,为了研究潜词词汇学必须更新研究方法。我以为,这对于古代汉语的词汇的研究尤为重要,因为不管文献多么丰富,也绝对不可能把古代某个历史时期的词汇全部记录下来的。

相比之下,空符号就是大不相同的另外一个局面了。其根本原因就是:空符号是只具有所指,而并无能指的"符号"——"空符号"。其实并不是符号!不管一种语言是如何发达,词汇多么丰富,空符号现象都是必然存在着的。近二三十年来,有学者提出,现代汉语的称谓语存在许多空档与缺环现象。有许多学者讨论汉语中称谓语的缺位、空档现象,经常举例学生对女教师的丈夫的称谓,其所指是十分明确的,就是缺少能指,于是议论纷纷,提案多多,可是却无法统一,更不能成为语言事实。我之所以不参与讨论,没有提出我的方案,是因为我以为,没有社会需要。没有社会需要,再好的方案也不可能演变成为语言事实。这种空档本是社会现实的反映。

大翻译家严复在《〈天演论〉译例言》中说:"新理踵出,名目繁多,索之中文,渺不可得,即有牵合者,终嫌参差。"所谓"渺不可得",就是说没有相应的能指,而其所指是明确的,对严复来说,这就是空符号。所谓"即有牵合者,终嫌参差",其原因就是因为这是空符号。而如果是潜词,例如,塞尔维亚的出卖国家民族的败类,翻译成"塞奸"是很容易的事情。严复继续说:"译者遇此,独有自具衡量,即义定名。"就是说翻译者自己去寻找,即创造合适的能指。但这可是一件很困难的工作。严复举例说:"顾其事有甚难者,即如此书上卷《导言》十余篇,乃因正论深,先敷浅说。仆始翻'厄言',而钱塘夏穗卿曾祐病其滥恶,谓内典原有此种,可命'悬谈',及桐城吴丈挚父汝纶见之,又谓'厄言'既成滥词,'悬谈'亦延释氏,均非能自树立者所为,不如用诸子旧例,随篇标目为佳。穗卿又谓如此则篇自为文,与原书建立一本之义晦;而'悬谈''悬疏'诸名,悬者玄也,乃摄精旨之言,与此不合,必不可用。于是乃依其原目,质译质言,而分注吴之篇目下,取便阅者,此以见定名之难,虽欲望生吞活剥之消,有不可得矣。他如'物竞''天择'、'储能''效实'诸名,皆由我始,一名之立,旬月踟蹰,我罪我知,是存明哲。"①为空符号寻找到、创造出一个适合的能指,是非常困难的事情。空符号现象,在跨文化交流中,在两种语言、两种方言、一种语言的古今两种变体之间的翻译活动中,在外语教学过程中,是不可避免的。马焯荣、马珂在《基督教名词的翻译问题》(《光明日报》1989年10月8日)中,基督教(Christianty)分为旧教(罗马公教,Catholicism)和新教(Protestantism)。基督徒分旧教徒(Catholic)

---

① 严复:《〈天演论〉译例言》,《近代文论选上册》182页,人民文学出版社,1989年。

和新教徒(Protestant)。其所指是明确的,但是汉语中没有相应的符号或者潜符号,翻译者的任务是为之寻找到合适的能指,构成符号——汉语中的名词。现有的汉语文献中,有的把西方文献中的"基督教徒"翻译为"基督徒",把西方体系里的"新教徒"翻译为"基督教徒"。在汉语中"基督徒"和"基督教徒"很难区别开来的。有的把旧教徒翻译为"天主教徒",把"新教徒"翻译为"基督教徒"。换句话说,空符号的西方语言中"旧教徒"和"新教徒"还没有在汉语中形成相应的合适的符号。文章还说到Abbey(女修道院)、Abbey(女修道长)、Prior(修道院长)、Monk、Friar(修道士)等的翻译问题。Monk、Friar也翻译为:方丈、主持、和尚、菩萨等。中国历史上,佛教传入的时候,出现过空符号的刺激与困苦的问题,佛教的本土化,即中国化的过程,换言之,也就是从印度引进的空符号的符号化过程。大批印度文化的概念获得了汉语的能指,演变成为汉语的词汇,佛教在中国生根了,严重地影响了(改变了?)中国人的思维方式与文化形态。鸦片战争之后,西方文明入侵,在中国知识分子面前出现了一大批的空符号。严复等人的历史任务就是为这些西方来的空符号寻找合适的汉语能指。他们完成了这个历史任务,促进了中国的现代化。在此之前,明治维新之后的日本先走过了这条道路,一大批日本知识分子,特别是那些主张"脱亚入欧"的人,积极地引进西方文明的概念,努力使之日本化。日本学者一方面丑化中国文化,丑化儒家文化,妖魔化汉字;另一方面却利用依靠汉字为西方文明中的概念提供适合的能指。有日本学者指出了这个矛盾,没有脱亚入欧者所攻击的汉字,日本不可能在那么短的时间内引进那么多的西方概念。20世纪改革开放之后的中国,又一次遇到了空符号的困惑与干扰。我的空符号论的出现其实是这个大背景下的产物。那个时代,新词语是铺天盖地而来,其中有许多是音译词。音译词其实就是空符号符号化的不得已的、最简单的一种办法,或者说是没有办法的办法!语言学家胡以鲁在《论译名》中干脆宣布:"玄学多义之名不可译。""宗教上的神秘之名不可译。""史乘上以民族一时特有之名不可译。"[①]早在唐代,玄奘大师就提出"五不译"。

显而易见的事实是,潜词的开发与利用是很容易的事情。三岁小儿都能够办得到。20世纪70年代末,在西康路招待所,我的上幼儿园的大儿子,在爷爷的房间里突然说:"……眼睛学、鼻子学、屁股学、牙齿学、嘴巴学、地板学、窗户学、桌子学、椅子学、门学、电灯学、天花板学、地毯学、厕所学、抽水马桶学……"毫不费力地一口气说出了那么多个的潜词来了。然而,发现空符号,为没有能指的空符号去寻找适合的能指可就是很困难很困难的事情了。胡锦涛主席说了一个"不折腾",可就"折腾"坏了中外的翻译工作者。辛苦了好一阵子,也没有找到最佳的能指,在那些西方的语言中。有些空符号,甚至是经过一个国家的几代学者的努力,才能找到一个比较满意的、大家认可的能指的。

中国人是龙的传人,汉语中"龙"在西方语言中是一个空符号,胡乱地翻译为"dragon",当真后患无穷。一些西方人因此有意无意地把中国当作喷火的怪物,从而贬低丑化妖魔化中国。

四 空符号的研究与空符号学

"羊年"来了,英美人问:是 sheep,还是 goat? 英美人说 brother,sister,中国人要问:older,younger? 英国大诗人拜伦同其 sister 乱伦,翻译家梁实秋翻译为同其妹妹乱伦,其原因在于说汉语的人严格

[①] 胡以鲁:《国语学草创》145页,商务印书馆,1913年。

区别姐姐和妹妹。傅雷把巴尔扎克一部小说翻译为《贝姨》是不得已也,因为法语里的那个词,在汉语乃是一个空符号,巴尔扎克原文中没有必要加以区别,汉语中却不能这样含混,必须明确是:婶娘? 姑妈? 姨妈? 舅妈? 聪明的傅雷只能凑合着使用这个含混的"姨"字。《国际歌》唱了若干年,依然是"英特纳雄耐尔"! 可见为空符号寻找一个合适的能指是非常困难的事情。语言学家伍铁平教授在20世纪80年代初写过一篇短文《造物难,造词亦难》(上海教育出版社《语言漫话》)。用我的话来说,就是空符号符号化亦难,很难,真难。因为难,于是就值得、也应当加以专门的研究。

为空符号寻找合适的能指,即实现空符号的符号化,这是一个非常困难的事情。可也是非常重要的事情,非做不可的事情,尤其是在地球村的时代里。当今的并不安定的世界上,在跨地区、跨国家、跨民族、跨文化的交际日益繁多日益迫切日益重要的时代里,发现空符号以及空符号的符号化,不仅是一个语言学问题,不仅是一个学术问题,而且是一个政治、经济、文化问题,是一个关系到战争与和平的问题。因为重要,所以就应当进行认真的全面的研究。

流行的说法有"语言是人类的精神家园"。空符号既然还不是符号,就不能充当人类的精神家园,可惜了。为了扩大人类的精神家园,我们应当积极地去研究空符号。没有语言符号的事物是不可言说的。为了扩大我们言说的范围,我们应当研究空符号。发现空符号的过程就是我们向未知领域进军的过程,就是增加新知的过程。人类的文明过程,其实就是空符号不断符号化的过程。因为语言的边界就是人类认识的边界。空符号的符号化就是人类文明的演化与进步。

爱因斯坦认为,发现问题比解决问题难。空符号的研究首先是发现空符号的问题。空符号的发现有被动与主动之分。法显大师到印度去,是主动寻找空符号。玄奘大师西天取经,就是去寻找空符号。玄奘大师主持佛经翻译工作,就是把从印度带来的空符号符号化、汉语化,运用汉语材料给予它们能指。鸦片战争之后,中国人是被动地被迫地去发现与研究西方文明中的概念,对中国而言则是空符号的显性化、中国化问题。

今天的中国经济发展了,成为世界第二大经济体。当然问题也来了,中国每一举措都遭到西方的攻击,左也不是右也不对,怎么做也不能使西方满意。中国发现同西方很难沟通。媒体上一再出现一种言论,为了不让西方人误解,为了让西方人理解中国,中国应当学习西方的术语,学习西方的言说方式,中国人应当创造西方人能够接受的说法,甚至有人主张从"中国、中国人"的译名开始正名,有的主张重新翻译作为中国形象的"龙"字。这类言论在我的观念上,都是空符号的符号化问题。这也就证实了空符号研究的必要性和重要性及迫切性。因此,我建议加强对空符号的研究,而且可以建立空符号学。

空符号学可以是经验的学问,研究历史上空符号的出现与符号化的过程及其经验教训。鲁迅说中国是一个大染缸,外来名词进入中国就变味了。这其中就与空符号的符号化中的某些偏差有关。根据马克思的倡导而出现的"共产党"和"共产主义",曾被误解攻击污蔑为"共产共妻",恐怕同其汉语的能指有一定的关系吧?近年来,一些学者考察了许多翻译名词由于翻译不很准确,导致长期的误解。1958年,张仲实在《关于"按劳分配"和"按需分配"》(《人民日报》1958年12月20日)中开头写道:"中共八届六中全会《关于人民公社若干问题的决议》里面,将过去习用的译语'各尽所能、按劳取酬'改为'各尽所能、按劳分配','各尽所能、各取所需'改为'各尽所能、按需分配'。""为了不致以词害意,引起误会,改用现在的译法是正确的。"到了1981年,于光远发表文章提倡《把"各尽所能、按需分配"改回"各尽所能、各取所需"》(《翻译通讯》1981年3期)。①

发现空符号,尤其是主动发现空符号,需要更新思维方法。只有开放型思维才能够善于发现空符号。我在《概念生成论》和《义素组合论》中说,生成新概念和义素的重新组合其实是一个创新过程,是发明创造的起点。所以说发现空符号不但需要创新的思维,也是创造性劳动的基础。今天中国提倡创新,外国媒体指责中国人缺乏创新能力,我以为,空符号的研究是提高全民族的创新能力工程中的一个部分,因此是不应当忽视的。

建立空符号学是语言学界特别是外语学界当仁不让的事情,也是外事工作者、文化工作者的共同任务。如何在汉语中给外来的概念一个比较合适的能指?如何使中华文明特有的概念能在外语中寻找到比较合适的能指?这是中国走向世界的过程中必须解决好的一个问题。

为外来概念寻找汉语的能指,这一工作已经做了许多许多,也取得许多的成果。相比之下,中华文化特有的概念如何在外国语言,特别是西方语言中赋予比较适合的能指,是一个新的任务,需要加大投入力度。

空符号研究可以丰富语言学理论。空符号符号化过程中,往往出现混乱现象,从混乱走到规范,这是语言符号任意性的表现。如果语言符号不是任意性的,那么就不会出现这种混乱现象。例如:

原文名称	汉语现在通行的译名
Hellfire	海尔法 狱火 狱中火焰 鬼火
Stinger	斯汀格 针刺 霹雳火 毒针 痛击
Maverick	马伐瑞克 幼畜 小牛 牛犊

---

① 参看张岂之《译名论集》156—160页,西北大学出版社,1990年。

语言规范化工作,其实有相当大的部分是在做空符号的符号化过程中的能指的选择和确认,或者说是空符号选择合适的能指的一个过程。这其间有时间、地域因素,有社会风气和民族心理问题。

　　我现在认为,空符号的研究比潜词的研究更加重要,对于正在再次崛起的中国来说,在地球村时代,在全球化时代,在多种文明冲突比较严重甚至战争一触即发的年代里。

2011 年 8 月 21 日　南京秦淮河

关于显性和潜性的对话

(2002—2012年)

按：显性潜性是来访者同我交谈的主要话题之一。这是2002年到2012年期间同不同的来访者的对话。

这里提出一个问题,运用显性潜性理论的人多了。有些学者引用的是我们的论著,却故意回避我们的论著,办法是简单地把"潜性"改作"隐性"。这种作风恐怕是不能提倡的。

一 显词和潜词,显义和潜义

客1：我直觉地认为,潜性范畴是您三一体系的最早发现,在你的理论体系中,好像先有显和潜,显性和潜性是最基础、最重要的范畴,是这样的吗？

主：是的。

客1：我注意到,你在《略论语言和言语及其相互关系》(《南京大学学报》1964年第1期)中,把语言和言语的对立建立在：直接呈现出来的,看得见的摸得着的——言语；而你所理解的语言则是潜藏在这些现象后面的,看不见的摸不着的。是不是从那个时候起,你已经形成了显和潜的观念了呢？

主：是,可以这样说,我那时候是有了显和潜的意识。大概是1961年,在大礼堂看电影《回民支队》,其中有"回奸"一词,我就想,我们国家有五十多个民族,有了"汉奸、回奸",按理说,也就应当有：

蒙奸、满奸、藏奸、维奸、苗奸、彝奸、傣奸、土家奸、朝鲜奸、赫哲奸、高山奸、哈萨克奸、俄罗斯奸，等等。那时候，我喜欢历史，我想，中国历史上似乎也应当有：羌奸、辽奸、金奸、西夏奸、女真奸、契丹奸，等等。再想下去，世界上有那么多的国家和民族，似乎应当有：法奸、德奸、日奸、英奸、俄奸、菲奸、越奸、埃及奸、阿拉伯奸、意大利奸、德意志奸，等等。

客1：这些词语就是你后来说的潜词！前几个月我还在网上看到了"韩奸"这个词。

主：我也看到了。这就是潜词的显化。而且，我还注意到："辽奸、日奸"等词其实是多义的。一指辽国、日本的奸细，二指出卖辽国或者日本利益的卖国贼。果有用例的，就会是显性意义；如果从没有人用过的，则是潜性的意义。这里有显性多义和潜性多义的问题。动词"打"有许多义项，是多义词，显性多义词。"汉奸"指出卖汉民族（或者中华民族）利益的卖国贼；"日奸"指日本奸细。通常都是单义的，显性的单义。其实它们潜藏着多义性："汉奸"潜藏着汉族的奸细的意义。

客1：潜性的意义该如何理解呢？听到"辽奸、日奸"的时候，我首先想到的是"出卖辽国或者日本利益的人"，但当您说出"辽国、日本的奸细"时，我也能够接受。我想，这个潜性的意义是由人们的习惯心理造成的，是吗？习惯上具有强势的意义就是潜义，可以这样理解吗？

主：对。就是潜义。看过电影之后，我就注意这个"X奸"，我发现了：蒙奸、藏奸、维奸、法奸（法国）、阿奸（阿尔巴尼亚）、保奸（保加尼亚）、美奸（美国），等等。同时发现，伟大的抗日战争胜利后，中华民国政府审判出卖民族利益的卖国贼的时候，被以汉奸罪宣判的人，这些人并不全是汉族人。汉语又采用了另一种手段：缩小"汉"字的内涵,扩大它的外延,"汉"指中华民族。这在修辞学上,可以叫作借代,用"汉"代替中华各民族。在语义学上,可以叫作义素的脱落。

客1:这个例子,你在课堂上多次举过,真没有想到居然是四十多年前你发现的例子。

主:酒有啤酒和白酒之分;人也有啤酒式和白酒式之分;例子也有啤酒式和白酒式之分。对我来说,"X奸"就是白酒式的例子。

二 潜显和阴阳及有无

客1:显性就是阳,潜性就是阴?显性和潜性的对立可以理解为阴阳学说的现代化么?

主:显性和潜性的对立是接受了阴阳学说的启示。两者之间的确是有共同之处的:阴——潜性,阳——显性。

客1:显潜和阴阳之间的共同之处是很明显的。显性,阳,看得见摸得着,可以直接感知。潜性,阴,看不见摸不着,不能直接感知。显性和潜性的转化就是阴阳互转。那你为什么不干脆就用"阴阳"的术语呢?

主:当我提出显性和潜性之初,我的大儿子就这样对我说过。但是,阴阳和显潜并不完全相同。例如说,"人尽可夫",《左传》中记载:"其母曰:'人尽夫也,父一而已,胡可比也?'遂告祭仲:'雍氏舍其室而将享子于郊,吾惑之,以告。'祭仲杀雍纠,尸诸周氏之汪。"(《桓公十五年》)祭仲夫人、雍姬之母,因此成为卫道者的攻击对象。

客1:"人尽可夫"!是太那个了。

主:谢肇淛在《五杂俎》中写道:"'父一而已,人尽夫也。'此语虽得罪于名教,亦格言也。父子之恩,有生以来不可移易者也。委禽从人,原无定主,不但夫择妇,妇亦择夫矣,谓之'人尽夫'亦可也。"(卷八）从男女平等观念来为之辩护,不在我们关注范围之内。他说:"委禽从人,原无定主,不但夫择妇,妇亦择夫矣,谓之'人尽夫'亦可也。"是很高明的,既然"人尽夫",那么也"人尽妻"。因为"原无定主",一切都是可能的,潜在的,当然"人尽可夫"、"人尽可妻"了。要碰,碰到了,才"夫"或"妻"的。所谓"原"指的是潜性世界,碰到之后才是显性世界,"名花有主",先"未婚夫、未婚妻",后才"夫"才"妻"的。祭仲夫人、雍姬之母脑瓜子特好,是一个有思想的人,她区别了显性世界和潜性世界。

客1:这样说,"人尽可夫"没有错,不是淫妇荡妇的道德观念。

主:如果用阴阳观念来阐释,就很牵强。阴阳是比较严格地对称的,显性和潜性的对立,却未必是严格对称的。我常说,显性只是潜性冰山露出水面的一小部分。显词和显义总是有限的,潜词和潜义的数量则要多许多的。

客1:可是不能说,阴比阳大而多,阳仅仅是阴的很有限的一部分。

主:曹雪芹的《红楼梦》中史湘云曾大谈阴阳。

客1:是第三十一回:

史湘云:走兽飞禽,雄为阳,雌为阴;牝为阴,牡为阳。怎么没有阴阳呢?

翠缕:(金麒麟)这是公的,还是母的呢?

史湘云:什么公的母的,又胡说了!

翠缕:这也罢了。怎么东西都有阴阳,咱们人倒没有阴阳呢?

史湘云:下流东西! 好生走罢! 越问越说出好的来了!

翠缕:这有什么不告诉我的呢? 我也知道了,不用难我!

史湘云:你知道什么?

翠缕:姑娘是阳,我是阴。

史湘云笑了。

翠缕:说的是了,就笑的这么样!

史湘云:很是!很是!

翠缕:人家说主子为阳,奴才为阴。我连这个大道理也不懂得!

史湘云:你很懂得!

主:男性为阳,女性为阴;公的为阳,雌的为阴;很难说:男性是显性,女性是潜性的;公的是阳性的,母的是潜性的。阴阳和显潜并不是完全相等相同的。用"阴阳"来代替"显潜"会带来许多麻烦,我们不想招惹这样的麻烦。

客1:显性和潜性理念是对阴阳学说的继续,但是,并不是阴阳学说的简单地搬用,不可以简单地等同起来,是这个意思吗?

主:是的。其实,显性和潜性的理念也是"有无"观念的继续。显性就是"有",潜性则是"无"。或者说,显性是在场者,潜性是不在场者。《道德经》说:"天下万物生于'有','有'生于'无'。"老子说:"三十辐共一毂,当其无,有车之用。埏埴以为器,当其无,有器之用。凿户牖,以为室,当其无,有室之用。故有之以为利,无之以为用。""无"的功能是不可忽视的,潜性的价值也是必须重视的。

三 潜性理论和现代学术思潮

客2:我发现一个现象,近年来,你讨论显潜等问题时,常常引用西方文献,说西方学者早已使用显性和潜性的术语了。你强调索绪尔早就有了显性和潜性的观念,语言和言语的对立就是显性和潜性的对立。你引用叶尔姆斯列夫的论述,说叶氏早具有显性和潜性的意识。你还引用了沃尔夫等学者的言论。这是你论述方式的一个变化。

主：你说得很对。20世纪80年代初,参加香山语法研讨会,我提交的论文是《语言的语法分析和言语的语法分析》。晚上陈章太先生找我,要文稿。说吕先生要的。第二天会议中间,吕先生同我谈话,肯定了我的论文。批评行文不简洁,过多的引文。我辩解说:"语言和言语的区分名声很不好,大家厌烦抵制。我知道我犯忌讳。所以就多引用一些他人的论说,壮壮胆,以便减少压力。"吕先生的脸色表示理解,但还是提出:"行文要简洁,不可啰唆。"后来我写作就注意不大量引用。语言研究所的一位朋友提醒过我,国外学术论著是要有大量引文的。八九十年代,业余写作,都比较匆忙,写作时凭的是一时情绪,只引用写作时想到的,不去积极地寻找相关文献。有些影响过我、启发了我的文献,写作时没有想到,当然就不会出现在参考文献之中。退休之后,有的是时间,经常翻阅曾经阅读过的书,时常会发现自己的某些想法前人议论过,这些论述可能不知不觉中影响了我,自己是接受了。现在就尽量写出来,不是为了给自己壮胆,而是要说明,我的思想不是天上掉下来,是有其来源的,也是为了进一步发展自己的思想。

客2:写作时忘记了你从前看过的书,是吗?

主:有些人向我抱怨,读过的书记不得。我总是说,不需要记得,尤其不需要都记得。既不可能,也无必要。忘记了的东西,并没有完全忘记,事实上还是会发挥作用的。我不善于背诵,也不主动记忆。我记笔记做卡片,但是很少翻阅笔记,几乎从不整理卡片。退休之后就把忘记了但是却不知不觉中影响了我的言论勾画出来,这样可以更好地理清头绪。阅读我以前没有看到过的书中有相关论述,我特高兴,我尽量引用,这可以丰富发展我的论点。这样做是为了我自己,目的不是再写新著作。我是自得其乐。

客2:为我之学?

主：还能做什么呢？早已退休了，还为升职称？或争当一级教授、终身教授？出名？发财？读了那么多的古代诗词，还想不开么？人类的认识，是显性，而后才潜性的。认识显之外存在着潜（隐），是后起的。对。这个后，其实也很早了。人们早就注意到了。许多人都注意到了。探索显性世界背后的存在，不但是人，而且是动物的一种本能。让宠物狗照镜子，它就一心想到镜子里面或后面去看个究竟。这是动物对潜性世界的好奇心与探索欲的表现。对潜性世界的好奇心和探索欲也是儿童的特征。

客2：学者都是具有好奇心和探索欲的人，对不？

主：对潜性世界的探索欲是现代学术思潮。现代西方各个学科的文献里，都有"潜性"（隐性）的字眼。问题是如何把显性和潜性的对立和联系及其转化构造成为一种理论，一种方法论原则。这是目前还没有完全完成的，需要大家继续努力的。这也是我特别注意古今中外关于潜性（隐性）的论述的原因。

四　四个世界与显潜

客3：你提出的三组新范畴，学术界注意得早的是零度偏离论和显潜论，对四个世界的关注比较少，现在开始转向四个世界了。我想请教老师关于四个世界的一些问题。

主：好的。人生活在四个世界之中：物理世界、语言世界、文化世界和心理世界。人其实是物理的人（生物的人，生理的人）、文化的人、心理的人和语言的人的统一。人所生活的四个世界，统一于人，是人的四个世界。人以四种身份生活在四个世界之中：作为生物的人，生活在物理世界之中。作为文化的人，生活在文化世界之中。作为心理的人，生活在心理世界之中。作为语言的人，生活在语言世界之中。站在人的立场上，物理世界、文化世界、心理世界和语言世界，归根到底都是人的世界。所以也可以说："人拥有四个世界：物理世界、语言世界、文化世界和心理世界。"

客3："物理世界"可以叫作"物质世界"吗？

主：施发笔博士撰写博士学位论文的时候，曾用"物质世界"来代替"物理世界"。我说，并不是"物理世界"这个术语不可以改变，问题你既然运用了我的四个世界的理论，有必要把"物理世界"改为"物质世界"吗？这样会造成术语的和理论的混乱。名从主人，既然运用我的四个世界理论，最好遵守我的术语系统。于根元当教授在语用所负责新词语项目的时候，曾提出运用显潜理论来研究新词语。社会语言学研究室主任周洪波对我说，于老师借用了你的显词潜词的理论，但是拒绝接受你的显义和潜义理论。我感觉到这在理论上是不很一致的。这就是说，术语需要具有理论上的一致性，还要形成自己的理论系统。

物理世界是人所生存的世界，是人的认识对象。也可以把物理世界一分为二：客观存在的物理世界同人所认识的物理世界，这是完全不同的，是永远也不能完全等同的。两者是不能混同的。换句话说，有两个物理世界：

物理世界(1)——客观存在的独立于人的认识活动之外的物理世界。

物理世界(2)——人已经认识到的物理世界。

物理世界(1)是无限的。人想认识、能认识的、已经认识到的，物理世界总是有限的。物理世界(2)，其实可以看作是人的世界——文化的世界的一个组成部分！

心理世界是人认识世界的基础。人是运用、通过心理世界来认识物理世界、创造文化世界的。文化世界是人的心理世界对物理世界的认识活动的产物。人又把文化世界巩固在语言世界之中。

客3:四个世界,都可以区分为显性的和潜性的两个方面,是不?

主:是,当然是。物理世界中,反物质,暗物质,就是潜性的;通常所说的物质,则是显性。上帝的粒子是潜性的,所以寻找它是那样地艰难。《参考消息》2011年12月4日报道:《科学家发现18颗新行星》、《元素周期表再迎两新成员》。发现之前,它们是存在的,然而是潜性的。所谓发现就是潜行星、潜元素的显化。人们的发明创造其实都是某潜性事物的显化。人类的认识活动就是不断扩大显性世界,不停地把潜性的宇宙或者说宇宙的潜性的那一面显化。

客3:物理世界——显性的物理世界+潜性的物理世界。文化世界——显性的文化世界+潜性的文化世界。语言世界——显性的语言世界+潜性的语言世界。心理世界——显性的心理世界+潜性的心理世界。意识是显性的心理世界,潜意识、无意识是潜性的心理世界。现实的文化是显性的,未来的文化是潜性的,已经消失了的文化也是潜性的。

主:四个世界归根到底是人的世界,是人的认识活动,是人为了更好地认识世界与把握世界而做出来的一种区分。四个世界的显性与潜性的区分取决于人,关键是人的观察点——视点。或者说,关键在人心! 英国诗人彭斯(1759—1796年)歌唱道:

> 从一粒沙看世界,
> 从一朵云看天空,
> 把永恒纳入一个时辰,
> 把无限握在自己手心。

一粒沙子是显性的,从一粒沙子里看到的世界则是潜性的。云是显性的,从一朵云看到的天空是潜性的。一个时辰是显性的,永恒是潜性的。自己的手心是显性的,无限是潜性的。

客3:你似乎把显性和潜性理论同人生联系起来了。

主:其实,显性和潜性的对立和联系及转化也是一种生活方式、人生态度。庄子说的"庖丁解牛"中庖丁对于牛是先显性——看着全牛盯着全牛,眼不看牛,目中无牛之时已经进入了潜性世界。只看到显性世界,人的生活层次是比较低的。进入潜性世界,统一了显性和潜性世界,则就可以进入澄明之境。

1989年秋天在浙江修辞学会的安吉会议上,我谈了显性潜性的理论。有年轻学者问我:那个小伙子现在还没有老婆,是光棍。但是,他有潜老婆,而且很多很多,在条件具备的时刻,其中的一个就显性化,成为他的老婆。他的光棍身份就潜性化了。我们的理解对吗?我说,很对很对。一位中学校长说,本周我们学校没有出事,但是存在着潜性事故。我作为校长的任务就是防止潜性事故的显性化。我的理解对吗?我回答,非常好。

我自己从来没有把显性和潜性问题神秘化,也不过分追求绝对严密的系统化。

客3:不过分追求严密的系统化,是你的特色,也是你的理论获得群众基础的原因,对吗?

主:不知道。

2002年春天——2012年初夏